LA FRANCE

LE ROYAUME-UNI

LA MER DU NORD

LES PAYS-BAS (m.)

Langues maternelles
- Le français langue maternelle majoritaire
- Le français langue maternelle d'une minorité importante

Langues officielles
- Le français est la seule langue officielle
- Le français est une des langues officielles du pays
- Le français est la langue de culture ou des affaires pour une partie importante de la population

LA BELGIQUE
la Wallonie

LE LUXEMBOURG

LA MANCHE

Dunkerque
Calais
Boulogne
Lille
LA PICARDIE
Amiens
Dieppe
Cherbourg
Le Havre
Rouen
LA CHAMPAGNE
Reims
Verdun
Metz
LA LORRAINE
Nancy
Strasbourg
L'ALSACE
L'ALLEMAGNE

Caen
la Seine
Paris
L'ÎLE-DE-FRANCE
Versailles
Chartres
Fontainebleau
Troyes
LES VOSGES
Colmar

St. Malo
LA NORMANDIE
le Mont-St. Michel
Brest
LA BRETAGNE
Rennes
Le Mans
Orléans
la Loire
Dijon
la Saône
Besançon
LA SUISSE

Angers
Tours
Blois
Bourges
LA BOURGOGNE
LE JURA

Nantes
la Loire
LA TOURAINE
LA VENDÉE
Poitiers
LE POITOU
La Rochelle

LA FRANCE

le Val d'Aoste

L'OCÉAN ATLANTIQUE (m.)

Limoges
Clermont-Ferrand
Lyon

L'AUVERGNE
Rocamadour
Bordeaux
LE MASSIF CENTRAL
le Rhône
Grenoble
LES ALPES
LE DAUPHINÉ

L'ITALIE

la Garonne
Moissac
Albi
Nîmes
Avignon
LA PROVENCE
Cannes
Nice

Biarritz
LE PAYS BASQUE
Lourdes
Toulouse
Carcassonne
Montpellier
Arles
Marseille

MONACO

LES PYRÉNÉES
LE LANGUEDOC
Perpignan

LA MER MÉDITERRANÉE

la Corse

L'ANDORRE

L'ESPAGNE (f.)

| 0 | 50 | 100 MILLES |
| 0 | 50 | 100 | 150 KILOMÉTRES |

LE MONDE

AT 0   1,000   2,000 MILLES
EQUATOR 0   1,000   2,000   3,000 KILOMÉTRES

LE GROENLAND

L'OCÉAN
ARCTIQUE (m.)

LA
FÉDÉRATION
RUSSE

l'Alaska (m.)
(LES
ÉTATS-UNIS)

le Yukon

les Territoires
du Nord-Ouest
(m.)

LE CANADA

le Québec

Terre-
Neuve (f.)

Saint-Pierre-
et-Miquelon
(LA FRANCE)

la Colombie
Britannique

l'Alberta
(m.)

le
Manitoba

la
Saskatchewan

l'Ontario
(m.)

le Maine

le Nouveau-
Brunswick

L'AMÉRIQUE
DU NORD

le New-Hampshire

le Vermont

la Nouvelle-Écosse

LES ÉTATS-UNIS

le Massachusetts

la Louisiane

le Rhode Island

le Connecticut

Hawaii
(LES ÉTATS-UNIS)

L'AMÉRIQUE
CENTRALE

LE
MEXIQUE

BELIZE (m.)

LES CARAÏBES

L'OCÉAN
ATLANTIQUE
(m.)

LE GUATEMALA
LE SALVADOR (m.)
LE HONDURAS
LE NICARAGUA
LE PANAMÁ

LE COSTA
RICA

la Guyane française
(LA FRANCE)

LE VENEZUELA

LA
COLOMBIE

VANUATU (m.)

LA GUYANA

LE SURINAM

Wallis-et-Futuna
(LA FRANCE)

L'ÉQUATEUR
(m.)

L'AMÉRIQUE
DU SUD

TUVALU

KIRIBATI

LES SAMOA
(f.pl.)

LA POLYNÉSIE
FRANÇAISE

LE PÉROU

LA
BOLIVIE

LE BRÉSIL

FIDJI
(m.)

TONGA
(m.)

LE PARAG

la Nouvelle-Calédonie
(LA FRANCE)

LE PARAG

LE CHILI

L'ARGENTINE (f.)

L'URUGUAY (m.)

L'OCÉAN
PACIFIQUE (m.)

LA NOUVELLE-ZÉLANDE

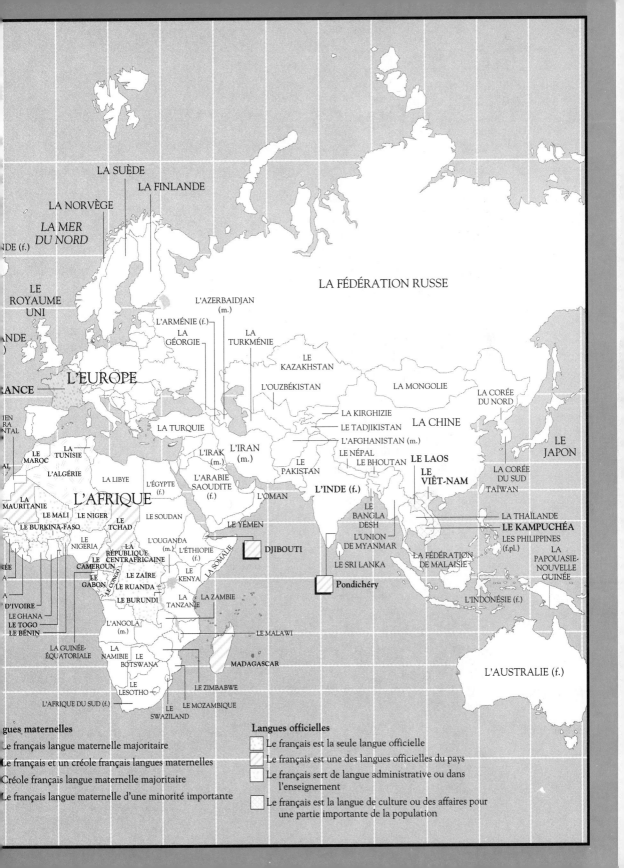

LA SUÈDE

LA FINLANDE

LA NORVÈGE

LA MER
DU NORD

...NDE (f.)

LE
ROYAUME
UNI

...ANDE
...)

...RANCE

L'EUROPE

...IEN
...RA
...NTAL

LA FÉDÉRATION RUSSE

L'AZERBAIDJAN
(m.)

L'ARMÉNIE (f.)
LA
GÉORGIE

LA
TURKMÉNIE

LE
KAZAKHSTAN

LA MONGOLIE

LA CORÉE
DU NORD

L'OUZBÉKISTAN

LA KIRGHIZIE

LA CHINE

LE JAPON

LA TURQUIE

LE TADJIKISTAN

L'AFGHANISTAN (m.)

LA CORÉE
DU SUD

L'IRAK
(m.)

L'IRAN
(m.)

LE NÉPAL
LE BHOUTAN

LE LAOS

TAÏWAN

LE
MAROC

LA
TUNISIE

LE
PAKISTAN

LE
VIÊT-NAM

L'ALGÉRIE

LA LIBYE

L'ÉGYPTE
(f.)

L'ARABIE
SAOUDITE
(f.)

L'INDE (f.)

LA THAÏLANDE

...AL

L'OMAN

LE
BANGLA
DESH

LE KAMPUCHÉA

LA
MAURITANIE

L'AFRIQUE

LES PHILIPPINES
(f.pl.)

LE MALI

LE NIGER

LE SOUDAN

L'UNION
DE MYANMAR

LA
PAPOUASIE-
NOUVELLE
GUINÉE

LE BURKINA-FASO

LE
TCHAD

LE YÉMEN

LE
NIGERIA

L'OUGANDA
(m.)

LA FÉDÉRATION
DE MALAISIE

...ÉE

LA
RÉPUBLIQUE
CENTRAFRICAINE

L'ÉTHIOPIE
(f.)

DJIBOUTI

LE
CAMEROUN

LE SRI LANKA

L'INDONÉSIE (f.)

...A

LE
GABON

LE ZAÏRE

LE
KENYA

Pondichéry

...D'IVOIRE

LE RUANDA

LE GHANA

LE BURUNDI

LA
TANZANIE

LA ZAMBIE

LE TOGO

L'ANGOLA
(m.)

LE BÉNIN

LE MALAWI

LA GUINÉE-
ÉQUATORIALE

LA
NAMIBIE

LE
BOTSWANA

MADAGASCAR

L'AUSTRALIE (f.)

LE
LESOTHO

LE ZIMBABWE

L'AFRIQUE DU SUD (f.)

LE MOZAMBIQUE

LE
SWAZILAND

gues maternelles

Le français langue maternelle majoritaire

Le français et un créole français langues maternelles

Créole français langue maternelle majoritaire

Le français langue maternelle d'une minorité importante

Langues officielles

Le français est la seule langue officielle

Le français est une des langues officielles du pays

Le français sert de langue administrative ou dans
l'enseignement

Le français est la langue de culture ou des affaires pour
une partie importante de la population

L'EUROPE

Langues maternelles

☐ Le français langue maternelle majoritaire

■ Le français langue maternelle d'une minorité importante

Langues officielles

☐ Le français est la seule langue officielle

▨ Le français est une des langues officielles du pays

▨ Le français est la langue de culture ou des affaires pour une partie importante de la population

LA FINLANDE

LA FÉDÉRATION RUSSE

LA NORVÈGE

LA SUÈDE

LA MER BALTIQUE

L'ESTONIE (f.)

LA LETTONIE

LA FÉDÉRATION RUSSE

LA LITUANIE

LE DANEMARK

LA MER DU NORD

LA BIÉLORUSSIE

LES PAYS-BAS (m.)

LA POLOGNE

L'UKRAINE (f.)

LE ROYAUME-UNI

L'ALLEMAGNE

LA MOLDAVIE

LA BELGIQUE
la Wallonie

LA RÉPUBLIQUE TCHÈQUE

LA SLOVAQUIE

LE LUXEMBOURG

L'AUTRICHE (f.)

LA HONGRIE

LA ROUMANIE

LA SUISSE

LA SLOVÉNIE

LA CROATIE

L'OCÉAN ATLANTIQUE (m.)

LA FRANCE

le Val d'Aoste

LA BOSNIE-HERZÉGOVINE

LA SERBIE

LA BULGARIE

L'ITALIE (f.)

LE MONTÉNÉGRO

LA MACÉDOINE

MONACO

la Corse

L'ALBANIE (f.)

LA TURQUIE

L'ANDORRE

LA GRÈCE

L'ESPAGNE (f.)

la Sardaigne

LA MER MÉDITERRANÉE

CHYPRE

| 0 | 50 | 100 MILLES |
| 0 | 50 | 100 | 150 KILOMÈTRES |

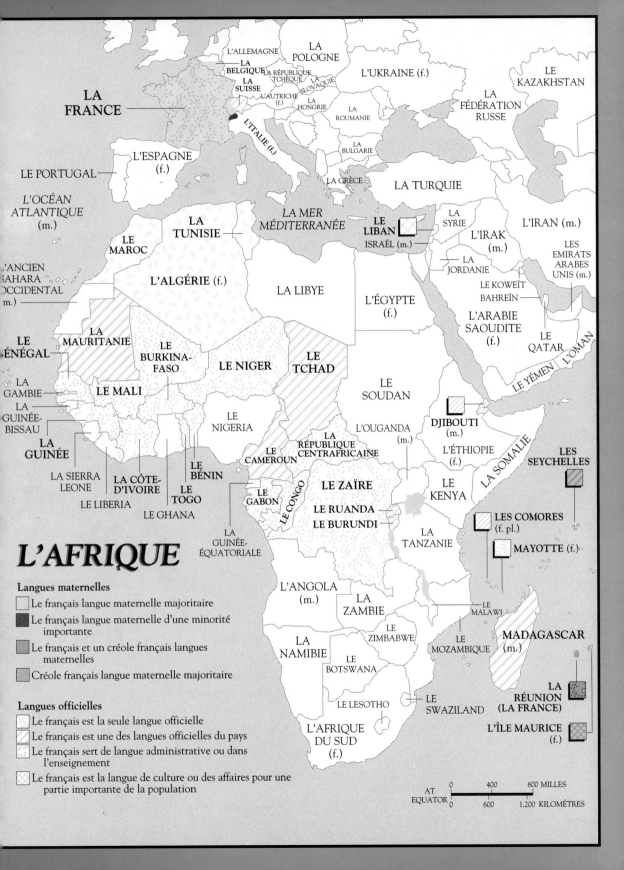

L'AFRIQUE

L'ALLEMAGNE
LA POLOGNE
LA BELGIQUE
LA RÉPUBLIQUE TCHÈQUE
LA SUISSE
LA SLOVAQUIE
L'AUTRICHE (f.)
LA HONGRIE
L'UKRAINE (f.)
LE KAZAKHSTAN
LA ROUMANIE
LA FÉDÉRATION RUSSE
LA FRANCE
L'ITALIE (f.)
LA BULGARIE
L'ESPAGNE (f.)
LE PORTUGAL
LA GRÈCE
LA TURQUIE
L'OCÉAN ATLANTIQUE (m.)
LA MER MÉDITERRANÉE
LE LIBAN
LA SYRIE
L'IRAN (m.)
ISRAËL (m.)
L'IRAK (m.)
LES EMIRATS ARABES UNIS (m.)
LA TUNISIE
LA JORDANIE
LE MAROC
LE KOWEÏT
L'ANCIEN SAHARA OCCIDENTAL (m.)
L'ALGÉRIE (f.)
LA LIBYE
L'ÉGYPTE (f.)
BAHREÏN
L'ARABIE SAOUDITE (f.)
LE QATAR
L'OMAN
LA MAURITANIE
LE SÉNÉGAL
LE BURKINA-FASO
LE NIGER
LE TCHAD
LE SOUDAN
LE YÉMEN
LA GAMBIE
LE MALI
LE NIGERIA
DJIBOUTI (m.)
LES SEYCHELLES
LA GUINÉE-BISSAU
L'OUGANDA (m.)
L'ÉTHIOPIE (f.)
LA GUINÉE
LA RÉPUBLIQUE CENTRAFRICAINE
LA SIERRA LEONE
LE CAMEROUN
LA CÔTE-D'IVOIRE
LE BÉNIN
LE ZAÏRE
LE KENYA
LA SOMALIE
LE LIBERIA
LE TOGO
LE GABON
LE CONGO
LE RUANDA
LE BURUNDI
LES COMORES (f. pl.)
LE GHANA
LA GUINÉE-ÉQUATORIALE
LA TANZANIE
MAYOTTE (f.)
L'ANGOLA (m.)
LA ZAMBIE
LE MALAWI
MADAGASCAR (m.)
LE ZIMBABWE
LE MOZAMBIQUE
LA NAMIBIE
LE BOTSWANA
LA RÉUNION (LA FRANCE)
LE LESOTHO
LE SWAZILAND
L'ÎLE MAURICE (f.)
L'AFRIQUE DU SUD (f.)

Langues maternelles

☐ Le français langue maternelle majoritaire

■ Le français langue maternelle d'une minorité importante

▨ Le français et un créole français langues maternelles

▧ Créole français langue maternelle majoritaire

Langues officielles

⬚ Le français est la seule langue officielle

⬚ Le français est une des langues officielles du pays

⬚ Le français sert de langue administrative ou dans l'enseignement

⬚ Le français est la langue de culture ou des affaires pour une partie importante de la population

AT EQUATOR
0   400   800 MILLES
0   600   1,200 KILOMÉTRES

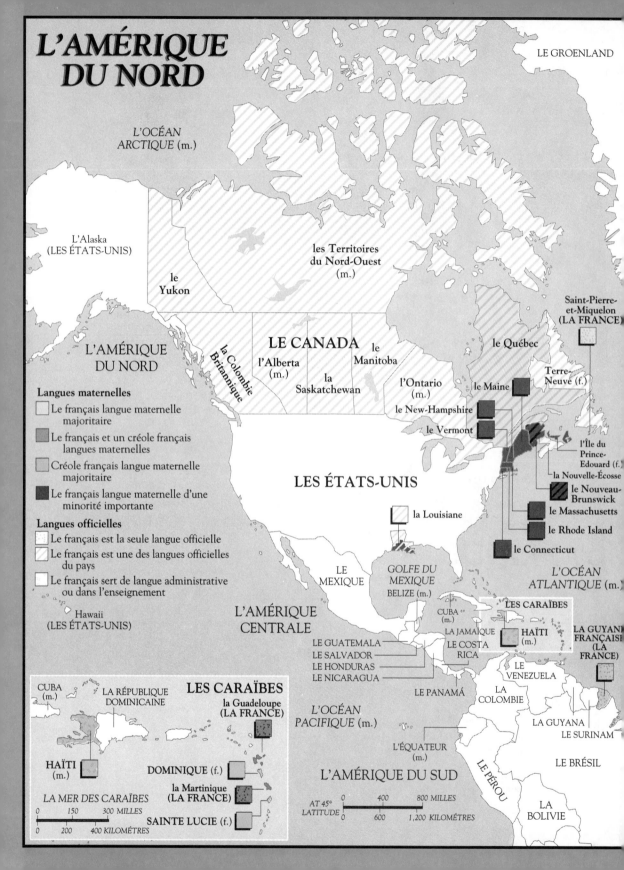

L'AMÉRIQUE DU NORD

LE GROENLAND

L'OCÉAN ARCTIQUE (m.)

L'Alaska (LES ÉTATS-UNIS)

le Yukon

les Territoires du Nord-Ouest (m.)

Saint-Pierre-et-Miquelon (LA FRANCE)

L'AMÉRIQUE DU NORD

LE CANADA

le Québec

la Colombie Britannique

l'Alberta (m.)

le Manitoba

la Saskatchewan

l'Ontario (m.)

Terre-Neuve (f.)

le Maine

le New-Hampshire

le Vermont

l'Île du Prince-Edouard (f.)

la Nouvelle-Écosse

le Nouveau-Brunswick

le Massachusetts

le Rhode Island

le Connecticut

Langues maternelles

Le français langue maternelle majoritaire

Le français et un créole français langues maternelles

Créole français langue maternelle majoritaire

Le français langue maternelle d'une minorité importante

Langues officielles

Le français est la seule langue officielle

Le français est une des langues officielles du pays

Le français sert de langue administrative ou dans l'enseignement

Hawaii (LES ÉTATS-UNIS)

LES ÉTATS-UNIS

la Louisiane

LE MEXIQUE

GOLFE DU MEXIQUE

BELIZE (m.)

L'OCÉAN ATLANTIQUE (m.)

LES CARAÏBES

CUBA (m.)

LA JAMAÏQUE

LE COSTA RICA

HAÏTI (m.)

LA GUYANE FRANÇAISE (LA FRANCE)

L'AMÉRIQUE CENTRALE

LE GUATEMALA

LE SALVADOR

LE HONDURAS

LE NICARAGUA

LE PANAMÁ

LE VENEZUELA

LA COLOMBIE

L'OCÉAN PACIFIQUE (m.)

L'ÉQUATEUR (m.)

LA GUYANA

LE SURINAM

LE BRÉSIL

LE PÉROU

L'AMÉRIQUE DU SUD

LA BOLIVIE

AT 45° LATITUDE

0   400   800 MILLES
0   600   1,200 KILOMÉTRES

CUBA (m.)

LA RÉPUBLIQUE DOMINICAINE

LES CARAÏBES

la Guadeloupe (LA FRANCE)

HAÏTI (m.)

DOMINIQUE (f.)

la Martinique (LA FRANCE)

SAINTE LUCIE (f.)

LA MER DES CARAÏBES

0   150   300 MILLES
0   200   400 KILOMÈTRES

ENSEMBLE

Culture et Société

FIFTH EDITION

Raymond F. Comeau

Harvard University

Normand J. Lamoureux

College of the Holy Cross

Marie-France Bunting

Harvard University

Holt, Rinehart and Winston
Harcourt Brace College Publishers

Fort Worth   Philadelphia   San Diego   New York   Orlando   Austin   San Antonio
Toronto   Montreal   London   Sydney   Tokyo

Editor-in-Chief	Ted Buchholz
Senior Acquisitions Editor	Jim Harmon
Developmental Editor	Nancy Beth Geilen
Project Editor	Erica Lazerow
Production Manager	J. Montgomery Shaw
Senior Art Director	Serena Barnett Manning
Picture Development Editor	Greg Meadors
Compositor	G&S Typesetters, Inc.

Cover art: Henri Matisse, *Ivy in Flower,* 1953, colored paper and pencil, 112" × 112", Dallas Museum of Art, Foundation for the Arts Collection, gift of the Albert and Mary Lasker Foundation.

Photo and realia credits appear at the end of the book.

Address for Editorial Correspondence: Harcourt Brace College Publishers, 301 Commerce Street, Suite 3700, Fort Worth, TX 76102.

Address for Orders: Harcourt Brace & Company, 6277 Sea Harbor Drive, Orlando, FL 32887. 1-800-782-4479, or 1-800-433-0001 (in Florida).

ISBN 0-15-500659-2

Library of Congress Catalog Number 93-77001

Printed in the United States of America

7 8 9 0 1 2   0 3 9   9 8 7 6 5

Preface

Ensemble is an integrated approach to the study of French language, literature, and culture. It has been designed as a complete Intermediate French course, although it may profitably be used in more advanced courses as well. In concrete terms, *Ensemble* consists of four texts: a review grammar (with accompanying language laboratory program), a literary reader, a cultural reader, and a historical reader. Although the four texts have been thematically and linguistically coordinated with one another, each text may be used independently of the others.

Ensemble : Culture et Société responds to the interest that students have in the human aspects of a culture of which they have thus far experienced primarily the language. The material is organized around a number of themes of permanent relevance (education, the family, politics, communication, the arts, etc.), with an emphasis on issues of current interest in the French-speaking world (urban renewal, immigrant workers, French-Canadian nationalism, *nouvelle cuisine,* etc.). Each of the eleven chapters of the reader includes the following features:

The introduction presents the background information about the issues discussed in the selections. It is written in English in order to offer immediate access to the subjects at hand and to eliminate unnecessary guesswork and contextual misunderstanding.

The *Orientation* prepares students for the reading by easing them into the proper thematic context. Students are asked to respond to a number of personal questions, giving them the opportunity to reflect on the theme and develop certain expectations even before they address the text.

The selections have been chosen for their intrinsic cultural value. They include newspaper and magazine articles, excerpts from essays, literary works, travel guides, interviews, and cartoons. To help students with their reading, certain items are glossed; they are marked by small circles in the text. Words marked with a superscript ᶜ are explained in the *Index culturel* at the end of the text.

The *Qu'en pensez-vous?* sections test the students' understanding of the French text. Students are asked not only to say whether these statements relating to the text are correct or not, but also to comment further and explain the reasons for their responses. In elaborating on their answers, students must have a good grasp of the context of the paragraph as well as of the individual sentence.

The *Nouveau contexte* exercises select certain key words and expressions from each excerpt and highlight them in a new contextual setting. By choosing the right word to complete the meaning, students learn to transfer vocabulary words from one setting to another and become aware of exact meaning and correct usage. Since these exercises are presented in dialogue form, students can play them and bring the vocabulary to life in a meaningful context. The answers are found in the back of the book.

A basic vocabulary section, *Vocabulaire satellite,* consists of an associative grouping of terms needed for the activities outlined in the following two sections. Students should master this vocabulary before doing the subsequent exercises.

The *Pratique de la langue* encourages students to express articulate opinions on the topics introduced by the various selections. A large number of role-playing activities are also proposed at this point. Collective writing assignments (signs, slogans, pamphlets) are suggested for the purpose of testing the group's ability to combine writing competence with oral effectiveness.

The *Sujets de discussion ou de composition* are intended to promote a more substantial development of students' ideas in the form of written or oral essays.

In addition to the divisions outlined above, the cultural reader also includes an *Index culturel,* which supplies basic factual information about a number of cultural terms requiring explanation in the context of modern French society. There is also a French-English vocabulary.

Note to the Fifth Edition

Significant changes have been introduced in the fifth edition. Each reading selection is now preceded by an *Orientation,* designed to prepare the reader for the particular passage at hand. In the *Orientation,* students have a chance to assess their own positions and feelings relative to a particular theme. They also question other members of the class and thus have some idea of individual and collective thoughts concerning the theme, even before the presentation of ideas in the given selection.

The *Nouveau contexte* exercises, which were first introduced in the fourth edition, have been transformed. They still aim at developing familiarity with the vocabulary, as students recycle words from the reading passage in new contexts. All of the *Nouveau contexte* exercises, however, now exist in dialogue form, so that, once students are comfortable with the meaning and use of this thematic vocabulary, they can carry their work one step further and act out the dialogues, giving the words yet another lively dimension.

Dealing as it does with contemporary France, a cultural reader must remain up-to-date. Like its predecessors, the present edition has been substantially revised. More than thirty-three percent of the material is new to this edition, complementing the articles retained from the previous edition because of their substance and continued relevance. As students develop their reading abilities in French through a variety of current sources in *Culture et Société,* they also acquire an appreciation of the problems, preoccupations, and interests of today's French society. Instructors are reminded that a video, *Caméra 1,* which provides visual reinforcement for the chapter themes, is available free of charge to adopters of *Ensemble : Culture et Société.*

M.-F.B.

About the *Ensemble* series

The four books that comprise the *Ensemble* series—*Ensemble : Grammaire, Ensemble : Culture et Société, Ensemble : Littérature,* and *Ensemble : Histoire*—can each stand alone; but, more importantly, they fit together to form an "ensemble." The review grammar and the laboratory manual integrate grammar and theme by incorporating thematic vocabulary in the examples and exercises. The three readers, in turn, treat the same chapter themes in their selections and exercises. The first program of its kind in French, *Ensemble's* integrated approach encourages lively and meaningful student participation and fosters a mature treatment of the subject.

For most intermediate classes it is recommended that instruction begin with a chapter in the grammar and proceed to the same chapter in whichever readers are adopted. Instructors may wish to vary the reading selections within a given chapter by alternating between readers. An instructor teaching an advanced course may wish to assign the grammar as outside work and spend class time with readings and oral reports. Since the four texts are thematically and grammatically coordinated, a lesson may even begin with the readings and end with a rapid grammar review.

Acknowledgments

We are grateful to the following reviewers, whose comments and suggestions helped shape this edition of *Ensemble : Culture et Société :* Dominick DeFilippis, Wheeling Jesuit College; Françoise Gebhart, Ithaca College; Martine Goddeyne, Western Michigan University; Janis Hennessey, University of New Hampshire; Michael Locey, Bowling Green State University; René Merker, Grambling State University; Sandra Obergfell, University of North Carolina at Asheville; and Lawrence Schehr, University of South Alabama.

We wish to express our appreciation to the staff of Holt, Rinehart and Winston, in particular, to Nancy Beth Geilen for her thoughtful guidance through the development process, to Erica Lazerow for her careful reading of the manuscript, to Serena Barnett Manning for her cooperative attitude regarding the cover design, and to James Harmon for his concerned general supervision. Finally, we thank our spouses, Jean Comeau, Priscilla Lamoureux, and Robert Bunting for their unfailing support, their endless patience, and their willingness to make the many personal sacrifices that a project of this kind requires.

R.F.C. / N.J.L. / M-F.B.

Contents

2ème   Partie   *Modes de vie*

3ème   Partie   *Institutions et Influences*

Vie sociale

1

Les Jeunes

Today the concept of childhood and the role of the child are continually changing as society itself is transformed. Children are entering the adult world at an ever younger age as they engage in activities that had been off-limits until recently. The breakup of traditional family structures is placing children in difficult situations, forcing them to make choices and to take on responsibilities which bring them quickly out of childhood. Family and school, the ordinary sources of information, must now compete on a daily basis with television. In their many viewing hours, children are subjected to the realities of life; exposure to war, unemployment, and sexuality require of them a maturity which their parents did not possess at a similar age.

The children of the "kid génération" (i.e., the 9- to 13-year-olds) are not young adults in miniature. They have become a major interest group which French politicians, businessmen, and advertising agents are keenly aware of and eager to attract.

Orientation

Connaissez-vous des jeunes entre 9 et 13 ans? Avez-vous des frères et des sœurs de cet âge? Si oui, caractérisez-les en écrivant a, b ou c devant les phrases suivantes.

Que font-ils :   a) souvent b) quelquefois c) jamais?

1. Ils lisent les auteurs classiques.
2. Ils regardent la télévision.
3. Ils téléphonent à leurs copains et copines *(friends)*.
4. Ils rangent *(tidy up)* leur chambre.
5. Ils jouent à des jeux vidéo.
6. Ils font du sport.
7. Ils choisissent leurs vêtements.
8. Ils vont au cinéma.
9. Ils gagnent de l'argent *(earn money)*.
10. Ils écoutent les conseils *(advice)* de leurs parents.

La Kid Génération : les enfants de la crise° et du marketing

Il n'y a plus de jeunesse. On considère aujourd'hui qu'un enfant de treize ans possède la maturité que ses parents avaient à seize ans. Les 9-13 ans ont leurs passions, leurs idoles, leur langage, leur look et leur morale°. Ils lancent les modes°, les stars, touchent à tous les sports. Et quand nos managers ont découvert que les moins de
5 quinze ans influaient sur près de 45% du budget familial, on a commencé à les prendre très, très au sérieux.

la crise = *la crise économique* / **la morale** ethics / **la mode** trend

Maintenant, on crée pour eux, on fait de la pub° pour eux. Les enquêtes de marché° ont montré que leur avis° comptait beaucoup dans l'achat de la voiture familiale, de la maison ou de l'appartement, dans la décoration, l'ameublement°, le
10 choix des vêtements, de la nourriture, des loisirs, des jeux, des ordinateurs°, des disques et des cassettes, etc. Ils gagnent de l'argent. Ils épargnent°. Les banquiers les ont repérés° : leur argent aussi les intéresse.

Dans cette époque de scepticisme généralisé, où les adultes deviennent plus ludiques°, les parents partagent les jeux et les sports des enfants. Et comme les
15 gosses° apprennent vite les techniques nouvelles, notamment° à manier° un ordinateur, ils peuvent jouer un vrai rôle pédagogique et leader dans la famille.

«Je leur ai mis des pistolets° sur les hanches°», dit la mère d'Alexandre, 10 ans, et de Julie, 8 ans. «Je ne sais pas s'ils auront à s'en servir°. Mais, au moins, ils seront armés°.» Pour ces parents qui avaient environ vingt ans en 1968, il s'agit de donner
20 aux gamins° toutes les armes pour devenir responsables, de les pousser à l'autonomie pour qu'ils sachent, au plus tôt, se battre seuls dans un monde qui promet d'être cruel.

---

la pub = *la publicité*   /   **une enquête de marché** market research   /   **l'avis** *m* = *l'opinion*   /
l'ameublement *m* furnishing   /   **l'ordinateur** *m* computer   /   **épargner** to save   /   **repérer** =
découvrir   /   **ludique** = *qui aime jouer*   /   **le, la gosse** kid   /   **notamment** = *particulièrement*   /
manier to use   /   **le pistolet** gun (used here in the figurative sense)   /   **la hanche** hip   /   **se**
servir de to use   /   **être armé** here, to be well prepared to face daily life   /   **le gamin, la gamine** =
le, la gosse

«Les parents, parfois par facilité, mais aussi par conviction éducative°, les ont laissés libres beaucoup plus tôt, constate Rose Vincent, auteur dans les années 60
25 de plusieurs livres à succès° sur l'éducation des enfants. Libres de choisir leurs vêtements, leurs distractions, leurs amis. Les enfants ne sont pas soumis°, comme ceux de la génération précédente, aux conseils° permanents des parents.»

Mais, attention, les kids ne sont pas seulement ludiques et consommateurs°. «On en fait un groupe spécial, une clientèle consommatrice. Mais ces enfants sont
30 aussi très en prise avec° la réalité. La crise économique, le chômage° ont pénétré souvent leur manière d'être. Le chômage est, avant la peur du noir°, la maladie, la guerre, leur principale angoisse°. Les enfants savent non seulement économiser°, mais aussi gérer un budget°, investir, emprunter°. Ils ont une compétence pratique en matière économique que les enfants d'autrefois° n'avaient pas.»

35 Ils sont durs et tendres. Durs en affaires°, durs quand ils jouent. Mais dans leurs jeans (501 de Levis, de préférence), leurs baskets° (Adidas), leurs sweats (Benetton), Walkman sur les oreilles, ils vivent aussi de déchirantes° histoires d'amour avec leurs copains et leurs copines d'école.

A cet âge-là, il est très important d'être intégré dans une bande°. C'est l'époque
40 aussi où, à défaut de° bande, le kid apprend les coups de cafard°. Les filles se tournent plutôt vers le journal intime°. Les garçons, plus volontiers vers la vidéo et l'ordinateur, autre moyen de création personnel et «symbole d'un espace qui n'appartient à personne d'autre.»

C'est vrai, sans doute, que les kids ne sont plus comme les autres avant eux.

Jacques Buob, *L'Express*

Qu'en pensez-vous?

Etes-vous d'accord avec les déclarations suivantes? Justifiez votre réponse.

1. Un kid, à l'heure actuelle, a moins de maturité que ses parents au même âge.
2. Les 9–13 ans ont tous le même langage et le même look.
3. Les managers et autres spécialistes du marketing ne s'adressent pas aux moins de 15 ans parce qu'ils pensent qu'ils n'ont pas d'importance.
4. Quand les parents français d'aujourd'hui veulent acheter une voiture, des meubles ou même un appartement ou une maison, ils consultent leurs enfants.
5. Les parents français aiment partager un certain nombre d'activités sportives avec leurs enfants.

par conviction éducative because of their own beliefs concerning education / **un livre à succès** best-seller / **ne sont pas soumis à** = *n'obéissent pas à* / **les conseils** *m* advice / **le consommateur, la consommatrice** consumer / **être en prise avec** to be at grips with / **le chômage** unemployment / **la peur du noir** fear of the dark / **l'angoisse** *f* = *la peur* / **économiser** to save / **gérer un budget** to manage a budget / **emprunter** to borrow / **d'autrefois** of yesterday / **dur en affaires** tough in business / **les baskets** *m* sneakers, high tops / **déchirant** agonizing / **la bande** peer group / **à défaut de** for lack of / **le coup de cafard** the blues / **le journal intime** private diary

6. Les kids français sont plus à l'aise que les adultes avec les nouvelles techniques.
7. Les parents considèrent que leurs enfants doivent apprendre très jeunes à être indépendants et autonomes.
8. Les jeunes Français sont très conscients des réalités de la vie : leur attitude est réaliste et pratique.
9. Quand on est un kid, il est très important d'être intégré dans une bande de copains.
10. Les kids ne sont ni vulnérables ni sentimentaux.

Nouveau Contexte

Complétez le dialogue suivant en choisissant les termes appropriés (employez chaque terme une seule fois). Puis, jouez le dialogue.   *la publicité*

Noms : argent *m*, avis *m*, maturité *f*, pubs *f*, vêtements *m*
Verbes : armer, économise, épargner, gérer   *manage*
Adjectif : vulnérables   *save*

Deux pères parlent de leurs fils, des kids de 10 et 12 ans.

JACQUES : Pour moi, ce qui est important, c'est de rendre mon enfant autonome et de l' _armer_ *1* pour la vie.

PHILIPPE : Je suis d'accord. Moi, je donne à mon fils beaucoup de liberté. A la maison, quand nous devons prendre une décision, il donne son _avis_ *2* et nous respectons son opinion.

JACQUES : Lui donnes-tu de l' _argent_ *3* de poche?

PHILIPPE : Oui, régulièrement chaque semaine.

JACQUES : Et qu'est-ce qu'il en fait?

PHILIPPE : Il l' _épargne_ *4* pour s'acheter ce qu'il veut. Essentiellement des cassettes, des disques et des _vêtements_ *5* à la mode : ce qu'il voit dans les _pubs_ *6* à la télé.

JACQUES : Moi, j'ai ouvert un compte en banque *(bank account)* à mon fils. C'est un bon moyen d'apprendre à _économiser_, à _gérer_ *8* un budget, à connaître la valeur de l'argent.

PHILIPPE : Ce qui m'étonne quelquefois, c'est leur _maturité_ *9*. A leur âge, j'étais très différent.

JACQUES : Moi aussi, mais il ne faut pas oublier que nos fils, malgré leurs préoccupations d'adultes, sont encore des enfants très _vulnérables_ *10*.

Vocabulaire satellite

le, la **gosse;** le **gamin,** la **gamine** *(fam)* kid
    la **jeunesse** youth
      être mûr to be mature
    l' **argent** *m* **de poche** pocket money
    gagner de l'argent to earn money

économiser to save
acheter to buy
l' **achat** *m* purchase
être au chômage to be unemployed
être angoissé to be frightened

avoir le cafard   to feel blue
être déprimé   to feel depressed
faire des bêtises   to do foolish things
avoir de bonnes (mauvaises) notes
   to have good (bad) grades
se disputer avec   to fight with
s'entendre bien avec   to get along
   well with
le **copain,** la **copine**   friend, pal
sortir (seul, en bande)   to go out
   (alone, in a group)

bavarder   to talk
les **loisirs** *m,* les **distractions** *f*   leisure-
   time activities
regarder la télévision   to watch television
se servir d'un ordinateur   to use a
   computer
jouer à des jeux vidéo   to play video
   games
porter des vêtements à la mode   to
   wear trendy clothes

Pratique de la langue

1. Quelles différences faites-vous entre : a) un enfant b) un kid c) un adolescent?
2. On constate que beaucoup de parents donnent de l'argent de poche à leurs enfants. Si vous étiez parent, que feriez-vous? Choisissez vos réponses dans la liste suivante.
    Vous donneriez de l'argent de poche à votre enfant :   OUI   NON
    a. régulièrement chaque semaine même s'il a fait des bêtises. *oui*
    b. quand il lave la voiture de ses parents. *oui*
    c. quand il a une bonne note à l'école. *non*
    d. le jour de son anniversaire. *oui*
    e. quand il tond la pelouse *(mows the lawn).* *oui*
    f. quand il sort la poubelle *(garbage can).* *non*
    g. quand il se dispute avec son frère. *non*
    h. quand il lit un bon livre au lieu de regarder la télé. *non*
3. Vous êtes spécialiste de marketing ou publiciste. Inventez une publicité radio s'adressant à de jeunes Français de 9 à 13 ans pour les produits suivants : a) les jeans 501 b) le coca-cola c) un baladeur *(walkman)* de la marque *(make)* de votre choix.
4. Quand vous aviez entre 9 et 13 ans, aviez-vous les mêmes intérêts et aspirations que ceux des kids français dans le texte? Décrivez brièvement les différences et les ressemblances.
5. Quels sont les éléments du texte (linguistiques et autres) qui montrent l'américanisation de la société française? Relevez *(point out)* les mots franglais que vous avez remarqués.

Les Jeunes et l'école

The French school system, which is nationally administered, greatly affects the lives of all young persons, whether they successfully negotiate the system's challenges or have their career options drastically curtailed by it. All students leaving elementary school

are admitted to a *collège d'enseignement secondaire* (C.E.S.[c]),[1] which corresponds roughly to the American junior high school. At the end of the *troisième* (ninth grade), students go on either to a *lycée d'enseignement professionnel* (L.E.P.) or to the more traditional *lycée*[c]. At the *lycée*, they follow one year of general studies, then in *première* (eleventh grade), they choose between the humanities or the sciences, and in *terminale* (twelfth grade), they must select specialized tracks in the humanities (A), economics (B), mathematics and physics (C), natural sciences (D), technology (E), other technical specialties (F,G), or computer science (H).

These various tracks are by no means equivalent. There is a hierarchy among them, recognized by all—teachers, students and parents. In order of excellence, they can be listed as follows: C, D, B, A, E, H, F, G. Extreme selectivity and competitiveness are the rules of the game. The exacting *filière C*, with a heavy emphasis on mathematics, attracts the best students and opens the way to the most prestigious schools and careers.

All tracks prepare the students for a nationally administered exam in their chosen field: the *baccalauréat*[c] (*bac* or *bachot*, as it is familiarly called). Comprehensive, demanding, and feared, this exam tests the students' general as well as specialized knowledge. The *bac* is a crucial hurdle, for only those who pass it (approximately 70 percent) can go on to the university or enter the preparatory classes leading to the *grandes écoles*[c]. It has, however, no value of its own and does not guarantee a job.

In 1960, 10% of any age group made it to the *bac;* in 1990, the percentage was 56%; and the objective for the year 2000 is 80%. This is, without a doubt, the greatest cultural

[1]Words marked with a [c] are explained in the *Index culturel* at the back of the book.

revolution since the introduction of free and compulsory schooling in the 19th century. The *lycées,* which were hitherto fairly elitist and open to a small group of students, now have to accommodate a much larger and more diverse student body. This accounts for the malaise and the various movements of rebellion by teachers and students alike that have surfaced in recent years. The *lycéens* are no longer a homogeneous group. There is no comparison between the *vieux lycées* in the *centres-villes* of major cities, which cater to the sons and daughters of the middle and upper classes, and the *nouveaux lycées* in the *banlieues* (suburbs) where one finds students with different socio-economic backgrounds, less prepared to handle the traditional challenges of the *lycées.* Teachers and administrators are trying to devise ways to reach and educate this new student population.

L'Enseignement secondaire

Orientation

Mettez-vous en groupe et posez-vous les questions suivantes :

1. Combien d'étudiants y avait-il dans votre lycée?
2. Est-ce que ce lycée était public ou privé?
3. Etait-il mixte *(co-ed)*?
4. Etiez-vous interne *(boarder)* ou externe *(day student)*?
5. Quel moyen de transport utilisiez-vous pour aller au lycée si vous étiez externe?
6. A quelle heure commençait votre premier cours?
7. Combien de cours aviez-vous par jour en général?
8. Combien d'élèves y avait-il par classe?
9. Quelle était votre activité extra-scolaire *(extracurricular)* préférée?
10. Lesquels des adjectifs suivants décrivent le mieux votre lycée et l'enseignement qui y était donné : compétitif, facile, chaleureux *(warm)*, très structuré, impersonnel, permissif?

Ecoutons le point de vue des professeurs :

De plus en plus, on doit prendre en charge des élèves dont le niveau° est faible et le manque de motivation pour les études si évident qu'on se demande comment on peut leur être utile : instabilité, passivité, inaptitude à l'effort, pauvreté et con-
5 fusion de la pensée, surtout à l'écrit°, vocabulaire approximatif°, ignorance des règles° de la grammaire et de l'orthographe° deviennent des choses courantes

---

le niveau level (of performance) / **à l'écrit** in written form / **approximatif** = *imprécis* / **la règle** rule / **l'orthographe** ƒ spelling

auxquelles on nous demande de nous adapter. Si les élèves ne veulent plus ou ne peuvent plus fournir° l'effort intellectuel, il faut trouver les moyens° de les in- téresser autrement : organiser des débats, regarder des films, faire des sorties°, animer des clubs... se disperser dans de multiples activités para-scolaires° dont il ne restera pas grand-chose° dans l'esprit des jeunes. J'ai l'impression que, mis à part° quelques îlots° privilégiés, les lycées sont en train de se transformer en garderies° où l'on ne vient plus pour apprendre mais pour passer le temps entre copains.

Maurice T. Maschino, Voulez-vous vraiment des enfants idiots?

Les nouveaux lycéens «flottent comme des feuilles mortes» dit un professeur de français, «ils sont indifférents, je ne peux pas apprécier ce que leur apporte mon enseignement°.» Les élèves de G sont «gentils» mais «ils ne travaillent pas.» «Ils n'ont pas d'intérêt pour les idées. Ils sont un peu tristes, je les trouve scolaires°, ils sont là avec leurs cahiers°, ils attendent, parfois je dis n'importe quoi pour les faire réagir°.»

François Dubet, Les Lycéens

Et le point de vue des élèves :

«Souvent les profs ne s'intéressent pas à nous. Dès qu'on expose nos idées, ils les refusent et pensent qu'on est nuls°. De toute façon°, les cours, c'est du bourrage de crâne° : il y a trop de trucs° à apprendre,» se lamente Bertrand, élève de première A dans un lycée urbain.

Enquête° sur les lycéens par Martine Valo, Monde de l'Education

«Il y a trop de matières° et l'on touche à tout sans rien traiter sérieusement. La sélection se fait encore et toujours sur les maths ou le français. Ah! les maths! Ah! la section C! Le lycée est le meilleur endroit pour apprendre. Malheureusement, même si on est attiré° par les lettres°, le système «vous embarque contre votre gré° vers les matières scientifiques,» dit Sylvie, étudiante en terminale au lycée Rodin. «J'étais d'un niveau moyen° en maths mais bonne en français; on m'a mise en C. Résultat : j'ai raté° le bac et je recommence en A.»

«Les lycéens : une furieuse envie de changement», L'Etudiant

---

fournir = *faire* / **le moyen** means / **la sortie** field trip / **para-scolaire** extracurricular / **pas grand-chose** = *pas beaucoup* / **mis à part** apart from / **l'îlot** *m* small island / **la garderie** day-care center / **l'enseignement** *m* teaching / **scolaire** schoolish / **le cahier** notebook / **réagir** to react, to move / **nul** = *stupide* / **de toute façon** in any case / **le bourrage de crâne** cramming of the brain / **un truc** (*fam*) = *une chose* / **l'enquête** *f* survey / **la matière** sub- ject matter, content of a course / **attiré** attracted / **les lettres** *f* = *la littérature* / **vous em- barque contre votre gré** pushes you against your will / **moyen** average / **rater** to fail, to flunk

«...J'ai un peu peur, l'année prochaine, j'ai peur de faire quelque chose qui m'embarque vers un métier° que je ne veux pas faire, et ça pendant toute ma vie,» explique Nadège qui prépare un bac F.

Enquête sur les lycéens par Martine Valo, *Monde de l'Education*

40   S'il existe parmi les lycéens une attitude commune, c'est bien cette angoisse° de l'avenir. Pour ces enfants de la crise°, nés au moment du premier Krach pétrolier°, le chômage° n'est pas un vain mot°. Globalement, ils sont près de 9 sur 10 à estimer que c'est une menace réelle pour eux. Générale°, présente° pour toutes les catégories de lycéens, ceux de centre-ville ou de banlieue°, élèves des filières° clas-
45   siques ou technologiques, cette peur de l'avenir explique l'attitude des jeunes dans tous les domaines. Pas question pour eux, par exemple, de voir dans les études une période heureuse de la vie où on a envie de refaire le monde°. Terre à terre°, les lycéens sont plus de la moitié à penser qu'elles° sont d'abord faites pour permettre de trouver un travail; un quart seulement, en particulier les filières littéraires, pri-
50   vilégient° l'acquisition d'une «culture générale» et moins d'un sur six estime que le plus important dans les études est de former la personnalité. (Voir tableau ci-dessous.)

Gérard Courtois, *Le Monde—Dossiers et documents*

TABLEAU

Avec laquelle de ces opinions vous sentez-vous le plus d'accord :

—Les études sont d'abord faites pour permettre de trouver un métier 51%
—Le plus important dans les études, c'est la formation de la personnalité 9%
—Le plus important dans les études, c'est d'acquérir une culture générale.................26%
—Le plus important dans les études, c'est d'acquérir une méthode de travail.............11%
—Sans opinion 3%

Pour vous, un lycée doit être :

—Juste un endroit où l'on étudie 18%
—Un endroit où l'on peut faire aussi d'autres activités 76%
—Sans opinion 6%

Le Monde, octobre, 1991
Dossiers et documents

---

le métier = *la profession* / **l'angoisse** *f* = *la grande peur* / **la crise** = *la crise économique* / **le Krach pétrolier** oil crisis / **le chômage** unemployment / **n'est pas un vain mot** = *est quelque chose de très important* / **générale, présente** *Ces adjectifs modifient «cette peur».* / **la banlieue** suburb / **la filière** track / **refaire le monde** = *changer le monde* / **terre à terre** down to earth / **elles** = *les études* / **privilégier** to attach importance to

Qu'en pensez-vous?

Etes-vous d'accord ou non avec les déclarations suivantes? Justifiez votre réponse.

1. Les professeurs pensent que leurs élèves sont très motivés pour les études.
2. Les lycéens français ignorent souvent les règles de grammaire et d'orthographe.
3. Les activités para-scolaires sont toujours des activités intellectuelles.
4. Les élèves ont l'impression que les profs ne s'intéressent pas à eux.
5. Pour réussir au bac C, il faut être bon en maths.
6. Les lycéens pensent que le chômage n'est pas une menace réelle pour eux.
7. Tous les lycéens ont envie de refaire le monde.
8. La majorité des étudiants pensent que les études vont leur permettre d'abord d'acquérir une bonne culture générale.

Nouveau Contexte

Complétez le dialogue suivant en choisissant les termes appropriés (employez chaque terme une seule fois). Puis, jouez le dialogue.

Noms : avenir *m*, bourrage de crâne *m*, chômage *m*, culture générale *f*, filière *f*, matières *f*, métier *m*

Verbes : raterai, trouver du travail

Adjectif : nul

LUC : Tu passes en C l'année prochaine?

HERVÉ : Oui, je sais qu'il y aura beaucoup de travail et que c'est un peu le _____ *1* mais j'aime beaucoup les _____ *2* scientifiques. Et toi?

LUC : Moi, je m'intéresse à la littérature et je pense aller en A. Je sais que c'est une _____ *3* moins prestigieuse mais, ce qui m'attire, c'est d'acquérir une bonne _____ *4*. De toute façon, je suis _____ *5* en maths et je suis sûr que je _____ *6* le bac C.

HERVÉ : Tu as une idée du _____ *7* que tu veux faire plus tard?

LUC : Non, je suis un peu angoissé quand je pense à l' _____ *8*. C'est dur de _____ *9* quand on se spécialise en littérature. Mais je ne serai pas au _____ *10* parce que je veux être prof, et des profs, il n'y en a pas assez.

Vocabulaire satellite

l' **enseignement secondaire** *m* secondary education
enseigner to teach
l' **enseignement** *m* teaching
apprendre to learn
le **collège** = *l'école secondaire, le C.E.S.*

le **cours** class, course
suivre des cours to take courses
assister à un cours to attend a class
faire des études to study, to get an education

la **matière**   subject matter, content (of a course)

l' **emploi du temps** *m*   schedule

faire ses devoirs   to do one's homework

se spécialiser en   to major in

l' **orientation** *f*   tracking

la **filière**   track

passer un examen   to take an exam

rater, échouer à un examen   to fail an exam

réussir à un examen   to pass an exam

l' **échec** *m*   failure

être bon (nul) en maths   to be good (bad) in math

avoir de bonnes (mauvaises) notes   to have good (bad) grades

la **concurrence**   competition

compétitif, -ive   competitive

exigeant   demanding

acquérir une culture générale   to get a general education

penser à l'avenir   to think of the future

Pratique de la langue

1. Faites une liste des critiques énoncées par les professeurs et de celles énoncées par les élèves. Puis mettez les «accusés» face à face et imaginez un dialogue entre les deux camps.
2. Improvisez les situations suivantes :
   a. Vous êtes un professeur de lycée, vous êtes découragé(e) et déprimé(e) par vos élèves qui ne semblent pas s'intéresser à ce que vous faites en classe. Vous discutez avec un(e) collègue qui a les mêmes problèmes que vous et vous essayez ensemble de trouver des solutions.

PROFESSION
PROFESSEUR
UN BEAU METIER, UN GRAND METIER.

   b. Un conseiller d'orientation *(student adviser)* discute avec un(e) élève qui veut quitter l'école avant 16 ans. L'élève a toujours été en situation d'échec et déteste l'école. Imaginez leur discussion.
3. Pouvez-vous faire le portrait d'un professeur que vous avez eu au lycée et dont vous vous souvenez particulièrement? Quelle influence a-t-il eue sur vous?
4. Comparez l'emploi du temps d'Olivier, élève de Terminale C, avec celui que vous aviez en dernière année de high school.

nom: Olivier   Terminales C

Emploi du temps

	LUNDI	MARDI	MERCREDI	JEUDI	VENDREDI	SAMEDI
8h	Piscine	Physique	Sciences naturelles		Physique	
9h	Histoire	Chimie	Maths.	Anglais	Physique	Maths.
10h	Géographie	Maths.	Physique	Sport	Maths.	Maths.
11h	Anglais	Histoire		Sport	Maths.	Maths.
Pause du déjeuner					
13h30	Espagnol	Espagnol		Maths.	Espagnol	
14h30	Philosophie			Maths.	Philosophie	
15h30	Philosophie			Sciences Naturelles		

5. Expliquez le dessin ci-dessous en vous souvenant de la différence entre un bac G et un bac C. Si Josiane n'a pas les mêmes idées que sa mère sur l'éducation des filles, imaginez ce qu'elle peut lui répondre.

CROIS-EN TA MÈRE MA PETITE JOSIANE, PRÉPARE UN BAC G1 ET ENSUITE MARIE-TOI VITE AVEC UN GARÇON QUI A RÉUSSI EN C.

L'Enseignement supérieur

Many aspects of the French postsecondary school system may puzzle Americans. The system is almost entirely state-run, state-supported, and practically free, yet it is by no means open to everyone. After the *bac*^c a student may choose to attend (subject to residence requirements) one of the seventy universities where courses offered by the *facultés*^c (schools or departments) are not general but specialized, leading to a specific degree and career. Enjoying even greater status are the *Grandes Ecoles*^c. These schools, however, take only a limited number of students, whom they recruit on the basis of a highly selective entrance examination *(le concours)* for which a long and arduous preparation is necessary. Some *lycées* offer such candidates special advanced classes. Enrolled for two years in these *classes préparatoires*, the college-age students *(les élèves des classes préparatoires)* cram to meet the demands of the particular type of *grande école* they want to enter. Some of the most prestigious of these schools, such as *l'Ecole Polytechnique, l'Ecole des Arts et Métiers,* and *l'Ecole Normale Supérieure,* date back to Napoléon. Others such as l'*E.N.A. (Ecole Nationale d'Administration)* or l'*ESSEC* and *H.E.C.* (business schools) are more recent, but all guarantee their graduates interesting and well-paid careers.

Orientation

Expliquez pourquoi vous avez choisi l'université dans laquelle vous êtes maintenant en répondant par «oui» ou «non» à chacun des segments de phrase suivants.

Vous l'avez choisie :   OUI   NON

1. à cause de la réputation de ses professeurs
2. parce qu'elle est située sur un joli campus
3. à cause de la réputation de ses équipes sportives *(sports teams)*
4. parce qu'elle est située dans une grande ville
5. à cause de l'originalité et de la variété des cours offerts
6. parce que les étudiants y sont sérieux
7. parce qu'on s'y amuse bien
8. parce que vous avez des ami(e)s ou quelqu'un de votre famille qui sont des anciens élèves *(alumni)* de cette université.

Des étudiants de ces classes préparatoires parlent ici des problèmes qu'ils rencontrent pendant ces années difficiles, mais aussi de leurs motivations.

L'Angoisse° des élèves de «prépa°»

«Pourquoi est-ce que je suis là? Parce que je n'ai pas envie de bouffer des pâtes° à la fin du mois quand je serai dans la vie active°.» C'est un argument solide. Dans la cour° du Lycée Saint-Louis, qui n'accueille que° des élèves de «prépa», Jean-François se tourne vers ses copains. Ils sont quatre, élèves de «math sup°». Tous
5 avaient passé de bons bacs, C selon l'usage, et ils ne sont pas plus boutonneux que la moyenne°.

«La première semaine, c'était vraiment dur. J'essayais de me raccrocher° aux autres mais on était tous au même point. A la fin du premier week-end quand je suis rentré chez moi, j'ai failli ne pas° revenir». Et puis Stéphane a pris le rythme°
10 du boulot° (trente heures de cours, quinze heures de travail personnel par semaine), de l'internat° avec ses petites cellules° tristes, de la camaraderie très «sport» qui résiste aux classements affichés° après chaque interro° écrite. Un rythme qui ne permet pas les amourettes° et les envies° de cinéma, et Stéphane conclut : «Il faut partir du principe° qu'on n'est pas là pour se faire plaisir°».
15 Un «taupin°» a 80% de chance d'entrer dans une école d'ingénieurs dont il sortira, dans 90% des cas, avec un diplôme en poche, une dizaine de propositions de travail et un haut salaire. «Il faut bosser° là où ça rapporte°, avant les interros. Après l'école, tu commences à vivre». Tant de renoncements pour décrocher°, les yeux cernés°, une place° de cadre moyen ou supérieur°!
20 D'autres témoignages° :
Véronique prépare le concours d'une Grande Ecole de Commerce : «Je suis ici avant tout pour l'intérêt des études. Même si je ne décroche pas H.E.C.° je ne regretterai rien. Je suis toujours aussi nulle° en math, mais maintenant je peux lire *Le Monde*° et comprendre ce qui se passe».
25 Laurent lui aussi apprécie la valeur des études qu'il reçoit. Il prépare l'entrée dans une Ecole Normale Supérieure°. «Ici, c'est la vraie interdisciplinarité. On fait

---

l'angoisse *f* anxiety / **la "prépa"** = *classe préparatoire à l'entrée dans une Grande Ecole* / **bouffer des pâtes** to eat pasta *(ici : manger des choses pas chères parce qu'on n'a pas beaucoup d'argent)* / **la vie active** real world / **la cour** yard / **n'accueille que** = *reçoit seulement* / **math sup** = *classe préparatoire de mathématiques supérieures* / **pas plus boutonneux que la moyenne** with no more pimples than average / **se raccrocher à** to hang on to / **j'ai failli ne pas** I almost didn't / **a pris le rythme** got into the routine / **le boulot** (*fam*) = *le travail* / **l'internat** *m* residence hall, dorm / **la cellule** cell / **les classements affichés** posting of grades by order of rank / **l'interro** *f* test / **les amourettes** *f* flirtations / **les envies** *f* = *les désirs* / **partir du principe** = *comprendre* / **se faire plaisir** = *s'amuser* / **le taupin** (*fam*) = *l'étudiant de math sup* / **bosser** (*fam*) = *travailler dur* / **où ça rapporte** where it pays off (counts) / **décrocher** = *obtenir* / **les yeux cernés** with rings under one's eyes / **une place** = *un emploi* / **le cadre moyen ou supérieur** middle- or top-level executive / **le témoignage** testimony / **H.E.C.** = *Ecole des Hautes Etudes Commerciales* / **nulle** very weak / **Le Monde** the most highbrow of French daily newspapers / **Ecole Normale Supérieure** = *une Grande Ecole*

sérieusement de tout. Même si on ne réussit pas à intégrer Fontenay ou Saint-Cloud°,
on aura acquis une culture générale et des méthodes de travail qui nous seront utiles
30 partout.... On n'est pas des bûcheurs°, plutôt des lutteurs°. Il faut lutter° contre la
politique de découragement que pratiquent certains profs. Par exemple : le premier jour un prof est arrivé : «Vous êtes 70 aujourd'hui, vous serez 50 à Noël et 25
passeront à la fin de l'année».

     Qu'est-ce qui motive ces étudiants? Un professeur de Saint-Louis conclut :
35 «C'est plutôt contre eux-mêmes qu'ils se battent°, contre la peur de l'échec°, la
peur de décevoir° leurs parents et, surtout, de ne pas être à la hauteur de° l'image
qu'ils ont d'eux-mêmes».

Odile Cuaz, Le Nouvel Observateur

Qu'en pensez-vous?

Etes-vous d'accord ou non avec les déclarations suivantes? Justifiez votre réponse.

1. Jean-François est en «prépa» parce qu'il veut gagner beaucoup d'argent quand il sera
   dans la vie active.
2. Dans les grandes écoles on trouve les étudiants les plus brillants.
3. Tous les étudiants de «prépa» sont des intellectuels boutonneux.

> **intégrer Fontenay ou Saint-Cloud** to enter the *Ecoles Normales Supérieures* in Fontenay or Saint-Cloud
> outside of Paris (now one single school located in Fontenay) / **le bûcheur** (*argot*) grind, hard-
> working student / **le lutteur** fighter / **lutter** to struggle / **se battre** = *lutter* / **la peur de**
> **l'échec** the fear of failure / **décevoir** = *désappointer* / **être à la hauteur de** to be equal to

4. Le rythme du boulot en "math sup" est intense.
5. A l'internat du lycée Saint-Louis, les étudiants ont une vie sociale très agréable et très décontractée.
6. Véronique pense qu'elle ne perd pas son temps en «prépa» parce que les études sont intéressantes.
7. Laurent pense qu'il va acquérir une bonne culture générale.
8. Les profs de «prépa» ont une attitude positive et encouragent toujours leurs étudiants.
9. De nombreux étudiants de «prépa» sont éliminés avant la fin de l'année.
10. Les étudiants de «prépa» sont des bûcheurs parce qu'ils aiment se battre.

Nouveau Contexte

Complétez le dialogue suivant en choisissant les termes appropriés (employez chaque terme une seule fois). Puis, jouez le dialogue.

Noms : boulot *m*, concours *m*, cours *m*, grande école *f*, interros écrites *f*, lutteur *m*, salaire *m*
Verbes : décevoir, motive
Adjectif : découragé

Stéphane parle avec un copain, Laurent, au début de son année de «prépa».
LAURENT :   Es-tu content de tes premières semaines en «prépa»?
STÉPHANE : C'est dur, tu sais. J'ai énormément de _____*1* : trente heures de

_____ *2* par semaine, plus à peu près quinze heures de travail personnel. Je ne me couche jamais avant minuit.

LAURENT : Tu as eu de bonnes notes aux _____ *3* ?

STÉPHANE : Pas toujours; les profs sont exigeants et quelquefois je suis très _____ *4*.

LAURENT : N'oublie pas que, si tu réussis au _____ *5* et que tu entres dans une _____ *6*, tu es sûr d'avoir un bon métier et un haut _____ *7*.

STÉPHANE : Je sais, c'est ce qui me _____ *8* et aussi le désir de ne pas _____ *9* mes parents. Mais ce n'est pas facile quand on n'a pas un tempérament de _____ *10* !

Vocabulaire satellite

l' **université** *f*   university, college
la **fac,** la **faculté**   school or department
  aller à la fac   to go to the university
la **Fac de Droit**   law school
la **Fac de Médecine**   medical school
  suivre les cours de Paris III   to attend the University of Paris III
  faire des études   to study, to get an education
  faire ses études (de médecine, de droit, etc.)   to study (medicine, law, etc.)

le **cours obligatoire**   required course
obtenir, décrocher un diplôme   to graduate
la **résidence universitaire**   student housing
le **dortoir**   dorm
le, la **camarade de chambre**   roommate
le **restaurant universitaire (resto-U.)**   cafeteria
la **bibliothèque**   library

Pratique de la langue

1. A votre avis, quelles sont les qualités les plus importantes d'un bon prof? Choisissez vos réponses dans la liste suivante.
   Il faut :
   a. être enthousiaste
   b. avoir de l'autorité
   c. respecter ses étudiants
   d. bien connaître la matière que l'on enseigne
   e. être disponible après le cours
   f. être exigeant
   g. être sympathique
   h. être bon pédagogue
   i. être amusant.

2. Etes-vous bûcheur, lutteur? Si oui, qu'est-ce qui vous motive à travailler? Si non, expliquez pourquoi.

3. Vous venez de passer un semestre dans une Fac en France; parlez de la différence entre le système universitaire français et le système américain à un(e) ami(e) qui n'a jamais étudié à l'étranger.

4. Demandez à vos camarades de classe ce qu'ils (elles) aimeraient faire après leurs études universitaires de premier cycle *(undergraduate studies)*. Choisissez vos réponses dans la liste suivante.

Est-ce que tu aimerais :
a. poursuivre des études supérieures?
b. trouver un métier dans ta spécialité?
c. te marier?
d. faire le tour du monde?
e. faire n'importe quel métier pour acquérir de l'expérience?
f. autres choix?

Les Distractions des étudiants

Orientation

Où rencontrez-vous vos ami(e)s quand vous voulez vous distraire? Après avoir indiqué vos réponses, faites une enquête parmi les autres étudiants pour trouver les endroits mentionnés le plus fréquemment.

Je rencontre mes ami(e)s :
a. à la bibliothèque
b. dans un café
c. dans un bar
d. dans des clubs ou des associations d'étudiants
e. à la cafétéria de l'université
f. dans mon dortoir
g. sur les terrains de sport
h. dans les différents cours.

Dans la vie sociale des étudiants français, le café joue un rôle important. Le temps important que tant d'étudiants passent au café, peut apparaître comme une «perte° de temps.» Il répond, à vrai dire, en grande partie, à tout un ensemble de° besoins que l'étudiant cherche à satisfaire, en dehors du° temps consacré au tra-
5 vail. Aller au café, ce n'est pas uniquement chercher un refuge entre deux cours quand la bibliothèque est pleine, ou éviter° un déplacement° lorsqu'on habite une chambre éloignée de la Faculté°, ou trop exiguë°, ou mal chauffée°, ou encore coûteuse° à chauffer. Il semble que le café réponde avant tout à un besoin de contacts que les structures universitaires n'ont pas satisfait jusqu'à maintenant. Le café
10 est bien souvent le seul lieu° où fuir° la solitude, où nouer des connaissances° et se faire des amis.

la perte waste / **un ensemble de** = *un certain nombre de* / **en dehors de** outside of / **éviter** to avoid / **le déplacement** trip / **exigu, -uë** = *très petit* / **chauffé** heated / **coûteux, -euse** costly / **le lieu** = *l'endroit* / **fuir** = *échapper à* / **nouer des connaissances** to make acquaintances

Des étudiants, habitués° du Quartier latin°, expriment leurs opinions sur le rôle du café dans la vie de l'étudiant :

«S'il n'y avait pas de café, on se sentirait lâché dans la nature°.» «On se sent moins
15   seul. La chaleur humaine fait du bien. C'est gai, on oublie ses idées noires°,» vous
diront les habitués du Quartier latin.

Les plus esseulés° vont toujours au même café. Ils s'y sentent un peu chez eux,
ils prennent plaisir à retrouver les mêmes habitués, à être traités amicalement
par les garçons°. A l'âge où les relations amicales ou amoureuses commencent à
20   prendre plus d'importance que les relations familiales, les étudiants apprécient
tout ce que peut leur apporter l'ambiance° d'un café familier. «L'amitié, la camaraderie, ne peuvent pas se trouver dans la famille. Au café, on n'est pas forcé de répondre à tous les appels. Ça détend°, on est entre jeunes, c'est mieux que d'être en
famille.»
25   Au café, l'étudiant devient un être sociable. Il goûte l'imprévu des rencontres°,
qu'elles soient° de peu d'importance ou marquantes°.

Il se sent disponible°, détaché de toute contrainte. Le fait d'inviter des amis chez
soi suppose une sélection, alors qu'°au café on ne se sent pas engagé vis-à-vis de
ceux que l'on y fréquente. C'est souvent là que se racontent le film à voir°, le livre
30   à lire, le disque à acheter. C'est aussi l'endroit où rencontrer des gens qui peuvent
vous indiquer du travail, une chambre à louer, bref, c'est sortir du monde clos des
cafétérias de Facultés^c ou de Résidences°.

Au cours d'une enquête° sur les loisirs° faite par la Mutuelle des Etudiants°, un
garçon déclarait : «On acquiert au café une culture générale, bien mieux qu'à la
35   Faculté, parce qu'on y rencontre des non-étudiants. On écoute les conversations
des voisins, on regarde vivre les autres. C'est le lieu où se forme l'intelligence de la
vie, pas seulement la connaissance : on se dépolarise°.»

Catherine Vallabrègue, *La Condition étudiante*

Qu'en pensez-vous?

Etes-vous d'accord ou non avec les déclarations suivantes? Justifiez votre réponse.

1. Les étudiants considèrent qu'ils perdent leur temps au café.
2. Ils vont au café pour fuir la solitude et se faire des amis.

---

l'habitué regular visitor (or customer)   /   **le Quartier latin** = *centre de la vie universitaire parisienne*   /
lâché dans la nature = *tout à fait désorienté*   /   **les idées noires** depressing moments   /   **esseulé** =
solitaire   /   **le garçon** = *garçon de café*   /   **tout... l'ambiance...** = *tout ce que l'ambiance... peut leur apporter*   /   **détendre** to relax   /   **l'imprévu** *m* **des rencontres** chance encounters   /   **qu'elles soient**
whether they be   /   **marquant** = *mémorable*   /   **disponible** = *libre*   /   **alors que** whereas   /
que se racontent le film à voir... = *que le film à voir... se racontent*   /   **la Résidence** student housing,
dormitory   /   **l'enquête** *f* survey   /   **les loisirs** *m* leisure time   /   **la Mutuelle des Etudiants** a social service agency run by the students   /   **se dépolariser** (*fam*) = *ouvrir l'esprit*

3. Ils ne vont jamais au même café parce que ce serait trop ennuyeux.
4. Dans un café que l'on connaît bien, on a l'impression d'être en famille.
5. Au café, on peut parler avec n'importe qui.
6. On ne parle jamais de choses intellectuelles au café.
7. En rencontrant des non-étudiants au café, on apprend à connaître le monde.
8. Les cafés sont importants en France parce qu'il n'y a pas beaucoup d'autres lieux de rencontre et de détente à l'université.

Nouveau Contexte

Complétez le dialogue suivant en choisissant les termes appropriés (employez chaque terme une seule fois). Puis, jouez le dialogue.

Noms : ambiance *f,* bibliothèque *f,* endroit *m,* films *m,* garçon *m,* refuge *m,* solitude *f*
Verbes : vous distraire, perdent, rencontrer
Adjectif : chauffée

JOURNALISTE : Monsieur Jean, ça fait vingt ans que vous êtes _____*1* de café. Aimez-vous votre métier?

M. JEAN : Enormément! C'est un métier passionnant surtout quand on travaille dans un petit café de quartier, comme celui-là, qui a une _____*2* familiale.

JOURNALISTE : Vous voyez beaucoup d'étudiants; pourquoi pensez-vous qu'ils viennent au café?

M. JEAN : Pour des tas de raisons! Des fois, pour trouver un _____*3* entre deux cours ou parce que la _____*4* est pleine et qu'ils ne peuvent pas étudier. Quelquefois, en hiver, parce que leur chambre est mal _____*5* et qu'ils ont froid. Des fois aussi, simplement, pour fuir la _____*6* et se faire des amis.

JOURNALISTE : D'après vous, est-ce qu'ils _____*7* leur temps au café?

M. JEAN : Non, bien au contraire! C'est le seul _____*8* où ils peuvent _____*9* des non-étudiants et discuter pendant des heures de tout ce qui les intéresse : des _____*10* à voir, des livres à lire, de la politique, de leurs études et de leurs ami(e)s.

JOURNALISTE : Et vous, Monsieur Jean, que faites-vous pour _____*11* ?

M. JEAN : Moi? Je regarde les matchs de foot *(soccer games)* à la télé.

Vocabulaire satellite

se distraire   to amuse oneself
se détendre   to relax
passer (perdre) du temps   to spend (to waste) time
se cultiver   to broaden one's mind
la **lecture**   reading

jouer du piano, du violon   to play the piano, the violin
aller à un concert de rock, de musique classique   to go to a rock concert, a classical music concert

aller voir un spectacle de danse   to go to the ballet

aller au musée pour voir une exposition   to go to a museum to see an exhibit

pratiquer un sport, faire du sport   to play a sport

jouer au tennis, au football   to play tennis, soccer (football)

s'entraîner   to practice, to train

aller au cinéma   to go to the movies

aller prendre un pot, un verre avec des copains et des copines   to go out for a drink with friends

Pratique de la langue

1. Parlez de vos loisirs. Mettez-vous en groupe et posez-vous les questions suivantes, puis faites une liste des activités les plus fréquemment mentionnées.
   a. Quand vous avez besoin de vous détendre, que faites-vous? Où allez-vous?
   b. Quelles sont les activités les plus populaires sur votre campus en ce moment?
   c. Que faites-vous pour vous cultiver?
2. Jouez la scène suivante : Un étudiant étranger, qui est venu faire des études en France, a des difficultés à rencontrer des étudiants français. Donnez-lui quelques conseils : expliquez-lui l'importance du café dans la vie sociale des étudiants français et indiquez-lui le nom et les caractéristiques de vos cafés préférés.
3. Est-ce que les étudiants mènent une existence privilégiée, à votre avis? Dans quelle mesure sont-ils artificiellement isolés ou protégés de la réalité quotidienne? Faut-il remédier à cette situation et, si oui, comment?

Sujets de discussion ou de composition

1. Ecrivez une lettre à un(e) étudiant(e) français(e). Racontez-lui votre vie d'étudiant en la comparant un peu à la sienne.
2. Pourquoi allez-vous à l'université? (pour acquérir une bonne culture générale, pour vous préparer à un emploi bien précis, pour former votre personnalité, pour rencontrer des étudiants qui viennent d'horizons très variés, etc.) Posez cette question aux autres étudiants de la classe et dressez une liste des raisons citées le plus fréquemment.
3. Etes-vous satisfait(e) de la formation universitaire que vous recevez (que vous avez reçue)? Quels en sont les éléments les plus positifs? Quels aspects aimeriez-vous changer?

2

Les Femmes

Les femmes et le travail

Throughout French history, women have been influential. Some of them have achieved fame in the literary and artistic world as well as in science (for example, France has produced two Nobel Prize winners: Marie Curie in 1903 for physics and again in 1911 for chemistry, and her daughter Irène Joliot-Curie in 1935 for chemistry). Yet women in France have not made it a point to take part in movements involving their sex as a whole. French women regard themselves as equal to men, but different. As John Ardagh writes: "France is still the land, cliché or not, of *la petite différence* : it is not the land of the suffragettes, nor of the women's club, beloved of Anglo-Saxon amazons."[1]

For a long time, however, French women were treated as minors, a condition that was actually enshrined in the 1804 *Code Civil*, the cornerstone of the set of legal codes commissioned by Napoleon. It reflected the philosophy and the prejudices of a military man for whom "la femme est la propriété de l'homme comme l'arbre à fruit celle du jardinier."

Over the next 150 years, legislation regarding the rights of women was surprisingly slow in coming, compared to the United States. It was not until 1945 that women gained the right to vote in national elections and run for public office. In recent years, however, the position of women has improved markedly with respect to civil rights, marriage, and birth control. Today, 75% of women between the ages of 25 and 39 are working, a percentage that has not changed much since the beginning of the century. What has changed is the level of qualification. Women are doing very well in school: they have a higher rate of success than men on the *baccalauréat*[c] and they outnumber them in college.

Nevertheless, even though they have conquered fortresses hitherto dominated by men, like the *Grandes Ecoles*[c], they are still more likely to follow tracks in the humanities leading to less prestigious and lesser paying jobs. In spite of the anti-discriminatory law of 1983 *(loi sur l'égalité professionnelle)*, women at the same level of competence as men have a harder time reaching the highest positions of responsibility and obtaining the same salaries. Among executives, one out of four is a woman but only 16% are CEOs and they are often paid up to 20% less than men. Once they have a family, women do not usually stop working. Indeed 70% of women with two children are in the work force. To help them balance their various duties, French women can rely on government-subsidized *crèches* (day-care centers) and on free *écoles maternelles* (pre-school kindergarten) open to all children from age two.

Orientation

Répondez par oui ou non à la question suivante : D'après vous, réussir sa vie pour une femme veut dire :   OUI   NON
a. avoir six enfants
b. faire un mariage d'amour

[1]John Ardagh, *France in the 1980s*

c. épouser un millionnaire
d. exercer un métier *(to have a job)* et élever ses enfants
e. réussir professionnellement *(to have a successful career)*
f. gagner plus d'argent que son mari
g. élever ses enfants en restant à la maison
h. exercer un métier jusqu'à présent réservé aux hommes.

Following is an interview with Hélène Strohl, a graduate of l'*ENA (l'Ecole nationale d'administration)* and a top civil servant, a woman who has been able to juggle a career and a family successfully.

Un exemple de réussite° professionnelle : Hélène Strohl, Inspecteur général au ministère des Affaires sociales

JOURNALISTE : Vous êtes «énarque°», c'est-à-dire que vous sortez de l'Ecole nationale d'administration^c. C'est l'une des plus grandes écoles^c de France. Les femmes qui sortent de l'ENA sont-elles moins nombreuses, par rapport à leurs collègues masculins?

5   H.S. : Dans ma promotion°, nous étions déjà 20% de femmes, mais c'est un chiffre° qui augmente continuellement parce que les jeunes filles font des études plus facilement. D'autre part, la voie nous ayant été frayée° par les femmes de la génération précédente, nous ne souffrons plus des mêmes handicaps qu'elles.

JOURNALISTE : De quel handicap souffrait la génération précédente?

10   H.S. : Nos aînées° souffraient d'abord d'être les premières dans ce type d'études et dans ce type de postes°. Elles souffraient aussi pendant toute une période de leur vie de la difficulté de mener conjointement° une vie familiale, c'est-à-dire élever° des enfants petits, et, en même temps, exercer un métier° où les responsabilités et l'importance du métier se mesurent aux heures de présence et au

15   dépassement° des heures habituelles. Vous savez que l'administration française° a un certain nombre de rites° et un de ces rites, c'est de dire que plus on est important, plus on reste tard au bureau le soir. L'énarque, habituellement, reste au bureau jusqu'à 8 heures du soir, facilement. Ce sont des horaires° qui ne sont pas du tout adaptés à la vie familiale.

20   JOURNALISTE : Vous êtes vous-même mère de famille. Vous avez de jeunes enfants. Comment faites-vous alors?

H.S. : Je ne pratique pas ces horaires-là. A mon avis, on peut faire un excellent travail entre 9 heures le matin et 6 heures le soir... J'aime m'occuper de° mes trois enfants. Je comprendrais mal d'avoir fait des enfants, alors qu'°on vit à une époque

---

la réussite success / **l'énarque** *m, f = personne qui sort de l'ENA* / **la promotion** class / **le chiffre** figure / **la voie nous ayant été frayée** the way having been cleared for us / **l'aîné** elder / **le poste** position / **conjointement** jointly / **élever** to bring up, to raise / **exercer un métier** to have a job / **le dépassement** exceeding / **l'administration française** French public service / **le rite** ritual / **l'horaire** *m* schedule / **s'occuper de** to take care of / **alors que** now that

25 où on peut les faire ou ne pas les faire, et de ne pas avoir le plaisir de m'en occuper... Je préfère ne pas aller à une réunion et rentrer baigner° ma gamine°.

JOURNALISTE : Et cela est accepté par les gens autour de vous?

H.S. : Un certain nombre de gens l'acceptent. J'ai choisi une profession, à la
sortie de l'ENA, où j'avais une grande liberté d'horaire°.

30 JOURNALISTE : Vous faites partie d'une caste plus ou moins privilégiée. Si on
regarde d'autres femmes qui ont des enfants et qui travaillent—les vendeuses°
dans un magasin, par exemple.

H.S. : Alors, c'est vrai. Prenons les secrétaires, que je connais bien à mon travail. Elles partent à 5 heures—et là, c'est clair, l'heure, c'est l'heure—ce type de
35 personnel s'en va à 5 heures. Mais elles rajoutent° à cela—car la plupart habitent
en banlieue°—une heure et demie de trajet°. Elles arrivent chez elles complètement crevées°, elles récupèrent° un gamin lui-même fatigué... les conditions de vie
ne sont pas les mêmes...

JOURNALISTE : On dit que, dans certains domaines, il faut que la femme se
40 masculinise pour arriver°. Plus elle s'habille comme un homme, par exemple, plus
elle a des chances de percer°. Est-ce vrai?

---

baigner to give a bath to / **le gamin, la gamine** (*fam*) kid / **la liberté d'horaire** flexible schedule / **la vendeuse** saleslady / **rajouter** to add / **la banlieue** suburb / **le trajet** ride /
crevé (*fam*) = *très fatigué* / **récupérer** = *retrouver* / **arriver** = *ici, réussir* / **percer** to reach
the top

H.S. : Je ne pense pas qu'en France ce soit tellement vrai. Les femmes, par rapport aux vêtements, ont une énorme liberté que n'ont pas les hommes. Il est plus facile pour une femme de venir un jour en robe, le lendemain en tailleur°, et le
45 troisième, pas en blue jeans parce que ça ne passe pas° encore très bien, mais en pantalon, qu'à un homme de venir sans cravate°...

JOURNALISTE : Vous m'avez dit tout à l'heure que le pouvoir° ne vous intéressait pas particulièrement, alors, pourquoi avez-vous fait l'ENA?

H.S. : J'ai fait l'ENA en me disant que cela m'ouvrirait la possibilité de changer
50 plusieurs fois de métier au cours de mon existence... Ce que je cherche, au fond, dans mon métier, c'est à ne jamais m'y ennuyer°, à y apprendre toujours quelque chose. Je ne supporterais pas° un métier où je regarderais l'heure en me disant : est-ce que cela se termine bientôt? C'est donc un peu pour tout cela que j'ai choisi l'ENA.

Gilbert Tarrab, Jacques Salzer, Voix de femmes

OFFREZ-VOUS
UN ÉNARQUE

Nous sommes 25.

Nous avons entre 24 et 35 ans.

Nous sortons de l'ENA au mois de mai.

Nous ne voulons pas limiter notre choix à la fonction publique.

Tous, nous avons acquis à l'ENA un solide esprit d'organisation, une bonne maîtrise des techniques de gestion et une expérience concrète de la décision.

Chacun de nous a également reçu une formation antérieure dans des écoles à vocation générale (IEP), scientifique (X, Centrale, TPE) ou commerciale (HEC, ESSEC).

ENTREPRISES OU COLLECTIVITÉS LOCALES, SI VOUS RECHERCHEZ DES HOMMES ET DES FEMMES PRÊTS À RÉUSSIR AVEC VOUS, CONTACTEZ-NOUS.

ECRIRE SOUS N° 3.126 *LE MONDE* PUB., SERVICE ANNONCES CLASSÉES,
5, RUE DES ITALIENS, 75009 PARIS.

---

la gestion management

Qu'en pensez-vous?

Etes-vous d'accord ou non avec les déclarations suivantes? Justifiez votre réponse.

1. L'ENA est une grande école très prestigieuse.
2. Il y a plus de femmes que d'hommes qui sortent de l'ENA.

le tailleur woman's suit / **ça ne passe pas** = *ce n'est pas accepté* / **la cravate** tie / **le pouvoir** power / **s'ennuyer** to be bored / **je ne supporterais pas** I couldn't bear

3. A l'heure actuelle, les femmes qui travaillent ont le même handicap que celles de la génération précédente.
4. Quand on a un poste avec beaucoup de responsabilités en France, il est habituel de rester au bureau tard le soir.
5. Hélène Strohl a choisi de ne pas avoir d'enfant.
6. Elle travaille à mi-temps *(part-time)*.
7. Les conditions de vie des femmes—secrétaires ou énarques—sont très similaires.
8. La majorité des secrétaires dont parle Hélène Strohl habitent près de leur travail.
9. En France, les femmes qui ont un poste important doivent s'habiller de façon très masculine pour être prises au sérieux.
10. Hélène Strohl a cherché à exercer un métier où elle ne s'ennuie pas.

Nouveau Contexte

Complétez le dialogue suivant en choisissant les termes appropriés (employez chaque terme une seule fois). Puis, jouez le dialogue.

Noms : banlieue *f,* gamin *m,* horaires *m,* mère de famille *f,* salaire *m,* trajet *m*
Verbes : exercer, s'occuper, travailler

Hélène Strohl et sa secrétaire, Mme Pellegrin

H.S. :   Mme Pellegrin, avez-vous le temps de taper *(to type)* cette lettre?
MME P. :   Je suis désolée, Madame, il est cinq heures moins dix et je dois partir dans dix minutes.
H.S. :   Pour vous, l'heure, c'est l'heure, n'est-ce pas!
MME P. :   C'est que... j'habite en _____ *1* , j'ai une heure de _____ *2* et je dois récupérer mon _____ *3* à la crèche *(day-care center)* avant six heures.
H.S. :   Je comprends très bien, je suis moi-même _____ *4* et je sais comme il est difficile d' _____ *5* un métier et de _____ *6* de ses enfants... Avez-vous pensé _____ *7* à mi-temps?
MME P. :   Oh, oui, j'aimerais bien avoir des _____ *8* plus flexibles mais pour l'instant ce n'est pas possible parce que nous voulons acheter un appartement et nous avons besoin de mon _____ *9* .

Vocabulaire satellite

le **mari**, la **femme**   husband, wife
la **femme au foyer**   homemaker, housewife
   rester à la maison   to stay at home
   élever des enfants   to bring up, to raise children
   se consacrer à   to devote oneself to
l' **éducation** *f* **des enfants**   bringing up children

partager les travaux ménagers   to share household chores
faire la cuisine   to cook
faire le ménage   to do the housework
passer l'aspirateur   to vacuum
faire la vaisselle   to do the dishes
faire la lessive   to do the laundry
repasser   to iron

exercer un métier   to have a job
avoir une activité professionnelle   to have a job
être dans la vie active   to have a job
le **métier**, l'**emploi** *m,* la **profession**   job
réussir professionnellement   to have a successful career
s'épanouir dans son travail   to find fulfillment in one's job

travailler à plein temps   to work full-time
travailler à mi-temps, à temps partiel   to work part-time
à **travail égal, salaire égal**   equal pay for equal work
le **harcèlement sexuel**   sexual harassment
la **crèche**   day-care center

Pratique de la langue

1. Voulez-vous travailler plus tard et avoir des enfants? Si oui, quelles difficultés anticipez-vous? Quelles solutions pensez-vous adopter?
2. Jouez la situation suivante : Hélène Strohl rencontre au café une ancienne amie de lycée qu'elle n'a pas vue depuis dix ans. Son amie est mariée à un homme traditionnel et a cinq enfants. Elle n'a pas d'activité professionnelle. Les deux amies se racontent leur vie. Imaginez leur conversation.
3. D'après vous, est-ce que tous les métiers devraient être ouverts aux femmes? Y a-t-il certains métiers qu'une femme aurait des difficultés à faire? Expliquez.
4. 19% des femmes se plaignent *(complain)* de harcèlement sexuel dans le travail. Voici quelques situations de la vie courante. Dites pour chacune d'elles s'il s'agit ou non de harcèlement sexuel.
   a. Quand Nathalie entre dans la cafétéria de son entreprise, plusieurs employés se mettent à siffler *(to whistle)*.
   b. Paul et Virginie travaillent dans le même bureau. Il la complimente de plus en plus régulièrement sur les vêtements qu'elle porte.
   c. Brigitte vit seule. Elle a rencontré Marc à une réunion de travail. Depuis, celui-ci lui téléphone constamment au bureau et lui envoie des fleurs. Brigitte, pourtant, lui a fait savoir qu'elle ne s'intéressait pas à lui.
   d. Bertrand, directeur d'un grand institut de beauté, a demandé à toutes ses employées de porter une mini-jupe.
   e. Catherine est secrétaire de direction; son patron pense qu'elle mérite une promotion. Il lui propose de partir en week-end ensemble «pour en parler».

La Révolution féminine

The 1970s were decisive years in the history of French women. Though France did not witness the militant "bra-burning" demonstrations common in the United States, there were some provocative gestures. In 1969, for example, when a group of women laid a wreath dedicated to "the wife of the unknown soldier" under the Arc de Triomphe, the press viewed this act as offensive and scandalous. More recently, the militant feminists of groups like the *Mouvement de Libération de la femme* (MLF) and *Choisir* have concentrated on changing the laws that traditionally define the condition of women.

In another case, in the working-class suburb of Bobigny, the 1972 trial of a seventeen-year old girl who had undergone an abortion with her mother's approval was turned into a cause célèbre by her energetic lawyer, Gisèle Halimi, a leader of the *Choisir* movement. The momentum generated by the Bobigny trial forced the government to legalize abortions; as a result the cost of contraceptives and abortion (*l'I.V.G. : Interruption volontaire de grossesse*) is now absorbed by the *Sécurité Sociale*. Working mothers are now entitled to a fourteen-week maternity leave with pay. *Crèches* are also available (but in insufficient numbers) at rates that vary according to a family's means. Divorce laws, long held back by the legacy of the *Code Civil*, were liberalized in 1975.

France's socialist leaders have made real efforts to promote women within party ranks but women leaders still remain an exception. The total number of women in the National Assembly stood at 33 (less than 6%) in 1990, 20 of whom were elected on a Socialist Party ticket. Several women hold cabinet posts, and in 1991 Edith Cresson became the first woman Prime Minister in the history of France.

These breakthroughs have encouraged the appearance of nontraditional life styles. A small number of women who can support themselves financially have chosen to remain single and raise a child alone, as the following text illustrates.

Orientation

Imaginez que vous avez 39 ans, que vous n'êtes pas mariée et que vous voulez absolument avoir un enfant. Quelle(s) solution(s) allez-vous choisir, laquelle ou lesquelles n'allez-vous pas choisir? Pour quelles raisons?

Vous allez :

a. vous adresser à une agence matrimoniale *(dating service)* pour trouver un mari
b. kidnapper un enfant
c. «programmer» un enfant avec un ami de toujours dont vous n'êtes pas amoureuse
d. adopter un enfant
e. utiliser des moyens artificiels (insémination artificielle, fécondation in vitro)
f. chercher une mère porteuse *(surrogate mother)*

Un Enfant pour elles toutes seules

Si Françoise a pu venir, ce soir-là, à la réunion du groupe de femmes, ce n'est pas parce que son mari a accepté de garder° les enfants. De mari, Françoise n'en a pas. Elle vit seule avec son fils, Hervé, quatre ans. «Je suis métis°», dit simplement Hervé, qui connaît son père, un Africain, mais n'a jamais vécu avec lui. L'été

---

garder = *s'occuper de* / **le métis** half-breed; of mixed racial descent

5 dernier, il est allé en Afrique, dans la famille de son père, et a trouvé que «c'était très bien».

Hervé, métis par hasard°, n'est pourtant pas un enfant du hasard. Sa naissance a été «voulue et programmée». Françoise, la trentaine dépassée°, après un mariage raté°, puis la mort d'un homme qu'elle aimait, vivait seule dans la ville de province 10 où elle est médecin. «J'avais envie d'avoir un enfant, et je me disais qu'il allait bientôt être trop tard», raconte-t-elle. «Alors j'ai arrêté la contraception et je me suis donné un an. Quand j'ai été enceinte°, je n'ai rien dit au père. Je n'avais pas l'intention de le dire à l'enfant non plus. A la naissance d'Hervé, j'ai changé d'avis°. Je ne pouvais pas couper l'enfant de ses racines° africaines. Il sait donc qui est son 15 père. Mais c'est moi qui ai l'entière responsabilité de sa vie».

Françoise est l'une de ces quelque cent mille femmes célibataires° et chefs de famille°. Elles étaient quatre-vingt-cinq mille en 1975 selon les statistiques de l'Institut national d'études démographiques (INED). Celles qu'on appelait «filles mères°», femmes victimes et rejetées, sont devenues «mères célibataires». Fran-20 çoise est fière de ce statut°. Elle se dit «mère célibataire volontaire», catégorie, selon elle, «en augmentation rapide depuis que la contraception a donné aux femmes cette liberté et en même temps cette responsabilité de décider elles-mêmes de leur vie».

Christine n'utilisait pas de contraceptifs. Fragile et réservée, elle semble l'op-25 posé de Françoise. A Marseille, comme avant à Paris, elle sortait peu, et «pour faire l'amour, il fallait que le type° soit vraiment intéressant. Alors à quoi bon° la pilule° tous les jours?» Christine a été enceinte par hasard, il y a deux ans. «Ce bébé non prévu°, dès que j'ai été enceinte, j'ai décidé de le faire», assure-t-elle. Elle ne voulait rien dire au père pour ne rien lui imposer. Son médecin l'a convaincue du con-30 traire. Le petit garçon a été reconnu par son père, dont il porte le nom.

Ces mères célibataires, revendiquant° un statut naguère infamant° et qui demeure scandaleux, appartiennent pour la plupart à un milieu socio-culturel privilégié. Elles se sont intéressées à la lutte° des femmes, même si elles ne militent pas dans un mouvement. Elles ont longuement réfléchi à leur désir d'enfant, au choix 35 du père, à l'éventuelle reconnaissance° de l'enfant par le père. Beaucoup souhaitent donner à l'enfant leur propre nom. Elles ont généralement un peu moins ou un peu plus de trente ans lorsque naît l'enfant.

Certaines avaient déjà des relations avec un homme auquel elles ont demandé d'être le père de leur enfant; les hommes sont souvent extrêmement réticents.

---

par hasard by chance, by accident / **la trentaine dépassée** = *ayant plus de 30 ans* / **raté** failed / **enceinte** pregnant / **changer d'avis** to change one's mind / **les racines** *f* roots / **célibataire** single, unmarried / **chef de famille** head of household / **filles mères** unwed mothers / **le statut** status / **le type** (*fam*) = *l'homme* / **à quoi bon?** what's the use (the good) of? / **la pilule** pill / **non prévu** not planned for / **revendiquant** laying claim to / **naguère infamant** until recently dishonorable / **la lutte** struggle / **l'éventuelle reconnaissance** *f* the possible acknowledgment

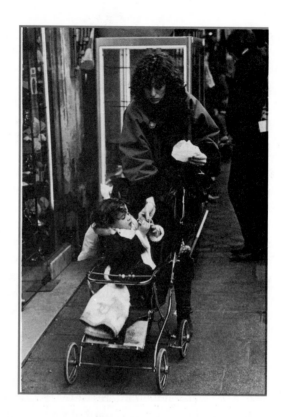

40 D'autres, comme Françoise, cessant de prendre des contraceptifs ont, au gré des
rencontres°, attendu. D'autres encore ont été enceintes accidentellement. Leur
acte volontaire a été le refus d'avorter°.

Pour Carmen, une petite brune énergique qui élève son fils en faisant des mé-
nages°, ces femmes «font partie d'un ghetto intellectuel» et leur discours° a peu de
45 rapport avec ce que vivent les femmes seules. «A partir du moment où on peut
avorter, bien sûr que si on ne le fait pas c'est volontaire, mais ça s'arrête là. Ces
femmes trouvent de beaux arguments psychologiques et féministes. Elles ont du
mal à° imaginer qu'on puisse être enceinte sans le vouloir. C'est pourtant le cas
pour la majorité des femmes. Moi, je dis que, depuis sept ans que j'élève mon fils
50 seule, je n'ai pas rencontré une seule vraie mère célibataire volontaire. Qui voudrait
être ainsi au ban de° la société?»

Tous les matins, Carmen fait le ménage dans des bureaux de son quartier° à partir de 4 heures. Lorsqu'elle rentre chez elle, après 8 heures, elle a juste le temps de

au gré des rencontres leaving it up to chance encounters   /   **avorter** to have an abortion   /   **faire
des ménages** to work as a cleaning woman   /   **le discours** talk, verbal rationalization   /   **avoir du
mal à** (+ verb) to have a hard time (doing something)   /   **au ban de** banned from, shunned by   /
le quartier neighborhood

préparer son fils pour l'école. Si elle perd quelques minutes et manque un auto-
55 bus, il arrive en retard à l'école. Cette année, l'institutrice° a fait des remarques à
Carmen. «Il paraît qu'on dérange° la classe. Elle sait pourtant que je n'y peux
rien°. Je suis sûre que cela a un rapport avec le fait que je n'ai pas de mari. Elle veut
me le faire sentir. Toutes les femmes seules ont des problèmes».

Que la maternité soit volontaire ne supprime° pas les difficultés de la solitude. Il
60 ne suffit pas que des mères revendiquent leur célibat° pour que la réalité se plie à°
leurs désirs. La famille elle-même est souvent le premier obstacle. Les belles-sœurs°
de Françoise n'osaient pas expliquer à leurs enfants qu'elle était enceinte alors
qu'°elle n'avait pas de mari. La mère de Christine, au contraire, âgée et ayant
perdu son mari depuis longtemps, se réjouissait°, pensant vivre avec sa fille et
65 élever l'enfant.

Les mères célibataires volontaires ont essayé, par leur décision, de trouver le
meilleur compromis possible entre leur désir d'enfant et une vie qui ne permettait
pas la réalisation de ce désir. Mais elles ne savent pas encore si elles sont en train
d'inventer une nouvelle cellule familiale ou si elles referment sur elles le piège°
70 d'une maternité solitaire, exclusive et aliénante°.

Josyane Savigneau, "La société française en mouvement"

Qu'en pensez-vous?

Etes-vous d'accord ou non avec les déclarations suivantes? Justifiez votre réponse.

1. Les mères célibataires volontaires viennent généralement d'un milieu socio-culturel privilégié.
2. Elles ont, le plus souvent, moins de 25 ans.
3. Leur famille accepte toujours sans problèmes leur décision d'avoir un enfant sans être
mariée.
4. Beaucoup de mères-célibataires souhaitent donner leur propre nom à leur enfant.
5. Françoise a voulu et a littéralement programmé la naissance de son fils, Hervé.
6. Hervé n'a jamais rencontré la famille de son père qui est africain.
7. Christine a toujours eu l'intention de révéler la naissance de son enfant au père de
celui-ci.
8. Tout comme Françoise, Christine a soigneusement programmé la naissance de son
enfant.
9. La mère de Christine a été très heureuse de la naissance de son petit-fils.
10. Carmen et son fils ont tous les deux une vie très facile.
11. D'après Carmen, toutes les femmes seules ont des problèmes.
12. La maternité volontaire met automatiquement fin à la solitude des mères célibataires.

---

l'institutrice *f* school teacher / **déranger** to disturb / **je n'y peux rien** I can't help it / **supprimer** = *éliminer* / **le célibat** = *l'état d'être célibataire* / **se plier à** = *se conformer à* / **la belle-
sœur** sister-in-law / **alors que** while, even though / **se réjouir** to be pleased / **referment
sur elles le piège** are closing the trap on themselves / **aliénant** = *qui vous aliène des autres*

Nouveau Contexte

Complétez le dialogue suivant en choisissant les termes appropriés (employez chaque terme une seule fois). Puis, jouez le dialogue.

Noms : avis *m*, mère célibataire *f*
Verbes : ai du mal, dérange, élève, est au ban de, fais des ménages, n'a jamais reconnu
Adjectifs : divorcée, enceinte

INSTITUTRICE :   Pouvez-vous m'expliquer pourquoi votre enfant est toujours en retard à l'école? Ça _____*1* la classe; ce n'est plus possible!

CARMEN :   Je comprends bien et je suis désolée mais, vous savez, ma vie n'est pas facile. J'_____*2* mon petit garçon toute seule.

INSTITUTRICE :   Vous êtes _____*3*?

CARMEN :   Non, je n'ai jamais été mariée. Je suis _____*4*.

INSTITUTRICE :   Est-ce que vous avez un travail?

CARMEN :   Oui, je _____*5* dans les bureaux de mon quartier pendant une partie de la nuit. Quand je termine, il est 2 heures du matin. C'est pourquoi j'_____*6* à arriver à l'heure à l'école.

INSTITUTRICE :   Je comprends. Est-ce que le père de Marc vous aide?

CARMEN :   Non, pas du tout. Quand je me suis trouvée _____*7*, il m'a abandonnée et il _____*8* son fils.

INSTITUTRICE :   Et vos parents?

CARMEN :   Je ne les vois plus beaucoup depuis que j'ai choisi de garder mon enfant contre leur _____*9*. Ce n'est pas facile d'être dans ma situation; on _____*10* la société; mais Marc me donne tant de joies que je ne regrette rien.

INSTITUTRICE :   Excusez-moi d'avoir été un peu brusque avec vous. Je comprends mieux la situation maintenant. Je suis contente de vous avoir parlé.

Vocabulaire satellite

la **famille monoparentale**   single-parent family
la **mère célibataire**   single mother
la **naissance**   birth
   être enceinte   to be pregnant
la **grossesse**   pregnancy
   accoucher   to give birth

le **congé de maternité (paternité)**   maternity (paternity) leave
la **pilule**   pill
l' **avortement** *m*, l' **I.V.G. (interruption volontaire de grossesse)**   abortion
l' **enfant naturel, né hors mariage**   child born out of wedlock

Pratique de la langue

1. Questions aux mères célibataires volontaires du texte. Répondez aux questions qui suivent en employant deux ou trois phrases.

a. Hervé, le fils de Françoise, à sa mère : «Maman, pourquoi mon papa n'habite-t-il pas avec nous?» Réponse de Françoise : «Mon petit,...»

b. La mère de Françoise à sa fille : «Mon enfant, pourquoi as-tu choisi un Africain comme père de ton fils?» Françoise : «Maman,...»

c. Le père de l'enfant à Christine : «Pourquoi ne m'as-tu pas dit plus tôt que tu étais enceinte? Et pourquoi me le dire maintenant?» Christine : «Eh bien,...»

d. Le patron de Carmen à Carmen : «Ne préféreriez-vous pas, Madame, faire vos heures de ménage pendant la journée plutôt qu'à des heures aussi bizarres?» Carmen : «C'est-à-dire, Monsieur, que...»

2. Jouez les situations suivantes par groupes de deux :

a. Christine annonce à sa mère qu'elle est enceinte et qu'elle veut garder l'enfant. Sa mère lui parle des difficultés d'élever un enfant seule, puis se réjouit finalement d'être bientôt grand-mère.

b. Françoise (ou Christine, ou Carmen) retrouve une amie d'enfance qu'elle n'a pas vue depuis longtemps et lui parle de son enfant et de sa vie.

3. Pourquoi, à votre avis, une femme décide-t-elle de devenir ou de ne pas devenir mère célibataire volontaire? Choisissez vos réponses dans la liste suivante.

a. parce qu'elle désire quelqu'un qui s'occupera d'elle quand elle sera vieille

b. parce qu'elle déteste les hommes

c. parce qu'elle veut avoir un but (*goal*) dans la vie

d. parce qu'elle veut donner sa fortune à son enfant

e. parce qu'elle a peur d'être au ban de la société

f. parce qu'elle veut être comme tout le monde

g. parce qu'elle aime sa liberté par-dessus tout

h. parce qu'elle a peur que l'enfant ait des problèmes

i. parce qu'un enfant a besoin de son père

j. parce qu'élever un enfant coûte cher

4. Une grande majorité de Français (67%) estime que l'avortement est un droit fondamental. Etes-vous du même avis? Préparez un débat en classe en présentant les arguments pour ou contre.

Les Rôles masculins et féminins

As the role of women in society has changed, so has the role of men. The image and power of the *pater familias* have disappeared. Man's social and economic function has evolved, reflecting the fact that he is no longer the only provider in the family; most likely his spouse will be working too and she may even earn more than he does.

In the same way, the image of the father has undergone basic transformation. Since 1970, paternal authority has become parental authority, meaning that all decisions concerning the children within the family have to be taken jointly by the father and the mother. With regard to the law, women are in a position of strength in cases of divorce or separation. Indeed, 89% of the time, judges (who are often women) give custody of the children to the mother. This accounts for the numerous *"papas du dimanche"* who can see their children only on weekends or during the holidays. There is a prevailing idea that women can better provide for the emotional welfare of young children and that men are not that useful in this respect. Some see this evolution as excessive. More and more divorced or single fathers feel victimized and want their rights as fathers to be reinforced. They do not want to become *"un papa poule"* or *"un homme au foyer"*; they just want to assert the importance of the triangle—father, mother, child—which, if it does not exist, can be prejudicial to the children. It is universally acknowledged that young boys in particular seem to suffer the most from the absence of role models and have a harder time anticipating their place in society, as the following text from a French Canadian magazine suggests.

Orientation

Selon vous, qui, en général, de l'homme ou de la femme, est le plus...

—courageux
—sociable
—sensible *(sensitive)*
—résistant
—intuitif
—doué pour les mathématiques
—agressif
—responsable
—débrouillard *(resourceful)*
—ambitieux
—sentimental

Pitié pour les garçons!

Qu'est-ce qu'un homme?

«Idéalement, c'est quelqu'un de responsable», disent Sébastien et Bruno, 16 ans tous les deux. «Qui sait où il va. Qui n'a pas peur des risques.» Bon. Et un homme dans la vraie vie? Euhhh... «C'est plutôt négatif», avance Sébastien. «Il est violent,
5   irresponsable.» Le contraire du premier.

Un autre Sébastien, celui-là héros imaginaire de romans° pour la jeunesse va plus loin : «J'étais loin de me croire supérieur aux femmes», raconte-t-il dans *La*

le roman fiction

Course à l'amour. «Au contraire, il m'arrivait souvent de penser° que je leur étais inférieur.»

10   Inférieur? «Etre un homme n'est vraiment plus quelque chose de très intéressant», constate Placide Munger, professeur à l'Université du Québec à Montréal.

Aux filles, tout semble désormais possible. On leur demande, on les supplie°
même, de faire une carrière scientifique. D'être pilotes d'avion, pompiers°, policiers. Au cinéma, dans la pub°, les filles sont brillantes, débrouillardes°, pleines de
15   sagesse° et de maturité.

Pour les garçons, rien ne va plus! Ils semblent appelés à jouer désormais° les seconds violons°... Signe des temps, tandis que la naissance d'un garçon était aupara-
vant° une bénédiction des dieux°, on entend de plus en plus parler, depuis cinq ou
dix ans, de couples qui préfèrent, réellement et ardemment, mettre au monde° des
20   filles.

«La femme est à la mode», dit Germain Dulac, de l'Institut québécois de
recherche sur la culture. Ces derniers mois, il a parcouru° le Québec et réalisé des
entrevues avec quelques dizaines de jeunes. Ce qu'il a entendu l'a convaincu° de la
réalité d'un fait de société° : en moins de 20 ans, garçons et filles ont intégrale-
25   ment inversé leurs rôles. Dulac a rencontré des jeunes filles décidées°, sûres d'elles-
mêmes, et des garçons amorphes°, désorganisés... On encourage les filles à viser
haut°, partout°. On pense même à des écoles secondaires juste pour les filles, parce
qu'on dit qu'elles sont les meilleures. Placide Munger voit d'ailleurs un lien° direct
entre ce processus implicite de dévalorisation et le taux élevé° de décrochage sco-
30   laire°, de suicide, de délinquance et les moins bons résultats à l'école des garçons.
Les garçons, dit-il, ne sont plus intéressés à investir du temps et de l'énergie pour se
préparer à jouer un rôle qui n'existe pas.

Car il y a en effet une réalité familiale indéniable : un petit garçon sur trois
grandit° dans une famille dirigée° par une femme. La famille monoparentale° c'est
35   encore bien souvent l'endroit où une femme élève seule ses enfants. Pas toujours
par choix. Il y a une évidente fuite° des responsabilités chez les hommes : seulement 10% d'entre eux demandent la garde de leurs enfants° lors d'un divorce, les
pensions alimentaires° ne sont pas toujours payées et les visites ont tendance à s'espacer au fil du temps°. Le père? Un personnage que l'on voit un week-end sur

---

il m'arrivait souvent de penser = *je pensais souvent* / **supplier** to beg / **le pompier** firefighter /
la pub = *la publicité* / **débrouillard** resourceful / **la sagesse** wisdom / **désormais** henceforth / **jouer les seconds violons** to play second fiddle / **auparavant** previously / **une
bénédiction des dieux** a godsend / **mettre au monde** to bring into the world / **parcourir** =
voyager à travers / **convaincre** to convince / **un fait de société** = *un phénomène* / **décidé** =
déterminé / **amorphe** = *sans énergie* / **viser haut** to aim high / **partout** in every way /
le lien link / **le taux élevé** high rate / **le décrochage scolaire** (*expression canadienne*) dropping
out of school / **grandir** to grow up / **dirigé** headed / **la famille monoparentale** single-
parent family / **la fuite** evasion, avoidance / **la garde des enfants** custody of children / **la
pension alimentaire** alimony / **s'espacer au fil du temps** to become less frequent as time goes by

40 deux, une journée par mois ou trois fois dans l'année. L'autorité ne vient plus de lui, pas plus que la bouffe°.

«Le père n'est plus un pourvoyeur°, souligne Germain Dulac, car les femmes travaillent et rapportent de l'argent à la maison. Il y a effondrement° de la légitimité de l'existence de l'homme : il ne sert plus à rien!»

45 Il y a aujourd'hui lieu de° réfléchir sur la place des hommes dans la société. Les seuls qualificatifs qu'on leur attribue pour l'instant sont plutôt négatifs. Et empreints d'°une constance : la violence. Dans la lutte° pour l'égalité, elle figure côte à côte° avec les stéréotypes comme les dernières horreurs à bannir°. Le féminisme a voulu s'attaquer, avec raison, à la domination de l'homme sur la femme et

50 à tout ce que cela pouvait engendrer de situations abusives. Mais certaines se sont attaquées en même temps à la force et à l'agressivité masculine, confondant° tout. Nicole Nadeau, psychiatre, croit qu'il faut canaliser° et dompter° cette agressivité, et non l'éliminer et faire comme si elle ne devait jamais exister.

«On a voulu revaloriser° la position des filles et estomper° les différences sex-

55 uelles, souligne le docteur Nadeau. Les stéréotypes sont ainsi devenus uniquement négatifs.» Or, selon elle, ils seraient essentiels au développement de l'enfant. Il y a du masculin et du féminin en chaque enfant, et il a besoin de stéréotypes caricaturaux, comme la princesse ou le guerrier°, pour s'y retrouver°. L'égalité entre filles et garçons, hommes et femmes, reste un enjeu° fondamental, conclut-elle, mais

60 l'extrême désexualisation de l'éducation a de graves conséquences.

Martine Turenne, *L'Actualité*

Qu'en pensez-vous?

Etes-vous d'accord ou non avec les déclarations suivantes? Justifiez votre réponse.

1. A l'heure actuelle, on associe, à l'image de l'homme, la violence et le manque de responsabilités.
2. On décourage les filles de faire une carrière scientifique.
3. La majorité des couples au Canada préfèrent mettre au monde un garçon.
4. Dans les vingt dernières années, les garçons et les filles ont inversé leurs rôles.
5. On pense multiplier les écoles secondaires juste pour les filles parce qu'elles ont plus de difficultés à l'école.
6. Les garçons ne voient pas bien quel rôle ils doivent jouer dans la société.
7. De nombreux pères divorcés ne paient pas toujours régulièrement les pensions alimentaires.

> **la bouffe** (*fam*) food / **le pourvoyeur** provider / **l'effondrement** *m* collapse / **il y a lieu de** it is timely to / **empreint de** tinged with / **la lutte** struggle / **côte à côte** side by side / **à bannir** to be banished / **confondre** to confuse / **canaliser** to channel / **dompter** to tame / **revaloriser** to give a new value to / **estomper** to blur / **le guerrier** warrior / **s'y retrouver** to find himself / **l'enjeu** *m* stake

8. Le père n'est plus la seule personne qui rapporte de l'argent à la maison.
9. Selon les psychiatres, les féministes ont eu tort d'essayer d'éliminer l'agressivité masculine.
10. Il n'est pas bon que les stéréotypes masculins et féminins soient devenus négatifs.
11. Il est urgent de réfléchir à la place de l'homme dans la société.

Libres et égales aux hommes ?
Non : 49 %

Dans la Déclaration des droits de l'homme et du citoyen, il est dit que les hommes naissent libres et égaux en droits. Selon vous, aujourd'hui, en France, les femmes sont-elles libres et égales aux hommes ?

Oui . . . . **50 %**
Non **49**
Ne se prononcent pas **1**

Nouveau Contexte

Complétez le dialogue suivant en choisissant les termes appropriés (employez chaque terme une seule fois). Puis, jouez le dialogue.

Noms : carrière *f,* responsabilités *f,* résultats *m*
Verbes : élevez, éliminer, prendre des risques, viser haut
Adjectifs : agressif, débrouillarde, violent

Une psychologue interroge une mère de famille qui a deux enfants.

PSYCHOLOGUE : Vous avez un garçon et une fille de 10 et 12 ans; est-ce que vous les _____ *1* de la même manière?

MÈRE : Oui, j'essaie, mais il est évident que, malgré cela, ils ont des caractères très différents.

PSYCHOLOGUE : Est-ce que votre petit garçon est très _____ *2* ?

MÈRE : Oui, quelquefois quand il se met en colère, il devient _____ *3* . J'essaie de canaliser cette agressivité au lieu de l' _____ *4* .

PSYCHOLOGUE : Votre fille est-elle plus calme?

MÈRE : Pas vraiment. Elle n'a pas peur de _____ *5* et elle semble être très sûre d'elle-même. Elle est beaucoup plus _____ *6* et elle a davantage le sens des _____ *7* que son frère, ce qui fait que, quelquefois, elle réussit mieux.

PSYCHOLOGUE : Ont-ils de bons _____ *8* à l'école?

MÈRE : Pour l'instant, ça marche bien pour tous les deux. Je les encourage à _____ *9* et peut-être à envisager une _____ *10* scientifique.

Vocabulaire satellite

la **condition féminine**   status of women
le, la **féministe**   feminist
le **sexisme,** le **machisme**   sexism, male
   chauvinism
être divorcé   to be divorced
être veuf (veuve)   to be a widower
   (a widow)

être séparé de   to be separated from
la **garde des enfants**   custody of
   children
la **garde alternée (conjointe)**   joint
   custody
la **pension alimentaire**   alimony

Pratique de la langue

1. Est-il plus facile d'être une femme qu'un homme dans notre société? Peut-on parler d'une discrimination à rebours *(reverse discrimination)* ou est-ce exagéré?

Patrons° ? Oui !
Patronnes ? Mmmh !

Vous, personnellement, préféreriez-vous que votre patron soit un homme ou une femme ?

Un homme . . . . **48 %**
Une femme **16**
Ne se prononcent pas **36**

Las ! 57 % des femmes plébiscitent... un homme. Ce qui s'explique par d'autres critères : plus on est catholique, moins on est actif ; plus on est âgé, plus on se méfie des femmes. Les hommes sont plus « cools » (37 % seulement penchent pour un homme, 63 % s'en moquent). Une tolérance sans risque : les femmes patrons sont rares.

Pour une femme à l'Elysée° ? 22 %

Pour chacune des personnalités suivantes, dites si vous préféreriez que ce soit un homme ou une femme.

	Un homme	Une femme	Ne se prononcent pas
Le maire° de votre commune	55 %	20 %	30 %
Votre député°	53	18	29
Le président de la République	58	22	20

Là encore, ce sont les femmes qui votent le plus pour les hommes. Fatalisme ou réalisme ?

---

le patron, la patronne boss   /   **l'Élysée** = *la résidence du président de la République*   /   **le maire** mayor   /   **le député** representative

2. Si vous avez un garçon et une fille, les élèverez-vous de la même façon? Est-ce tout à fait possible? Est-ce souhaitable?
3. Que pensez-vous des écoles secondaires ou des universités uniquement réservées aux jeunes filles? A votre avis, est-ce que c'est une bonne ou une mauvaise idée?
4. Faites parler deux pères dont les enfants sont élevés par leurs mères célibataires ou divorcées. Les pères estiment qu'ils sont des victimes et pensent que la société ne protège pas suffisamment leurs droits.
5. Croyez-vous qu'il soit juste que l'on accorde presque toujours la garde des enfants à la mère en cas de divorce ou de séparation? Préparez un débat où s'exprimeront les opinions divergentes des mères et des pères.

Sujets de discussion ou de composition

1. Analysez le sondage à la page 42 effectué par l'Institut Louis Harris auprès d'un échantillon *(sample)* national représentatif de 1,005 personnes âgées de 18 ans et plus. Qui détient *(holds)* le pouvoir à l'heure actuelle? Voyez-vous un grand changement dans les années à venir? Posez les mêmes questions à vos camarades de classe et comparez les résultats obtenus avec ceux du sondage.
2. Quand les rôles changent, est-ce que les femmes perdent leur féminité, les hommes leur masculinité? A votre avis, la société change-t-elle en bien ou en mal? Pourquoi?
3. Ecrivez une lettre à la secrétaire d'Etat aux droits de la femme, à Paris, pour exprimer votre opinion sur son action ou pour lui exposer des problèmes qui vous semblent être très importants.

3

La Famille

Transformation de la famille traditionnelle

The French family has changed radically during the past generation. The traditional situation in which the father worked and took care of matters outside the home while the mother remained at home to raise the children is no longer the norm. Women are working in increasing numbers outside the home and are often themselves heads of households. In addition, fewer couples are getting married. Since 1972 the number of marriages has been decreasing by nearly 30% each year, though since 1988 this situation seems to have stabilized. Moreover, those who choose to marry are doing so at a later age: the average age for men is twenty-six and for women twenty-four. At the same time, divorce now terminates one out of every three marriages. Finally, the birth rate has decreased substantially despite government subsidies to every family for each child beyond the second one. The current birth rate of 1.84 children per woman is below the rate needed to maintain the population at the current level.

Nevertheless, in spite of these substantial changes, the French family continues to survive and has not lost its importance. Young people are choosing to live at home longer: one-third of current male wage-earners who are twenty-five years old continue to live with their parents. Children, parents, and grandparents generally remain quite close as they often live near one another. The notion of the family clan is still very much alive and manifests itself in a variety of rituals, including having the Sunday meal together, grandparents baby-sitting their grandchildren, parents and grandparents helping the younger generation to purchase a home or launch a career. The family remains a refuge protecting its members from insecurity and anguish and the absence of values. Given the numerous assaults against it in recent times, the family has maintained an amazing vitality.

Orientation

De nos jours, la famille n'existe plus sous un seul modèle mais prend des formes variées. Imaginez qu'à une cocktail party se trouvent les 6 personnages suivants :

—Elizabeth Mono (mère célibataire, une fille)
—M. et Mme Tribu (mariés, 8 enfants; Mme Tribu est femme au foyer)
—M. et Mme Tout-le-monde (mariés, 2 enfants; ils travaillent tous les deux)
—Nadine et Jean-Paul Nousdeux (ils vivent en concubinage, sans enfant)
—M. et Mme Déconstruction (ils sont divorcés et remariés; ils ont 6 enfants en tout, de père et mère différents)
—Philippe Nouvo (divorcé, a la charge de son fils)
Mettez-vous en groupe, prenez chacun un rôle et posez-vous mutuellement des questions sur votre mode de vie.

La Transformation de la famille traditionnelle

Discussion entre Evelyne Sullerot, sociologue, cofondatrice du Mouvement français pour le Planning familial, et Colette Soler, rédactrice pour le magazine freudien L'Âne.

COLETTE SOLER : La famille a beaucoup changé en peu de temps. Pouvez-vous nous parler de cette évolution?

EVELYNE SULLEROT : Plus qu'une évolution, c'est d'une sorte d'éboulement° qu'il s'agit°. Je n'aime pas parler de destruction parce que cela ressemble à un juge-
5 ment moral. Eboulement convient bien°. Jusqu'à présent, la France a vécu avec une institution : le mariage, la famille constituée, qui était d'une stabilité extraordinaire. Depuis la fin du XVIIIe siècle, neuf personnes sur° dix se mariaient; aujourd'hui, cinq sur dix seulement. Ce changement s'est fait en l'espace de° dix à douze ans.

A ce chiffre°, d'autres s'ajoutent, tels que la baisse° de 40% du remariage des di-
10 vorcés, ou la multiplication par cinq de la proportion d'enfants nés hors mariage°. J'essaie, en ce moment, d'évaluer la proportion d'enfants de moins de quinze ans élevés sans leur père : ils sont près de deux millions. C'est que, parallèlement à la baisse des mariages, le divorce reste en hausse°: d'un mariage rompu° sur dix, on est passé à un sur trois. Tout ceci va toucher des enfants qui sont actuellement° en-
15 core jeunes....

Ce qui se substitue au mariage, a pris la forme de concubinage°. Cette évolution part des classes cultivées°, des grandes villes, et des personnes ayant reçu une ins-truction supérieure°; elle touche ensuite les classes moyennes, les petites villes, puis les agriculteurs°. Depuis 1983 on remarque de façon très nette d'autres
20 phénomènes. Les jeunes—je mets la limite vers 30 ans—vivent seuls, quoiqu'°ils aient une union stable. Leur nombre s'est beaucoup accru° ces dernières années. On trouve aussi de très nombreux jeunes gens et jeunes filles qui vivent jusqu'à 25 ou 30 ans chez leurs parents, tout en ayant° une vie sexuelle ou affective°. Il est très frappant° de constater° que les parents de cette génération se montrent tout à fait
25 libéraux. Ils acceptent cette situation et donnent même de l'argent aux enfants.

Je pense que vous serez intéressés de constater l'absence de terme pour désigner° cette nouvelle réalité. Il y a un vide° du vocabulaire, particulièrement chez les parents, pour désigner le partenaire de leur enfant. On parle de pseudo-belle-fille, d'amie, de petite amie. C'est tout à fait symptomatique, et à propos des
30 enfants, on retrouve ce même défaut° de vocabulaire. De nombreux enfants issus

---

l'éboulement *m* collapse / **qu'il s'agit** = *dont il est question* / **convient bien** is suitable, is the right word / **sur** out of / **en l'espace de** within / **le chiffre** = *le nombre* / **la baisse** drop / **né hors mariage** born out of wedlock / **en hausse** = *en augmentation* / **rompu** (**rompre**) broken / **actuellement** = *en ce moment* / **le concubinage** = *le fait de vivre maritalement sans être légalement marié* / **cultivé** educated / **une instruction supérieure** higher education / **les agriculteurs** *m* farmers / **quoique** even though / **s'est accru** (**accroître**) = *a augmenté* / **tout en ayant** while having / **affective** = *sentimentale* / **frappant** = *surprenant* / **constater** = *noter, observer* / **désigner** = *nommer* / **un vide** = *une absence* / **le défaut** lack

de° parents séparés, ayant refait un autre couple se trouvent élevés avec des enfants qui ne sont ni leur demi-frère° ni leur demi-sœur°. Eh bien, il n'y a pas de mot pour désigner leur relation. Les sociologues doivent parfois inventer des mots, par exemple, ils parlent de «famille recomposée», car pour eux, la famille n'existe
35 qu'autour du rapport sexuel de deux individus. La famille recomposée, c'est un foyer°, un homme et une femme vivant ensemble au sens topographique°, et des enfants dont peu importe° de qui ils sont nés. Leur désir est de montrer que c'est le couple sexuel et sa volonté qui fondent la famille, et non plus la filiation° et le mariage. Ce changement anthropologique est énorme, puisque nous sommes les
40 héritiers° d'une civilisation où la famille était fondée sur la filiation.

COLETTE SOLER : Comment voyez-vous la génération nouvelle qui est en train de se fabriquer?

EVELYNE SULLEROT : Près de la moitié des enfants à l'école n'ont pas le même nom que leur père, et s'embrouillent° avec leur nom. Fréquemment, ils parlent de
45 leurs papas au pluriel. Le mariage détermine le nom, donc l'identité. Il a des répercussions symboliques profondes. Or, aujourd'hui, des femmes ne se marient pas pour pouvoir donner leur nom à l'enfant; certaines demandent au père de ne pas le reconnaître pour qu'il soit tout à fait leur. Tous ces phénomènes ont en commun de signer° une société où la valeur suprême est l'individu autonome.

Evelyne Sullerot, propos recueillis par Colette Soler,
«La courte échelle° des générations,» *L'Âne*

TABLEAU

Pourcentage de jeunes vivant chez leurs parents en 1982 et 1987		
	1982	*1987*
15–19 ans	89,5	91,6
20–24 ans	57,3	63,2
25–29 ans	26,0	33,6

INSEE, enquêtes Emploi, 1991
Olivier Galland, Les Jeunes

Qu'en pensez-vous?

Etes-vous d'accord ou non avec les déclarations suivantes? Justifiez votre réponse.

1. En l'espace de 10 à 12 ans, le mariage est devenu une institution extrêmement stable.
2. Il y a de plus en plus d'enfants nés hors mariage.

issu de = *né de* / **le demi-frère, la demi-sœur** step-brother, step-sister / **le foyer** home / **au sens topographique** in the same space / **dont peu importe** about whom it matters little / **la filiation** blood relationship / **l'héritier** *m* heir / **s'embrouiller** to get mixed up / **signer** = *indiquer* / **l'échelle** *f* ladder

3. Les enfants de moins de 15 ans sont souvent élevés par un seul parent.
4. Le concubinage se trouve surtout dans les classes moyennes, les petites villes et les milieux ruraux.
5. Beaucoup de jeunes vivent seuls tout en ayant une relation sexuelle et affective stable.
6. En général, les parents n'acceptent pas le fait que leurs enfants, une fois adultes, continuent à vivre à la maison.
7. Dans la famille recomposée, il y a souvent des enfants nés de différentes unions.
8. A l'école, il faut que les enfants aient le même nom que leur père.
9. Nous allons vers une société où la famille n'est plus fondée sur la filiation et le mariage.
10. Il faut créer d'autres mots pour désigner les nouvelles relations des différents membres à l'intérieur de la famille.

Nouveau Contexte

Complétez le dialogue suivant en choisissant les termes appropriés (employez chaque terme une seule fois). Puis, jouez le dialogue.

Noms : boulot *m*, concubinage *m*, demi-frères *m*, demi-sœurs *f*, études *f*, petite amie *f*
Verbes : fonder un foyer, me marierai
Adjectifs : divorcée, libéraux

Deux amis de lycée, Mathieu, 24 ans, et Nicolas, 25 ans, se retrouvent après s'être perdus de vue après le bac.

NICOLAS : Salut, Mathieu. Comment ça va?

MATHIEU : Bien, et toi? Qu'est-ce que tu deviens? Tu as un _____ *1* , tu es marié?

NICOLAS : Non, je n'ai pas encore fini mes _____ *2* et je vis toujours chez mes parents.

MATHIEU : Ça ne doit pas être toujours facile. Tu t'entends bien avec eux?

NICOLAS : Oui, ils sont très _____ *3* . Ils acceptent ma _____ *4* . Ils comprennent que j'attende de gagner de l'argent pour _____ *5* . Et toi?

MATHIEU : Je ne suis pas marié. Je vis en _____ *6* avec Nathalie. Elle est _____ *7* et elle a un petit garçon, Stéphane, que j'adore.

NICOLAS : Ça ne pose pas trop de problèmes?

MATHIEU : Non, pas pour l'instant. Stéphane vit avec nous pendant la semaine et il va chez son père le week-end. Quand je _____ *8* avec Nathalie, j'espère que nous aurons des enfants et que Stéphane acceptera bien ses _____ *9* et _____ *10* .

Vocabulaire satellite

l' **époux**, l'**épouse**; le, la **conjoint(e)**
  spouse
se marier avec quelqu'un   to marry
  someone
épouser quelqu'un   to marry
  someone

se marier et avoir des enfants   to
  start a family
fonder un foyer   to get married, to
  set up a household
entretenir quelqu'un   to support
  someone

trouver un emploi   to find a job
l' **union** *f* **libre,** le **concubinage**
   cohabitation (of an unmarried
   couple)
la **famille nucléaire**   nuclear family
la **famille élargie**   extended family
la **famille reconstituée, recomposée**
   reconstructed family

le, la **petit(e) ami(e);** le **copain,** la **copine**
   boy, girl friend
le **beau-père,** la **belle-mère**   step-
   father, step-mother; father-in-law,
   mother-in-law
le **demi-frère,** la **demi-soeur**   step-
   brother, step-sister
le **fils unique,** la **fille unique**   only child

Pratique de la langue

1. Décrivez votre famille. Combien de personnes allez-vous inclure? Est-ce que vous allez compter vos grands-parents, oncles, tantes, cousins, cousines? Est-ce que les membres de votre famille sont très dispersés géographiquement? Vous réunissez-vous souvent en famille? A quelles occasions?
2. Si vous deviez continuer à vivre chez vos parents pendant ou après vos années à l'université, trouveriez-vous cette situation : a. agréable; b. acceptable mais pas souhaitable; c. intolérable? Expliquez pourquoi.
3. Jouez les situations suivantes :
   a. Isabelle et Jacques vivent ensemble depuis cinq ans. Ils viennent d'avoir un enfant qu'ils désiraient tous les deux, mais ils refusent toujours de se marier. Ils discutent avec les parents d'Isabelle qui n'approuvent pas leur concubinage.
   b. Nathalie, 10 ans, dont les parents sont divorcés et remariés, partage sa vie entre son père et sa mère. Elle a donc deux chambres, doubles vacances, une belle-mère, un beau-père, de charmants demi-frères et demi-sœurs et une foule de grands-parents, d'oncles et de cousins. Elle essaie d'expliquer sa vie à sa copine Sandrine qui est fille unique et qui vient d'une famille traditionnelle.
4. Dans le milieu que vous connaissez le mieux, quelles sont les attitudes concernant le mariage et la famille?

L'éducation américaine, l'éducation française

Though children and teenagers in France and the United States look very much alike—they dress the same way, like the same food, listen to the same music—what is expected of them by their parents and society in general can be very different.

American society is very tolerant of children. Children are welcome everywhere. Everything is designed to make them feel free and happy, from McDonald's restaurants to Disney World. French society shows less tolerance regarding children, and limits are clearly set. French children, for example, seem to be able to remain seated at table through a two-hour family meal at home or in a restaurant. Are they more apathetic

than American children? Certainly not, but they have been trained at an early age to behave like adults.

When they reach adolescence, French teenagers stay close to their family. They usually spend part of their vacations with their parents or their grandparents. Generally,
they are not pressured to leave home nor to become financially independent of their
parents. As a matter of fact, the great majority of French students continue to stay at
home while going to college, and even after, well into their twenties.

Adolescence tends to linger on in France. It is a period less delineated than in the
United States and with a different set of expectations, as the following text illustrates.

Orientation

Quand vous serez parent, comment aimerez-vous que votre enfant se conduise? Quelles sont
les choses qui seront importantes pour vous? Répondez au questionnaire suivant, puis, en
groupe de deux, exprimez votre opinion et expliquez les raisons de vos choix.

	très important	assez important	pas important

Vous aimerez que votre enfant :
a. ait le sens de la famille
b. soit indépendant
c. réussisse bien à l'école
d. vous parle de ses problèmes
e. ait confiance en lui
f. soit poli et bien élevé
g. ait beaucoup d'amis
h. soit ambitieux
i. vous fasse confiance *(trusts you)*.

Parents—enfants

...Quand j'élève mon enfant à l'américaine, c'est envers° mon enfant que je con-
tracte une obligation, plutôt qu'°envers la société qui, elle, vient en deuxième
place. Mon obligation n'est pas de lui apprendre les règles° et les usages° de la
société, mais avant tout° de lui donner toutes les chances° possibles de découvrir
5 et développer ses «qualités naturelles», d'exploiter ses dons° et de s'épanouir°.

Quand j'élève mon enfant à la française, je défriche°, en quelque sorte°, un
lopin de terre°, j'arrache les mauvaises herbes°, je taille°, je plante, etc., pour en

---

envers towards / **plutôt que** rather than / **la règle** rule / **les usages** *m* ways / **avant tout** above all / **la chance** opportunity / **exploiter ses dons** to make the most of one's talent / **s'épanouir** to blossom, to expand / **défricher** to clear / **en quelque sorte** = *d'une certaine manière* / **un lopin de terre** plot of land / **arracher les mauvaises herbes** to pull up the weeds / **tailler** to prune

faire un beau jardin qui soit en parfaite harmonie avec les autres jardins. Ce qui veut dire que j'ai en tête° une idée claire du résultat que je veux obtenir, et de ce
10   que j'ai à faire° pour y arriver...

En d'autres termes°, c'est le parent français qui est soumis à un test°, et son rôle de porte-parole° de la société et sa qualité d'enseignant° qui sont évalués. Mais c'est l'enfant américain qui est soumis à un test, c'est à lui° de montrer à ses parents ce qu'il a fait des chances qu'ils lui ont données, de prouver qu'il ne les a
15   pas gaspillées° mais les a fait fructifier. Dans cette perspective, il devient clair que l'enfance° française est une période d'apprentissage° de règles, d'acquisition de «bonnes habitudes», de discipline, d'imitation de modèles, de préparation au rôle d'adulte. L'enfance américaine est au contraire une période de grande liberté, de jeux, d'expérimentation et d'exploration où la seule restriction serait imposée par
20   une menace de danger sérieux.

...Quand l'enfant atteint° l'adolescence, la situation semble renversée. Pour l'enfant français, le prix de ce long apprentissage, de ces années d'obéissance et de

en tête in mind / **j'ai à faire** I must do / **en d'autres termes** in other words / **est soumis à un test** is being tested / **le porte-parole** spokesperson / **sa qualité d'enseignant** his (her) capacity as a teacher / **c'est à lui** it's his (her) duty / **gaspiller** to waste (away) / **l'enfance** *f* childhood / **l'apprentissage** *m* learning, training / **atteindre** to reach

bonne conduite°, c'est la liberté de «faire ce qu'il veut», c'est-à-dire de sortir tard le
soir, de «s'amuser°», de prendre une cuite° peut-être, d'avoir des expériences sex-
25 uelles, de voyager, etc. Même si° les parents continuent leur rôle d'éducateurs et
de critiques, ils lui reconnaissent, au fond°, le droit°, de «n'en faire qu'à sa tête°».
Qu'il continue à être nourri, logé, blanchi° par ses parents ne porte en rien at-
teinte° à son «indépendance».

...L'adolescent américain insiste davantage° sur les signes extérieurs de son in-
30 dépendance. Le premier signe sera économique : très tôt, il va montrer qu'il peut
gagner de l'argent et «pourvoir à ses propres besoins°», c'est-à-dire se payer tout
ce qu'il considérerait «enfantin°» d'obtenir de ses parents (disques, chaîne hi-fi,
équipement de sport, etc.). Le second signe extérieur d'indépendance sera affectif : il est en effet important de «quitter la maison», même si on s'entend à mer-
35 veille° avec ses parents, ne serait-ce que° pour les rassurer. Les parents américains
s'inquiètent° si leur fille ou leur fils hésite à «voler de ses propres ailes°».

...Une des conséquences de tout ce qui précède, c'est que la majorité des
Français se rappellent° avec plus de plaisir leur adolescence («on faisait les fous°»)
que leur enfance, si heureuse qu'elle ait été°. L'enfance est lourde d'interdits°,
40 l'adolescence est comme une explosion de liberté, d'expériences mémorables avec
les copains, une sorte de parenthèse heureuse... Par contraste, quand un Américain entre dans l'adolescence, il fait soudain face à toutes sortes d'attentes°, véritables ou imaginées, de prise de responsabilité et de performance. C'est le moment
pour lui de monter sur une scène° qu'il ne quittera plus. D'où le trac°, la panique
45 qui saisit° souvent les adolescents américains au moment de quitter à jamais la liberté totale, les jeux et l'insouciance du monde° de l'enfance. Pour la majorité des
Américains, l'enfance devient le paradis perdu.

...Ainsi, tandis que° les jeunes Américains ne comprennent pas pourquoi les
jeunes Français se comportent° souvent «comme des enfants», les jeunes Français
50 aux Etats-Unis font souvent la remarque que les jeunes Américains «sont trop
sérieux», «ne savent pas s'amuser», «ont des boums° ennuyeuses», bref, se compor-
tent «comme des vieux».

Raymonde Carroll, *Evidences invisibles*

---

la conduite behavior / **s'amuser** to have a good time / **prendre une cuite** (*fam*) to get
drunk / **même si** even though / **au fond** fundamentally / **ils lui reconnaissent le droit**
they recognize his (her) right / **n'en faire qu'à sa tête** to sow one's wild oats / **être nourri, logé,
blanchi** to have room and board and have one's laundry done / **porter atteinte à** to jeopardize, to
affect / **davantage** more / **pourvoir à ses propres besoins** to provide for one's own needs /
enfantin childish, pertaining to the child / **s'entendre à merveille** to get along splendidly / **ne
serait-ce que** if only to / **s'inquiéter** to worry / **voler de ses propres ailes** (lit., to fly on one's
own wings) to stand on one's own two feet / **se rappeler** = *se souvenir de* / **faire les fous** to be
silly / **si heureuse qu'elle ait été** however wonderful it may have been / **lourde d'interdits** full
of interdictions / **une attente** expectation / **monter sur scène** to step on stage / **d'où le
trac** whence the stage fright / **saisir** to seize / **l'insouciance** *f* **du monde** carefree world /
tandis que whereas, while / **se comporter** to behave / **la boum** (*fam*) party

Qu'en pensez-vous?

Etes-vous d'accord ou non avec les déclarations suivantes? Justifiez votre réponse.

1. Les parents américains doivent premièrement apprendre les règles et les usages de la société à leurs enfants.
2. Les parents français, au contraire, cherchent d'abord à donner à leurs enfants la chance de découvrir et de développer leurs dons.
3. Si un enfant français réussit bien dans la vie, on pense que c'est grâce à *(thanks to)* la bonne éducation que ses parents lui ont donnée.
4. Si un enfant américain réussit bien dans la vie, on pense que c'est surtout à cause de ses propres qualités.
5. Dans l'enfance, le petit Français doit acquérir de bonnes habitudes et se préparer à son rôle d'adulte.
6. L'enfance américaine est une période de restriction et d'interdits.
7. Les parents français deviennent plus stricts avec leurs enfants quand ils atteignent l'adolescence.
8. Les adolescents américains veulent être très tôt financièrement indépendants de leurs parents.
9. Les parents américains s'inquiètent si leurs enfants veulent quitter la maison à l'adolescence.
10. Les Français, comme les Américains, se souviennent avec plus de plaisir de leur adolescence que de leur enfance.

Nouveau Contexte

Complétez le dialogue suivant en choisissant les termes appropriés (employez chaque terme une seule fois). Puis, jouez le dialogue.

Noms : adulte *m,* besoins *m,* discipline *f,* jeu *m,* liberté *f,* usages *m*
Verbes : inquiète, quitter la maison, se développent
Adjectif : nourrie

Une jeune femme française qui se trouve temporairement aux Etats-Unis parle avec une Américaine de l'éducation des enfants.

FRANÇAISE : Je trouve que les jeunes enfants ici sont beaucoup trop libres. Les parents n'exercent aucune _____ *1* . Ils encouragent leurs enfants à faire tout ce qu'ils veulent. Jouer, explorer, c'est bien... mais il y a des choses plus importantes. La vie n'est pas un _____ *2* ! Je trouve qu'on ne les prépare pas assez à leur rôle d' _____ *3* .

AMÉRICAINE : Je ne suis pas de votre avis. Je crois qu'il faut, au contraire, laisser les enfants jouer, explorer; c'est comme cela qu'ils apprennent, qu'ils _____ *4* . La discipline, c'est pour plus tard. Le moment où ils doivent _____ *5* vient si vite.

FRANÇAISE : Ça aussi c'est une chose que je ne comprends pas. Pourquoi doivent-ils partir si tôt? Ma fille qui a 19 ans vit toujours à la maison où elle est _____ *6* , logée et blanchie et nous trouvons cela très normal.

AMÉRICAINE : Cela ne vous _____ *7* pas qu'elle ne vole pas encore de ses propres ailes?

FRANÇAISE : Pas du tout puisqu'elle n'a pas encore fini ses études. Je suis sûre que, quand elle pourra pourvoir à ses _____ *8* , elle nous quittera.

AMÉRICAINE : Vous vous entendez bien avec elle?

FRANÇAISE : A merveille. Nous lui donnons beaucoup de _____ *9* et vraiment, pour elle, rester à la maison a de gros avantages... et puis, elle n'est pas la seule dans ce cas. La plupart de ses camarades vivent encore chez leurs parents.

AMÉRICAINE : Moi, je trouve ça bizarre, mais chaque société a ses _____ *10* , je suppose!

Vocabulaire satellite

être sévère   to be rigid, strict
être compréhensif, -ive   to be understanding
être indulgent   to be lenient, lax
gâter un enfant   to spoil a child
étouffer   to smother, to stifle
récompenser   to reward
gronder   to scold
punir   to punish
priver un enfant de sorties   to ground a child
grandir   to grow up
l' **apprentissage** *m*   training
exploiter ses dons   to make the most of one's talents
gaspiller ses chances   to waste away one's opportunities
obéir, désobéir (à)   to obey, disobey

l' **obéissance** *f*   obedience
se rebeller contre   to rebel against
se conduire, se comporter bien (mal)   to behave well (badly)
la **conduite**, le **comportement**   behavior
être bien (mal) élevé   to be well (ill) bred
se tenir bien à table   to have good table manners
être responsable   to be responsible
être obéissant (désobéissant)   to be obedient (disobedient)
être autonome   to be autonomous
pourvoir à ses propres besoins   to provide for one's own needs
quitter la maison   to leave home
s'amuser   to have a good time
s'ennuyer   to be bored

Pratique de la langue

1. Avez-vous de meilleurs souvenirs de votre enfance que de votre adolescence? Etes-vous d'accord avec les idées exprimées dans le texte?
2. Imaginez que vous êtes le parent d'un(e) adolescent(e). Discutez avec un(e) camarade de classe et dites quelle sera votre position concernant :

—ses sorties
Voudriez-vous connaître les ami(e)s avec qui il (elle) sort?
A quel âge sera-t-il (elle) autorisé(e) à rentrer après minuit?
Pourra-t-il (elle) conduire votre voiture? A quelles conditions?
—son comportement à la maison
Devra-t-il (elle) partager les travaux ménagers?
Devra-t-il (elle) manger aux mêmes heures que vous?
Limiterez-vous le temps qu'il (elle) passe à parler au téléphone avec ses ami(e)s?
Pourra-t-il (elle) regarder ce qu'il (elle) veut à la télévision?

L'aiderez-vous à faire ses devoirs ou le (la) laisserez-vous libre d'organiser son temps comme il (elle) veut?

Que ferez-vous si vous savez qu'il (elle) fume, boit de la bière?

Lui donnerez-vous de l'argent de poche?

Contrôlerez-vous la manière dont il (elle) dépense cet argent?

Le (la) laisserez-vous choisir ses propres vêtements et sa coupe de cheveux?

3. Quel type de parents serez-vous (des parents protecteurs, stricts, libéraux, permissifs)? En vous servant du vocabulaire satellite, expliquez ce que vous ferez exactement.

4. A partir de quel moment vous êtes-vous senti adulte? Quels sont les événements qui, à votre avis, marquent la fin de l'adolescence?

5. Quelles sont les principales sources de conflit entre parents et adolescents, entre frères et sœurs?

6. Regardez la bande dessinée de Claire Bretécher. Pouvez-vous définir le type d'éducation que cette petite fille reçoit? L'encourage-t-on à explorer, à expérimenter? Que pourriez-vous suggérer à sa mère?

sourd deaf   /   **les rochers** *m* rocks   /   **pleurer dans mon gilet** to weep on my shoulder   /
je te préviens! I'm warning you!   /   **fais-tu exprès d'envoyer du sable?** are you throwing sand on purpose?   /   **la bouée** floating tube   /   **le parasol** umbrella   /   **range tes moules** put away your sand molds

La Famille et l'Etat

Unlike the United States, France has a long history of government involvement in the family. Social legislation in this field first developed after World War I and was coordinated into a Code of Family Law. In 1956 a new and much enlarged *Code de la Famille* was designed to incorporate the many advances in social legislation introduced during and after World War II.

The system of *allocations familiales*[c] was initiated in 1940 and generalized during the latter part of the decade. Originally designed to stimulate the distressingly low birth rate that had affected France for several generations, it is now an established feature of French society. *Allocations familiales* are monthly benefits paid by the government, based on the number of children in a family. These benefits are extended to all families, regardless of need, to help them raise their children. To those who see in social legislation a kind of welfare system, the fact that rich people—or, for that matter, aliens working for a French employer—are entitled to such allocations may seem surprising, but these payments must be viewed as a direct commitment by the government to the children, who are equal under the law. The upward adjustment of the *allocations familiales* was one of the first decisions made in 1981 by the new administration of President Mitterrand. Expectant mothers are entitled to an extensive maternity leave (with pay), and a special bonus *(prime de naissance)* is also paid out at the birth of each child. Mothers from low and middle-income families who stay home to take care of their children also receive special benefits that compensate them to some extent for the income they could have derived from outside employment *(prime de salaire unique)*. Of course the usual income-tax deductions for dependent children are also allowed in France.

Families with three or more children *(familles nombreuses)* receive additional forms of government support (e.g., a reduced fare on all public transportation) and, in certain cases, a housing allowance *(allocation de logement)* that permits large families to pay a rent they could not otherwise afford. Government supports, however, have recently been questioned and could be curtailed in the future because the *Sécurité Sociale* is on the verge of bankruptcy.

The following excerpt highlights, in a humorous vein, the direct and indirect effects of such social legislation on the life style of a low-income family. Christiane Rochefort, a contemporary prize-winning novelist, evokes in her style the language of the common people, with frequent use of slang and unacademic syntax. Josyane, the eldest of five children, tells her life story.

Orientation

1. A votre avis, qu'est-ce que l'Etat devrait faire (si cela n'existe pas déjà) pour permettre aux femmes d'élever leurs enfants et d'avoir aussi une vie professionnelle réussie? Choisissez vos réponses dans la liste suivante. L'Etat devrait :

a. créer des crèches gratuites dans chaque quartier
b. donner des allocations familiales à toutes les familles
c. garantir l'emploi de la femme après son congé de maternité
d. donner un congé parental (pris soit par la mère, soit par le père) d'un an au moins
e. augmenter le nombre d'emplois à mi-temps
f. diminuer le nombre d'heures de travail par jour
g. permettre au père et à la mère d'avoir des horaires flexibles.
2. Lesquelles de ces dispositions vous semblent être les plus intéressantes?
3. Lesquelles sont faciles ou difficiles à instaurer?

Naître ou ne pas naître

A la mi-juillet, mes parents se présentèrent à l'hôpital. Ma mère avait les douleurs°. On l'examina, et on lui dit que ce n'était pas encore le moment. Ma mère insista qu'elle avait les douleurs. Il s'en fallait de quinze bons jours°, dit l'infirmière°; qu'elle resserre sa gaine°.

5   Mais est-ce qu'on ne pourrait pas déclarer tout de même° la naissance° maintenant? demanda mon père. Et on déclarerait quoi? dit l'infirmière : une fille, un garçon ou un veau°? Nous fûmes renvoyés sèchement°.

Zut, dit mon père, c'est pas de veine°, à quinze jours on loupe° la prime°.[1]

Il regarda le ventre° de sa femme avec rancœur°. On n'y pouvait rien°. On ren-
10 tra en métro. Il y avait des bals, mais on ne pouvait pas danser.

Je suis née le 2 août. C'était ma date correcte, puisque je résultais du pont de la Toussaint°. Mais l'impression demeura, que j'étais lambine°. En plus j'avais fait louper les vacances, en retenant mes parents à Paris pendant la fermeture de l'usine°. Je ne faisais pas les choses comme il faut°.

15 Ma mère était déjà patraque° quand je la connus; elle avait une descente d'organes°; elle ne pouvait pas aller à l'usine plus d'une semaine de suite°, car elle travaillait debout; après la naissance de Chantal elle s'arrêta complètement,

---

les douleurs *f* (**de l'accouchement**) labor pains   /   **Il s'en fallait de quinze bons jours** She still had a good two weeks to go   /   **l'infirmière** *f* nurse   /   **qu'elle resserre sa gaine** have her tighten her girdle   /   **tout de même** even so   /   **déclarer la naissance** to register the birth   /   **le veau** calf   /   **renvoyé sèchement** summarily dismissed   /   **c'est pas de veine** (*fam*) = *nous n'avons pas de chance*   /   **à quinze jours on loupe** (*argot*) we'll miss by fifteen days   /   **la prime** = *la prime de naissance*   /   **le ventre** belly   /   **la rancœur** = *le ressentiment, l'hostilité*   /   **On n'y pouvait rien** It couldn't be helped   /   **le pont de la Toussaint** the long weekend of All Saints' Day   /   **lambin(e)** (*fam*) slow, a dawdler   /   **la fermeture de l'usine** plant closing   /   **comme il faut** = *bien, correctement*   /   **patraque** (*argot*) = *en mauvais état*   /   **la descente d'organes** uterine prolapse   /   **de suite** consecutively

[1]L'argent de la prime de naissance aurait permis au couple de mieux profiter de leurs vacances.

d'ailleurs° on n'avait plus avantage°, avec le salaire unique°, et surtout pour ce qu'elle gagnait°, sans parler des complications avec la Sécurité° à chaque arrêt° de
20   travail, et ce qu'elle allait avoir sur le dos° à la maison avec cinq tout petits enfants à s'occuper, ils calculèrent qu'en fin de compte° ça ne valait pas la peine, du moins si le bébé vivait.

A ce moment-là je pouvais déjà rendre pas mal° de services, aller au pain°, pousser les jumeaux° dans leur double voiture d'enfant, le long des blocs, pour
25   qu'ils prennent l'air, et avoir l'œil sur Patrick, qui était en avance° lui aussi, malheureusement. Il n'avait pas trois ans quand il mit un chat dans la machine à laver; cette fois-là tout de même° papa lui donna une fessée° : la machine n'était même pas payée.

Je commençais à aller à l'école. Le matin je faisais déjeuner les garçons, je les
30   emmenais° à la maternelle°, et j'allais à mon école. Le midi, on restait à la cantine°.

d'ailleurs besides   /   **on n'avait plus avantage** it was no longer advantageous   /   **le salaire unique**
= *la prime de salaire unique (v. introduction)*   /   **gagnait** earned   /   **la Sécurité** = *la Sécurité sociale*   /
l'arrêt *m* **de travail** sick leave   /   **avoir sur le dos** (*fam*) to be overloaded with   /   **en fin de compte**
all things considered   /   **pas mal** quite a few   /   **aller au pain** = *aller chercher du pain*   /   **les**
jumeaux *m* twins   /   **en avance** precocious   /   **tout de même** however   /   **la fessée** spanking   /
emmenais brought   /   **la maternelle** = *école maternelle* (nursery school)   /   **la cantine** school
cafeteria

J'aimais la cantine, on s'assoit et les assiettes arrivent toutes remplies; c'est toujours bon ce qu'il y a dans des assiettes qui arrivent toutes remplies; les autres filles en général n'aimaient pas la cantine, elles trouvaient que c'était mauvais; je me demande ce qu'elles avaient à la maison; quand je les questionnais, c'était pourtant la

35 même chose que chez nous, de la même marque°, et venant des mêmes boutiques, sauf la moutarde, que papa rapportait directement de l'usine; chez nous on mettait de la moutarde dans tout.

Le soir, je ramenais les garçons et je les laissais dans la cour°, à jouer avec les autres. Je montais prendre les sous° et je redescendais aux commissions°. Maman

40 faisait le dîner, papa rentrait et ouvrait la télé, maman et moi on faisait la vaisselle, et ils allaient se coucher. Moi, je restais dans la cuisine, à faire mes devoirs.

Maintenant, notre appartement était bien. Avant, on habitait dans le treizième°, une sale chambre avec l'eau sur le palier°. Quand le coin° avait été démoli, on nous avait mis ici; dans cette cité^c les familles nombreuses étaient prioritaires°. On avait

45 reçu le nombre de pièces° auquel nous avions droit selon le nombre d'enfants. Les parents avaient une chambre, les garçons une autre, je couchais avec les bébés dans la troisième; on avait une salle d'eau°, la machine à laver était arrivée quand les jumeaux étaient nés, et une cuisine-séjour° où on mangeait; c'est dans la cuisine, où était la table, que je faisais mes devoirs....

50 Le vendeur vint reprendre la télé, parce qu'on n'avait pas pu payer les traites°. Maman essayait d'expliquer que c'est parce que le bébé était mort, et que ce n'était tout de même pas sa faute s'il n'avait pas vécu, et avec la santé qu'elle avait ce n'était déjà pas si drôle°.

C'était un mauvais moment. Ils comptaient le moindre sou°. Je sais pas° com-

55 ment tu t'arranges° disait le père, je sais vraiment pas comment tu t'arranges, et la mère disait que s'il n'y avait pas le P.M.U.^{c} elle s'arrangerait sûrement mieux. Le père disait que le P.M.U. ne coûtait rien avec les gains et les pertes° qui s'équilibraient et d'ailleurs il jouait seulement de temps en temps et s'il n'avait pas ce petit plaisir alors qu'est-ce qu'il aurait, la vie n'est pas déjà si drôle. Et moi qu'est-ce que

60 j'ai, disait la mère, moi j'ai rien du tout, pas la plus petite distraction dans cette vacherie d'existence°, toujours à travailler du matin au soir.

Le soir on ne savait pas quoi faire sans télé, toutes les occasions étaient bonnes

---

la marque brand (of a product) / **la cour** yard / **les sous** *m = l'argent* / **la commission** errand / **le treizième** = *le XIIIème arrondissement*^{c} : a low-income section of Paris at the time / **le palier** landing (of a staircase) / **le coin** neighborhood / **être prioritaire** to have priority / **la pièce** room / **la salle d'eau** room containing a sink and shower / **la cuisine-séjour** combination kitchen and living room / **la traite** installment, monthly payment / **ce n'était déjà pas si drôle** life wasn't much fun to begin with / **le moindre sou** the slightest penny / **Je sais pas** = *Je ne sais pas* / **s'arranger** to manage / **la perte** loss / **cette vacherie d'existence** (*fam*) this lousy life

pour des prises de bec°. Le père prolongeait l'apéro°, la mère l'engueulait°. Les petits criaient°, on attrapait des baffes perdues°.

65   J'ai horreur des° scènes. Le bruit que ça fait, le temps que ça prend. Je bouillais° intérieurement, attendant qu'ils se fatiguent, qu'ils se rentrent dans leurs draps°, et que je reste seule dans ma cuisine, en paix.

Christiane Rochefort, *Les Petits Enfants du siècle*

Qu'en pensez-vous?

Etes-vous d'accord ou non avec les déclarations suivantes? Justifiez votre réponse.

1. Les parents de Josyane sont vraiment contents qu'elle soit née pendant les vacances.
2. En France, il y a des bals dans la rue le jour de la Fête Nationale.
3. Quand Josyane est née, ses parents l'ont trouvée parfaite.
4. La mère de Josyane s'est arrêtée de travailler parce qu'elle adore rester à la maison où elle n'a rien à faire.
5. Josyane rend beaucoup de services à sa mère.
6. Patrick a reçu une fessée le jour où il a cassé le réfrigérateur.
7. Josyane aime bien manger à la cantine.
8. Josyane et sa famille habitent maintenant dans une petite maison.
9. Le vendeur est venu reprendre la télé parce qu'elle ne marchait plus.
10. La disparition de la télé est un désastre pour la famille.
11. Les parents de Josyane ont choisi d'avoir une famille nombreuse parce qu'ils adorent les enfants.
12. Josyane aime beaucoup rester seule le soir dans la cuisine.

Nouveau Contexte

Complétez le dialogue suivant en choisissant les termes appropriés (employez chaque terme une seule fois). Puis, jouez le dialogue.

Noms : aînée *f*, commissions *f*, devoirs *m*, naissance *f*, peine *f*, salaire *m*
Verbes : m'occupe de, rendre service
Adjectifs : jumeaux, nombreuse

Josyane parle avec Claudine, une petite fille de son âge qui est fille unique.
JOSYANE :   Qu'est-ce que tu fais après l'école?
CLAUDINE : Je joue avec mes copines et puis je regarde un peu la télé avant de faire mes
_____*1*. Et toi?

---

la prise de bec (*fam*) dispute   /   **prolongeait l'apéro** = *prolongeait l'apéritif*; he lingered over his drink (and came home late for dinner)   /   **engueuler** (*fam*) to bawl out   /   **crier** to scream   /   **on attrapait des baffes** (*fam*) **perdues** we got slaps not meant for us   /   **j'ai horreur de** = *je déteste*   /   **bouillir** to boil   /   **le drap** sheet (of a bed)

JOSYANE :   Quand je rentre à la maison, il faut que j'aide ma mère. Je _____*2* mes
frères et soeurs parce que je suis l' _____*3* .

CLAUDINE :   Qu'est-ce que tu fais exactement?

JOSYANE :   Ben, ça dépend. Je vais promener mes frères _____*4* qui ont 8 mois dans
leur voiture ou bien je vais faire les _____*5* . J'essaie de _____*6*
parce que, avec une famille _____*7* , ma mère n'a pas toujours la vie drôle.

CLAUDINE :   Elle travaille pas, ta mère?

JOSYANE :   Non, elle s'est arrêtée après la _____*8* de son troisième enfant. Comme
elle pouvait recevoir la prime de _____*9* unique, ça ne valait pas la
_____*10* .

Vocabulaire satellite

les **rapports familiaux**   family relationships

la **scène de ménage**   family quarrel, scene

donner une gifle   to slap

donner une fessée   to give a spanking

l' **aîné(e)**   the elder, the eldest

le **jumeau,** la **jumelle**   twin brother, twin sister

le **fils unique,** la **fille unique**   only child

garder des enfants   to babysit

avoir un emploi du temps chargé   to have a heavy schedule

avoir des loisirs   to have some free time

partir en vacances   to go on vacation

les **congés payés**   paid holidays

l' **ouvrier,** l'**ouvrière**   manual worker

acheter à crédit   to buy on credit

la **machine à laver (le linge)**   washing machine

la **machine à laver (la vaisselle)**   dishwasher

Pratique de la langue

1. Le père et la mère de Josyane se disputent. Chacun rejette la responsabilité des problèmes
de la famille sur l'autre. Complétez les déclarations suivantes en donnant trois arguments
chaque fois :

LE PÈRE :   «Tout ça c'est ta faute! Je ne suis pas du tout heureux parce que :

a.

b.

c.

LA MÈRE :   «Mais non, ce n'est pas ma faute! C'est la tienne! Je ne suis pas du tout
heureuse parce que :

a.

b.

c.

2. Dans l'image ci-dessus, un couple se dispute à propos d'un lave-vaisselle. Imaginez leur conversation. Essayez d'utiliser les mots de vocabulaire suivants : payer les traites, acheter à crédit, la marque, partager les travaux ménagers, n'avoir aucun loisir, être toujours fatigué(e).

3. Auriez-vous aimé avoir de nombreux frères et soeurs? Pourquoi? Pourquoi pas?

4. Imaginez que vous êtes marié(e), que vous et votre femme (mari) travaillez et que vous venez d'avoir un enfant. Mettre votre bébé à la crèche est pour vous :

a. la meilleure solution possible
    —parce que le jeune enfant apprend beaucoup au contact des autres enfants du même âge
    —parce qu'il n'est pas bon que le bébé soit trop attaché à ses parents
    —parce que les crèches offrent des équipements que l'on ne peut pas avoir à la maison et qui favorisent le développement de l'enfant
    —autres raisons

b. une très mauvaise solution
    —parce que l'enfant attrape toutes sortes de maladies au contact des autres enfants
    —parce qu'il est très important que l'enfant ait un lien *(bond)* fort avec ses parents dans les premiers mois
    —parce que l'enfant ne peut plus vivre à son propre rythme
    —autres raisons

Mettez-vous en groupe, exprimez votre opinion et discutez avec un(e) camarade de classe des raisons de vos choix.

5. Imaginez la vie de Josyane vingt ans plus tard. Où habite-t-elle? Est-elle mariée? A-t-elle des enfants? Travaille-t-elle?
6. Faites le portrait d'une Josyane américaine. Quelles pourraient être ses origines géographiques et sociales? Inventez le personnage et décrivez-le.

Sujets de discussion ou de composition

1. A débattre : Le mariage est une institution démodée.
2. Les Français disent : «Aux Etats-Unis, les enfants sont rois!» Qu'est-ce que cela veut dire exactement? Etes-vous d'accord avec cette affirmation?
3. Essayez de raconter un souvenir d'enfance : un épisode heureux, malheureux, amusant, etc., qui vous a beaucoup marqué(e).
4. La mère de Josyane parle avec son pédiatre pour lui demander des conseils sur l'éducation de ses enfants. Reproduisez leur conversation.

Modes de vie

4

Ville et Campagne

L'Urbanisation : l'exemple de Paris

France's major cities, especially Paris, have grown tremendously since the end of World War II. Some twelve million people, well over one-fifth of the total population of France, now live in the greater Paris area. A metropolis as well as a capital, Paris monopolizes every form of national activity in spite of recent trends towards decentralization.

The predominance of Paris over the provinces has been reinforced throughout French history. During the economic expansion of the nineteenth century, for example, a vast network of roads and railroads radiating from the capital was created. Baron Haussmann, a technocrat with a vision, drove wide boulevards through the congested sections of the old city, turning Paris into the world's most elegant capital. As a consequence,

the working-class population was driven to the outskirts of the city, where—especially to the north and east—Paris was soon ringed by drab, impoverished districts known as "the red belt" (*la ceinture rouge*) because of the workers' political allegiance to the Left. This pattern still holds true today as the suburbs tend to attract a low-income population which cannot afford the high rents of the city. The capital has remained elegant and bourgeois but by no means dormant. It is constantly being transformed and embellished. Each Administration has vied to leave its mark on the city by ordering ambitious architectural projects such as the controversial Centre Pompidou, the glass pyramid in front of the Louvre, or the daring Arche de la Défense, to name a few.

In recent years, to cope with the growing population moving out of the city, new urban centers have been created. "*Villes nouvelles*" like Evry, Marne-la-Vallée, etc., have sprung up east and west of Paris. They have been an interesting challenge to a new generation of urbanists and architects. In order to avoid the commuting nightmare, financial incentives were given to offices and industries to relocate in those areas. Still in the experimental stage, the "*villes nouvelles*" have expanded but are still searching for their identity.

The quickest and most economical solution to the housing shortage was to build on the outskirts, mainly east and north of Paris, large housing projects (*grands ensembles*[c] or *cités*[c]) and low-income housing (*habitations à loyers modérés*, or *H.L.M.*[c]). Most of them were built hurriedly and very cheaply in the 60s on existing farmlands. They provided large and low-income families with affordable housing but failed to offer a decent quality of life. With insufficient public transportation, shopping centers, schools and recreation areas, problems soon appeared. Though rehabilitation efforts have been made, few of these constructions have improved with age. Recently, immigrant worker families have moved in large numbers into these *grands ensembles*. In certain cities where unemployment is high, problems of cohabitation and racial tension have occurred. Riots that broke out in Les Minguettes and Vaulx-en-Velin, two poor suburbs near Lyon, led the government to create a new cabinet post, *ministre de la ville,* to deal with the explosive situation that exists in many of the *grands ensembles* all over France, where the majority of the population is under 20, unemployed and ethnically diverse.

Orientation

1. Pensez aux concepts de ville et de banlieue *(suburbs)* tels qu'ils existent aux Etats-Unis. Parmi les adjectifs suivants, choisissez ceux que vous associez à la ville et ceux que vous associez à la banlieue.
   —calme
   —dégradée *(dilapidated)*
   —dangereuse
   —verte
   —résidentielle
   —anonyme
   —stimulante
   —ennuyeuse

—animée *(lively)*
—polluée
—bruyante
—uniforme

2. Lisez l'introduction et refaites le même exercice en pensant aux concepts de ville et de banlieue tels qu'ils existent en France.

Les Jeunes des banlieues

Aujourd'hui, les mots «ville» et «banlieue» recouvrent° des réalités très différentes. Une hausse° extraordinaire des loyers° dans les villes repousse les moins fortunés vers la périphérie°. Les villes deviennent de plus en plus des endroits° privilégiés où ne peuvent survivre que ceux qui disposent de° revenus élevés. A Paris, par exemple,
5 le prix moyen° des loyers a triplé en 10 ans. La capitale se vide, ses banlieues s'étendent°. Mais le mot «banlieue» représente aussi des univers très différents : quelques havres° de calme et de verdure°, à côté de quartiers° réellement sinistrés°.

Robert Solé, «La ville et ses banlieues,»
Le Monde, Dossiers et documents

Comment vit-on en banlieue quand on a 15 ans?

«Ça dépend des endroits», précise tout de suite Laure. «Si tu vis dans des cités°
10 affreuses° et délabrées°, c'est l'angoisse°. Par contre°, si tu habites une ville avec des espaces verts° et des petites maisons, ça peut être sympa.» Toute la différence est là. Entre les banlieues ouvrières° où les gens ne rentrent que pour dormir après le travail, et les banlieues résidentielles avec leurs beaux immeubles° et leurs parcs, il y a un monde°. La population n'y est pas la même, la vie non plus.
15 Sandrine, qui habite Neuilly-sur-Marne, une petite ville paisible de 30.000 habitants à 15 kilomètres de Paris, se déclare ravie° : «C'est plus agréable que dans les grandes villes. C'est moins gigantesque, on arrive plus facilement à se connaître. Depuis qu'on est tout petit, on va ensemble à la maternelle°, puis à l'école primaire, ensuite au collège°. On rentre ensemble de l'école, on joue «en bas°» le soir
20 et le mercredi°.»

«Il n'y a pas beaucoup de voitures, affirme Vincent, les parents nous laissent facilement sortir. Très jeunes, on nous autorise à faire du vélo dans les rues de la

---

recouvrir to describe / **la hausse** rise / **le loyer** rent / **la périphérie** outskirts / **l'endroit** *m* place / **disposent de** = *ont* / **moyen** average / **s'étendre** to stretch out / **le havre** haven / **la verdure** green space / **le quartier** neighborhood / **sinistré** wrecked / **la cité** housing project / **affreux** ugly / **délabré** dilapidated / **c'est l'angoisse** (*fam*) = *c'est horrible* / **par contre** on the other hand / **l'espace vert** = *un endroit où il y a de la verdure* / **ouvrier** working-class / **l'immeuble** *m* apartment building / **un monde** = *une énorme différence* / **ravi** delighted / **la maternelle** kindergarten / **le collège** = *l'école secondaire* / **en bas** = *en bas de l'immeuble* / **le mercredi** = *il n'y a pas de classe le mercredi après-midi*

Résidence° et même dehors. Et puis, pour faire du sport, c'est bien plus facile qu'à
Paris.»

25   Certaines banlieues bougent° à travers des associations particulièrement actives,
des maisons des jeunes et de la culture° bien dirigées° et offrent une réelle qualité
de vie, calme et convivialité. D'autres, par contre, représentent l'univers de «la
galère°.» La galère, c'est un monde à la dérive°, celui des HLM de banlieue, de ces
grands ensembles^c surgis de terre° pendant les 30 dernières années et où s'entasse°

30   une population déboussolée°, frappée° par le chômage°. «On vit dans un univers
pourri°» nous dit Karim. Un univers dégradé où plus rien ne fonctionne. Ni les

---

la Résidence suburban housing development   /   **bouger** to be vibrant   /   **la maison des jeunes et
de la culture** youth and cultural center   /   **dirigé** managed   /   **la galère** (*argot*) = *quelque chose
d'horrible*   /   **à la dérive** drifting   /   **surgir de terre** to rise   /   **s'entasser** to crowd together   /
déboussolé = *sans direction*   /   **frappé** hurt   /   **le chômage** unemployment   /   **pourri** rotten

objets (cabines téléphoniques° inutilisables, autobus couverts de tags). Ni les institutions (familles éclatées°, écoles impuissantes°). Ni les relations humaines
(voisins° méfiants°, passants° agressifs...)»

35   Ali, un jeune beur°, habite un grand ensemble au nord de Paris et rêve de s'en
échapper° quand il sera plus vieux. «Il n'y a rien à faire ici, explique-t-il, c'est le
désert, la zone°. Du béton° partout.» Franck, son copain, renchérit°: «Et quand les
jeunes ne savent pas quoi faire, ils se bagarrent° avec les gars° de la cité d'à côté.»
La plupart n'ont pas de travail. Alors ils traînent° dans les cages d'escalier°
40   nauséabondes°, l'unique café et le centre commercial° barricadé à cause des vols°.

> F. Gaussen, «Les jeunes de la galère»,
> *Le Monde, Dossiers et documents*

...«Les Français avaient un peu oublié leurs banlieues. Ils les ont brutalement redé-
couvertes à la fin de 1990, avec deux événements troublants. En octobre d'abord,
quand ont éclaté° des scènes d'émeutes° à Vaulx-en-Velin, dans la banlieue

la cabine téléphonique telephone booth / **éclaté** = *séparé* / **impuissant** = *qui ne peut rien faire* / **le voisin** neighbor / **méfiant** suspicious / **le passant** passer-by / **le beur** = *un jeune né en France de parents maghrébins* / **s'échapper de** to escape / **la zone** = *la galère* / **le béton** concrete / **renchérir** to add / **se bagarrer** = *se battre* / **le gars** (*fam*) = *le garçon* / **traîner** to hang around / **la cage d'escalier** stairway / **nauséabond** stinking / **le centre commercial** shopping center / **le vol** theft / **éclater** to break out / **la scène d'émeute** riot

lyonnaise. Puis en novembre, à Paris, au cours d'une manifestation° lycéenne,
45 quand des dizaines de «casseurs°» venus de la périphérie se sont mis à casser les
vitrines° et à piller° les magasins. L'émotion° provoquée par ces deux événements
a été d'autant plus forte que les banlieues des grandes villes ont bénéficié ces
derniers temps de beaucoup d'argent. Mais, on s'est vite aperçu qu'il ne suffisait
pas° de ravaler les façades° ou de réparer les ascenseurs°. Il faut aussi créer des em-
50 plois°, briser les mécanismes d'exclusion, changer les mentalités... tout en inven-
tant un nouvel urbanisme. C'est un travail de fourmi° mais des résultats immédiats
sont nécessaires pour redonner de l'espoir° aux habitants et les associer à la transformation de leur quartier.»

Robert Solé, «La ville et ses banlieues,»
Le Monde, Dossiers et documents

VAULX-EN-VELIN

C'est ici que la France a découvert qu'elle avait mal à
ses banlieues et aux jeunes qui y vivent. Le 7 octobre,
une voiture de police en patrouille renverse une moto,
un mort, Thomas Claudio. C'est alors
l'embrasement : pilleurs, casseurs et incendiaires se
retrouvent pour défigurer cette ville plutôt tranquille
de l'agglomération lyonnaise.

en patrouille on patrol / **renverse** runs over / **l'embrasement** *m* flare-up / **le pilleur** looter / **l'incendiaire** *m* arsonist / **l'agglomération lyonnaise** greater Lyon

Qu'en pensez-vous?

Etes-vous d'accord ou non avec les déclarations suivantes? Justifiez votre réponse.

1. En général, en France, les loyers en banlieue sont plus chers que les loyers en ville.
2. Il faut avoir des revenus élevés pour vivre à Paris.

la manifestation demonstration / **le casseur** (*fam*) hoodlum / **la vitrine** shop-window / **piller** to loot / **l'émotion** *f* shock / **il ne suffisait pas** = *ce n'était pas assez* / **ravaler les façades** to plaster the walls / **l'ascenseur** *m* elevator / **l'emploi** *m* job / **un travail de fourmi** = *un travail très long et qui demande de la persévérance* (*fourmi* : ant) / **l'espoir** *m* hope

3. Toutes les banlieues se ressemblent.
4. Sandrine aime vivre en banlieue parce qu'elle a pu facilement se faire des amis.
5. Vincent pense qu'il est plus facile de faire du sport à Paris qu'en banlieue.
6. Le monde de la galère, c'est le paradis.
7. Ali ne voudrait pas habiter toute sa vie dans un grand ensemble.
8. Beaucoup de HLM ont été construites en béton.
9. Les jeunes des cités traînent dans les rues parce qu'ils n'ont rien à faire.
10. Il ne suffit pas de ravaler les façades et de réparer les ascenseurs pour résoudre *(solve)* les problèmes des grands ensembles.

Nouveau Contexte

Complétez le dialogue suivant en choisissant les termes appropriés (employez chaque terme une seule fois). Puis, jouez le dialogue.

Noms : centre commercial *m*, étage *m*, grand ensemble *m*, immeuble *m*, loyer *m*, quartier *m*, vélo *m*, verdure *f*
Verbes : se bagarraient, traînaient

Deux «nouveaux» élèves au CES de Neuilly-sur-Marne se parlent le premier jour de classe.

THOMAS :   T'es *(fam)* nouveau, toi aussi?
GRÉGOIRE : Oui, j'habite Neuilly-sur-Marne depuis trois mois. Avant, j'habitais Paris.
THOMAS :   Pourquoi t'es venu ici?
GRÉGOIRE : On habitait dans un vieil _____ *1* près de la Bastille, mais le _____ *2* a changé... le _____ *3* est devenu trop cher, alors on a dû partir. C'est dommage, parce que j'aimais bien notre appartement; il était au 6e _____ *4* et, de ma chambre, je pouvais voir la Tour Eiffel.
THOMAS :   Tu aimes bien la banlieue?
GRÉGOIRE : Je sais pas encore. C'est différent, c'est très calme, il y a beaucoup de _____ *5* . Je vais en _____ *6* à l'école, et ça, c'est super. Je ne pouvais pas faire ça à Paris. Et toi, d'où tu viens?
THOMAS :   De Bobigny, c'est au nord de Paris. J'habitais dans un _____ *7* et j'aimais pas ça. Et puis, ça devenait trop dangereux... avec tous les jeunes qui _____ *8* dans les rues et qui _____ *9* entre eux. Au mois de mai dernier, ils ont cassé les vitrines du _____ *10* . Ici, c'est pas comme ça, c'est paisible, ça me plaît bien...

Vocabulaire satellite

le **centre-ville**   downtown
la **banlieue**   suburb
le, la **banlieusard(e)**   suburbanite
la **périphérie**   outskirts (of town)
le **loyer**   rent
   louer (un appartement)   to rent (an apartment)
le, la **locataire**   tenant

le, la **propriétaire**   landlord, landlady
le **quartier**   district, neighborhood
l' **immeuble** *m*   apartment building
le **gratte-ciel**   skyscraper
une **HLM,** un **grand ensemble,** une **cité** housing project
le **béton**   concrete
les **petites annonces**   classified ads

l' **endroit** *m* place
la **pièce** room
un **appartement de trois pièces** three-bedroom apartment
l' **étage** *m* floor (i.e., first, second, third)
l' **ascenseur** *m* elevator
le **centre commercial** shopping center
faire des courses to shop
regarder les vitrines to go window shopping
piller (les magasins) to loot (the stores)
casser to break
l' **émeute** *f* riot

l' **insécurité** *f* insecurity, lack of safety
affreux, -euse ugly
délabré dilapidated
bruyant noisy
les **espaces verts** parks, green spaces or areas
paisible peaceful
sûr safe
les **transports** *m* **en commun** public transportation
prendre le métro, le train, l'autobus to take the subway, the train, the bus
la **circulation** traffic
l' **embouteillage** *m* traffic jam
garer sa voiture to park one's car

Pratique de la langue

1. Le maire *(mayor)* de Vaulx-en-Velin et le maire de Neuilly-sur-Marne se retrouvent à une réunion de maires de toute la France. Chacun présente les problèmes propres à sa ville. Préparez les deux discours et les questions que vous allez leur poser à la fin.

2. Interrogez Ali, le jeune beur de 15 ans, qui habite dans un grand ensemble au nord de Paris. Faites-le parler de sa famille, de ses copains, de ses problèmes à l'école et en dehors de l'école, de ses aspirations et de ses frustrations.

3. Quand vous aurez à louer ou à acheter une maison ou un appartement, quels seront les critères les plus importants qui guideront votre choix? Répondez au questionnaire suivant en précisant le degré d'importance.

Vous allez chercher un endroit :   très important   assez important   pas important
a. calme
b. près de votre travail
c. pas cher
d. où les habitants s'occupent activement de leur quartier
e. avec beaucoup d'espaces verts
f. près d'un centre commercial
g. où il y a un bon hôpital
h. qui a une bonne réputation
i. près de bonnes écoles
j. où il existe des crèches
k. près du quartier où habitent vos parents.

4. Décrivez la ville dans laquelle vous avez habité la plus grande partie de votre vie. Quels sont les principaux centres d'intérêt (monuments, parcs, magasins, terrains de sport, etc.)? Quels sont les endroits les plus agréables d'après vous?

5. Vous voulez louer un appartement à Paris. Examinez les petites annonces ci-dessous. Choisissez-en une et téléphonez à l'agent immobilier *(real estate agent)* pour avoir plus de détails. Travaillez en groupe de deux (l'agent immobilier, le client).

5° arrdt
GOBELINS CHARME
Séj. + 2 chbres, cuisine équipée, bains, refait neuf, imm. pierre de taille. 1 290 000 F, 45-67-86-16.

arrdt. = *arrondissement*
charme = *qui a du charme, charmant*
séj. = *salle de séjour* / **chbres** = *chambres*
refait neuf = *refait à neuf, rénové*
imm. = *immeuble* / **pierre de taille** cut stone, freestone

12° arrdt
Splendide appt 32, rue de Lyon, 12°, 2° ét., 140 m² environ avec balcon + cave. Visite tous les jours l'après-midi, 43-43-28-72.

appt. = *appartement*
ét. = *étage* / **m²** = *mètres carrés*
cave = cellar

15° arrdt
M° CONVENTION
Gd. 2 p., style ATELIER D'ARTISTE pierre de t., ét élevé trés bon état INONDÉ DE LUMIÈRE, 820 000 F France Conseil 48-28-00-75.

M° Convention = *près de la station de métro Convention*
Gd. = *grand* / **2p.** = *pièces*
atelier d'artiste studio / **pierre de t.** = *pierre de taille*
inondé de lumière = *avec beaucoup de lumière*

VUE SEINE, VERDURE
Bel imm. 1926, 3 p. 70 m² tt. cft 2° étage ascenseur. 45-38-49-34.

vue Seine = *vue sur la Seine*
verdure = *avec des arbres et des espaces verts*
tt. cft. = *tout confort*

La Maison de campagne

One's home is one's castle. The Frenchman's castle, however, is his vacation home. This cult of the vacation home is, without a doubt, a national characteristic of the French since, relatively speaking, more of them own a higher percentage of such homes than any other national group. One out of every ten Frenchmen has a second home, which often was acquired through an inheritance. Usually it is located in that region of the country where the family had its origins (54% are in the countryside, 32% at the seashore, 14% in the mountains).

This attachment to the land reflects the fact that France remained a rural nation until well into the twentieth century: as late as 1921, 53.6% of all French people lived in villages with fewer than 2,000 inhabitants. Even as France was undergoing industrialization and modernization, the increasingly urbanized French never quite lost their peasant roots. To this day, millions have maintained links with their ancestral villages and with their rural relatives, whom they often visit for an inexpensive vacation.

The French have always been fond of real estate, which they consider a safe investment. The vacation home has thus become an object of pride and a symbol of success.

Many French people are willing to put up with weekend traffic jams in order to get to their country homes. They devote a large share of their leisure time to fixing up an old building or improving a small house that they have built for eventual retirement purposes.

Orientation

Demandez à un(e) camarade de classe ce qu'il (elle) aime faire ou ne pas faire quand il (elle) est à la campagne.

Demandez-lui s'il (si elle) aime...

a. admirer le paysage
b. faire de la bicyclette
c. photographier les couchers de soleil *(sunsets)*
d. lire un bon livre dans une chaise longue *(deckchair)*
e. se faire bronzer au soleil
f. faire du camping
g. goûter les spécialités culinaires locales
h. faire un barbecue
i. jardiner *(to garden)*
j. parler avec les gens qui habitent la campagne
k. faire de grandes balades à pied *(long walks)*
l. dormir sur l'herbe.

Dans Le Petit Nicolas, *l'auteur, René Gosciny—qui a aussi écrit les albums d'*Astérix *et de* Lucky Luke*—raconte l'histoire d'un petit garçon et de ses aventures avec ses camarades de classe, ses professeurs et ses parents. Dans l'extrait suivant, Gosciny, à travers le petit Nicolas, se moque de ces campagnards° du dimanche incapables d'abandonner leur mentalité petite-bourgeoise à la campagne.*

Le chouette° bol d'air°

Nous sommes invités à passer le dimanche dans la nouvelle maison de campagne de M. Bongrain. M. Bongrain est comptable° dans le bureau où travaille Papa, et il paraît qu'il a un petit garçon qui a mon âge, qui est très gentil et qui s'appelle Corentin.

5   Moi, j'étais bien content, parce que j'aime beaucoup aller à la campagne et Papa nous a expliqué que ça ne faisait pas longtemps que M. Bongrain avait acheté sa maison, et qu'il lui avait dit que ce n'était pas loin de la ville. M. Bongrain avait donné tous les détails à Papa par téléphone, et Papa a inscrit° sur un papier et il paraît que c'est très facile d'y aller. C'est tout droit°, on tourne à gauche au pre-
10   mier feu rouge°, on passe sous le pont de chemin de fer°, ensuite c'est encore tout droit jusqu'au carrefour°, où il faut prendre à gauche, et puis encore à gauche jusqu'à une grande ferme blanche, et puis on tourne à droite par une petite route en terre°, et là c'est tout droit et à gauche après la station-service°.

On est partis°, Papa, Maman et moi, assez tôt le matin dans la voiture, et Papa
15   chantait, et puis il s'est arrêté de chanter à cause de toutes les autres voitures qu'il y avait sur la route. On ne pouvait pas avancer. Et puis Papa a raté° le feu rouge où il devait tourner, mais il a dit que ce n'était pas grave°, qu'il rattraperait son chemin° au carrefour suivant°. Mais au carrefour suivant, ils faisaient des tas de travaux° et ils avaient mis une pancarte° où c'était écrit : «Détour»; et nous nous
20   sommes perdus; et Papa a crié après° Maman en lui disant qu'elle lui lisait mal les indications qu'il y avait sur le papier; et Papa a demandé son chemin à des tas de gens qui ne savaient pas; et nous sommes arrivés chez M. Bongrain presque à l'heure du déjeuner, et nous avons cessé de nous disputer°. M. Bongrain est venu nous recevoir à la porte de son jardin.

25   —Eh bien, a dit M. Bongrain. On les voit les citadins°! Incapables de se lever de bonne heure°, hein?

---

les campagnards *m* country folks   /   **chouette** (*fam*) super, fine   /   **bol d'air** *m* breath of air (lit., bowl of air)   /   **le, la comptable** accountant   /   **a inscrit** = *a écrit*   /   **tout droit** straight on   /   **le feu rouge** red light   /   **le pont de chemin de fer** railroad bridge   /   **le carrefour** intersection   /   **la petite route en terre** dirt road   /   **la station-service** gas station   /   **on est partis** = *nous sommes partis*   /   **rater** = *manquer*   /   **grave** = *sérieux*   /   **rattraper son chemin** to get back on the right road   /   **suivant** next   /   **des tas de travaux** lots of road work   /   **la pancarte** sign   /   **a crié après** shouted at   /   **se disputer** to quarrel   /   **On les voit les citadins!** You can see that you're city people!   /   **de bonne heure** early

Alors, Papa lui a dit que nous nous étions perdus, et M. Bongrain a eu l'air tout étonné.

—Comment as-tu fait ton compte°? il a demandé. C'est tout droit!

30   Et il nous a fait entrer dans la maison.

Elle est chouette, la maison de M. Bongrain! Pas très grande, mais chouette.

—Attendez, a dit M. Bongrain, je vais appeler ma femme. Et il a crié : «Claire! Claire! Nos amis sont là!»

Et Mme Bongrain est arrivée, elle avait des yeux tout rouges, elle toussait°, elle

35   portait un tablier° plein de taches noires° et elle nous a dit :

—Je ne vous donne pas la main, je suis noire de charbon°! Depuis ce matin, je m'escrime à faire marcher cette cuisinière° sans y réussir!

M. Bongrain s'est mis à rigoler°.

Comment as-tu fait ton compte? How did you manage (to get lost)?   /   **tousser** to cough   /   **le tablier** apron   /   **les taches noires** black spots   /   **noire de charbon** covered with coal   /   **je m'escrime à faire marcher cette cuisinière** I've been struggling to get this kitchen range to work   /   **rigoler** (*fam.*) = *rire*

—Evidemment, il a dit, c'est un peu rustique, mais c'est ça, la vie à la campagne!
40 On ne peut pas avoir une cuisinière électrique, comme dans l'appartement.

—Et pourquoi pas? a demandé Mme Bongrain.

—Dans vingt ans, quand j'aurai fini de payer la maison, on en reparlera, a dit M. Bongrain. Et il s'est mis à rigoler de nouveau. Mme Bongrain n'a pas rigolé et elle est partie en disant :

45 —Je m'excuse, il faut que je m'occupe du déjeuner. Je crois qu'il sera très rustique, lui aussi.

—Et Corentin, a demandé Papa, il n'est pas là?

—Mais oui, il est là, a répondu M. Bongrain; mais ce petit crétin° est puni, dans sa chambre. Tu ne sais pas ce qu'il a fait, ce matin, en se levant? Je te le donne en
50 mille°: il est monté sur un arbre pour cueillir des prunes°! Tu te rends compte°? Chacun de ces arbres m'a coûté une fortune, ce n'est tout de même° pas pour que le gosse° s'amuse à casser les branches, non?

Et puis M. Bongrain a dit que puisque j'étais là, il allait lever° la punition, parce qu'il était sûr que j'étais un petit garçon sage° qui ne s'amuserait pas à saccager° le
55 jardin et le potager°. Corentin est venu, il a dit bonjour à Maman, à Papa et on s'est donné la main. Il a l'air assez chouette, pas aussi chouette que les copains de l'école.

—On va jouer dans le jardin? j'ai demandé.

Corentin a regardé son papa, et son papa a dit :

60 —J'aimerais mieux pas, les enfants. On va bientôt manger et je ne voudrais pas que vous ameniez de la boue° dans la maison. Maman a eu bien du mal° à faire le ménage, ce matin.

Alors, Corentin et moi on s'est assis, et pendant que les grands° prenaient l'apéritif^c, nous, on a regardé une revue° que j'avais déjà lue à la maison. Et on l'a
65 lue plusieurs fois la revue, parce que Mme Bongrain, qui n'a pas pris l'apéritif avec les autres, était en retard pour le déjeuner. Et puis Mme Bongrain est arrivée, elle a enlevé° son tablier et elle a dit :

—Tant pis°... A table°!

M. Bongrain était tout fier pour le hors-d'œuvre, parce qu'il nous a expliqué
70 que les tomates venaient de son potager, et Papa a rigolé et il a dit qu'elles étaient venues un peu trop tôt, les tomates, parce qu'elles étaient encore toutes vertes. M. Bongrain a répondu que peut-être, en effet, elles n'étaient pas encore tout à fait mûres°, mais qu'elles avaient un autre goût° que celles que l'on trouve sur le marché.

---

le crétin (*fam*) imp / **Je te le donne en mille!** You'll never guess! / **cueillir des prunes** to pick plums / **tu te rends compte** can you imagine? / **tout de même** in any case / **le gosse** (*fam*) kid / **lever** = *mettre fin à* / **un petit garçon sage** a good little boy / **saccager** = *détruire* / **le potager** vegetable garden / **la boue** mud / **bien du mal** = *beaucoup de difficultés* / **les grands** = *les adultes* / **la revue** magazine / **enlever** to take off / **tant pis** too bad / **A table!** Lunch is ready! / **mûr** ripe / **un autre goût** = *un goût différent*

75   Ce qui n'était pas trop réussi, c'était les pommes de terre du rôti°; elles étaient un peu dures.

Après le déjeuner, on s'est assis dans le salon. Corentin a repris la revue et M. Bongrain a expliqué à Papa combien ça lui avait coûté, la maison, et qu'il avait fait une affaire formidable°. Moi, tout ça, ça ne m'intéressait pas, alors j'ai demandé à
80   Corentin si on ne pouvait pas aller jouer dehors° où il y avait plein de soleil. Corentin a regardé son papa, et M. Bongrain a dit :

—Mais, bien sûr, les enfants. Ce que je vous demande, c'est de ne pas jouer sur les pelouses°, mais sur les allées°. Amusez-vous bien, et soyez sages.

Corentin et moi nous sommes sortis et Corentin m'a dit qu'on allait jouer à la
85   pétanque°. On a joué dans l'allée; il y en avait une seule et pas très large; et je dois dire que Corentin, il se défend drôlement°.

—Fais attention, m'a dit Corentin; si une boule va sur la pelouse, on pourrait pas la ravoir°!

Et puis Corentin a tiré°, et bing! sa boule a raté la mienne et elle est allée sur
90   l'herbe°. La fenêtre de la maison s'est ouverte tout de suite et M. Bongrain a sorti une tête toute rouge et pas contente :

—Corentin! il a crié. Je t'ai déjà dit plusieurs fois de faire attention et de ne pas endommager° cette pelouse! Ça fait des semaines que le jardinier y travaille! Dès que tu es à la campagne, tu deviens intenable°! Allez! dans ta chambre jusqu'à ce
95   soir!

Corentin s'est mis à pleurer et il est parti; alors, je suis rentré dans la maison.

Mais nous ne sommes plus restés très longtemps, parce que Papa a dit qu'il préférait partir de bonne heure pour éviter les embouteillages°. M. Bongrain a dit que c'était sage, en effet, qu'ils n'allaient pas tarder à rentrer° eux-mêmes, dès que
100   Mme Bongrain aurait fini de faire le ménage.

M. et Mme Bongrain nous ont accompagnés jusqu'à la voiture; Papa et Maman leur ont dit qu'ils avaient passé une journée qu'ils n'oublieraient pas, et juste quand Papa allait démarrer°, M. Bongrain s'est approché de la portière° pour lui parler :

105   —Pourquoi n'achètes-tu pas une maison de campagne, comme moi? a dit M. Bongrain. Bien sûr, personnellement, j'aurais pu m'en passer°, mais il ne faut pas être égoïste°, mon vieux! Pour la femme et le gosse, tu ne peux pas savoir le bien que ça leur fait, cette détente° et ce bol d'air, tous les dimanches!

René Gosciny, *Le Petit Nicolas*

du rôti around the roast beef / **il avait fait une affaire formidable** he had gotten a fantastic bargain / **dehors** outside / **la pelouse** lawn / **l'allée** *f* path / **jouer à la pétanque** to have a game of bowls / **il se défend drôlement** (*fam*) he is pretty good at it / **ravoir** to get it back / **a tiré** = *a jeté la boule* / **l'herbe** *f* grass / **endommager** to damage / **intenable** = *impossible* / **pour éviter les embouteillages** to avoid the traffic jams / **ils n'allaient pas tarder à rentrer** they would leave pretty soon / **démarrer** to start the car / **la portière** = *la porte (de la voiture)* / **j'aurais pu m'en passer** I could have done without it / **égoïste** selfish / **la détente** = *la distraction, le repos*

Qu'en pensez-vous?

Etes-vous d'accord ou non avec les déclarations suivantes? Justifiez votre réponse.

1. M. Bongrain a acheté, il y a longtemps, une maison de campagne qui est loin de la ville et difficile à trouver.
2. Bien qu'ils soient partis très tôt le matin, le petit Nicolas et ses parents sont arrivés chez les Bongrain presqu'à l'heure du déjeuner.
3. Mme Bongrain adore faire la cuisine dans sa maison de campagne.
4. Corentin est dans sa chambre parce qu'il est puni.
5. Avant le déjeuner, Corentin et Nicolas vont jouer dans le jardin.
6. Comme hors-d'oeuvre, il y avait du pâté que Mme Bongrain avait fait elle-même.
7. En achetant cette maison, M. Bongrain pense avoir fait une affaire formidable.
8. Corentin et Nicolas sont autorisés à jouer à la pétanque sur la pelouse.
9. Corentin s'est mis à pleurer parce qu'il était furieux d'avoir perdu à la pétanque.
10. Avant de quitter leur maison de campagne, Mme Bongrain veut faire le ménage.
11. Les parents du petit Nicolas sont sincères quand ils disent qu'ils ont passé une excellente journée.
12. M. Bongrain a acheté cette maison parce qu'il adore la campagne.

Nouveau Contexte

Complétez le dialogue suivant en choisissant les termes appropriés (employez chaque terme une seule fois). Puis, jouez le dialogue.

Noms : citadins *m,* copains *m,* cuisinière *f,* détente *f,* embouteillages *m,* maison de campagne *f,* pelouses *f*
Verbes : cueillir, rentrer
Adjectifs : chouette, mûres

LA MÈRE DU PETIT NICOLAS : Quelle journée! Je suis contente de _____*1* à la maison! Pauvre Madame Bongrain! Ce n'est vraiment pas de la _____*2* pour elle! Elle passe ses dimanches à faire le ménage et à essayer de faire marcher cette vieille _____*3*. Tu sais, chéri, je crois que je n'ai plus envie d'avoir une _____*4*.

NICOLAS : Moi non plus, papa. Je préfère rester en ville le week-end et jouer avec mes _____*5*. Je ne voudrais pas être à la place de Corentin. Il n'a le droit de rien faire. Il ne peut même pas marcher sur les _____*6* ou _____*7* des fruits aux arbres. Pourquoi aller à la campagne si c'est pour rester dans sa chambre?!

LE PÈRE DE NICOLAS : Oh vous exagérez! Elle est _____*8* cette maison! Un peu loin de Paris, il est vrai, et sur une route où il y a toujours des _____*9*, mais une fois qu'on y est, quel calme!

LA MÈRE : J'ai l'impression que M. Bongrain n'en profite pas beaucoup. Il est tellement occupé par son jardin. Tout ça pour manger des tomates pas _____*10* !

LE PÈRE :   Peut-être que vous avez raison, nous ne sommes pas prêts pour la campagne, nous sommes de vrais _____*11* . Vive la vie en ville!

Vocabulaire satellite

se détendre   to relax
se reposer   to rest
le **calme**   peace and quiet
isolé   isolated
respirer le bon air   to breathe the fresh air
se faire bronzer au soleil   to get a sun tan
la **vie au grand air**   outdoor living
sain   healthy
faire une promenade, une balade à pied   to go for a walk
faire une excursion   to go on a trip

campagnard   rustic
la **résidence secondaire**   vacation home
le **paysage**   landscape
le **lever**, le **coucher du soleil**   sunrise, sunset
les **bois** *m*   woods
la **colline**   hill
l' **herbe** *f*   grass
planter   to plant
jardiner   to garden
le **jardinage**   gardening
les **légumes** *m*   vegetables
tondre la pelouse   to mow the lawn

Pratique de la langue

1. Complétez les dialogues suivants.
    a. —Comment va-t-on à la maison de campagne des Bongrain?
       —C'est facile, il faut...
    b. —Vous avez trouvé la maison facilement?
       —Non, nous nous sommes perdus parce que...
    c. —Mme Bongrain vous attendait dans le salon?
       —Non, elle était dans la cuisine parce que...
    d. —Et Corentin, il était là?
       —Non, il était dans sa chambre parce que...
    e. —Pourquoi est-ce que M. Bongrain a acheté cette maison?
       —Surtout pour...
2. Improvisez les dialogues suivants :
    a. Au moment de partir à la campagne, Mme Bongrain et Corentin décident qu'ils ne veulent pas y aller et donnent leurs raisons. M. Bongrain se met en colère. Jouez cette dispute.
    b. Mme Bongrain prend le thé avec une amie un peu snob. Elle parle de sa nouvelle résidence secondaire et de ses activités à la campagne en essayant d'impressionner cette amie. Imaginez la conversation.

3. Répondez aux questions suivantes pour voir si vous êtes une personne qui apprécie ou qui déteste la vie rustique.

   a. Adorez-vous ou bien avez-vous horreur de faire du camping?

   b. Pourriez-vous vivre facilement ou difficilement sans le confort auquel vous êtes habitué(e)?

   c. Indiquez ce qui vous manquerait le plus (l'eau chaude, par exemple).

   d. Pourriez-vous vivre sans télévision ni téléphone ni journaux pendant plus d'un mois?

4. Quand vous étiez enfant, alliez-vous souvent rendre visite le dimanche à des amis de vos parents? Si oui, comment se passaient ces visites? En avez-vous gardé de bons ou de mauvais souvenirs?

Sujets de discussion ou de composition

1. Le rat des villes va rendre visite au rat des champs. Ecrivez leur conversation.

2. Organisez un débat sur la question suivante: «A-t-on une vie plus intéressante et plus riche à la ville qu'à la campagne?»

3. Décrivez l'endroit idéal où vous aimeriez vivre (dans une ville, dans un petit village à la campagne, en banlieue) et expliquez pourquoi.

4. Vous êtes Corentin, l'ami du petit Nicolas. Donnez des extraits du journal intime que vous écrivez le dimanche quand vous vous ennuyez à la campagne.

5

Les Classes sociales

La Conscience de classe en France

On the basis of their own national experience, most Americans view social class as relatively unimportant, certainly less crucial than race and ethnic background. The overwhelming majority of Americans see themselves as members of a vast "middle class." To a considerable extent, this attitude reflects a reaction against the more rigid class structure of nineteenth-century Europe, from which immigrants consciously sought to escape by coming to America. This attitude is also supported by a wage structure that blurs the traditional distinction between manual and clerical workers and frequently enables blue-collar workers to earn more than their white-collar counterparts. Even more important, perhaps, is the traditional belief in upward social mobility based on merit and achievement.

By contrast, class consciousness is far more acute in France, even though many factors accounting for the relative "classlessness" of American society are now present. Despite an overall improvement in living standards, the gap between rich and poor remains significant, and, in times of economic recession and high unemployment, social inequities become even more flagrant. The law guarantees a minimum wage, the SMIC,[1] which is automatically adjusted for inflation and which in 1990 applied to two million mostly unskilled workers *(les smicards)*. But paradoxically, while the country has experienced an increase in purchasing power, the number of poor people has risen. This phenomenon is mainly attributed to chronic unemployment that especially affects women, immigrant and older workers with outdated skills, and young people who lack education and training. To come to the aid of this newest group of society's dispossessed, the government created in 1988 the R.M.I. *(le revenu minimum d'insertion)*, which tries to facilitate professional (re-)insertion into society by providing financial support for a minimum of three months. It cannot prevent, however, the existence of numerous "*sans abri*" (homeless) in big cities, a marginalized population that has not succeeded in finding a place in society.

Orientation

Imaginez que vous êtes journaliste et que vous faites une enquête sur les vendeurs et les vendeuses qui travaillent dans les supermarchés. Posez les questions suivantes à vos camarades de classe qui vont imaginer les réponses des vendeurs et des vendeuses.

1. Travaillez-vous debout ou assis?
2. Faites-vous un travail créatif ou routinier?
3. Est-il important que vous travailliez vite?
4. Vous arrêtez-vous plus ou moins d'une heure pour déjeuner?
5. Avez-vous des chances de promotion?
6. Les clients sont-ils toujours aimables avec vous?

---

[1]Acronym for *Salaire minimum interprofessionnel de croissance*

7. Existe-t-il un syndicat *(union)* dans ce magasin pour défendre vos droits?
8. Y a-t-il beaucoup de bruit sur votre lieu de travail?
9. Avez-vous un salaire supérieur ou inférieur au SMIC?
10. Etes-vous satisfait(e) de vos conditions de travail? Pourquoi? Pourquoi pas?

Une journaliste du magazine L'Express, *Elisabeth Schemla, a décidé de vivre, pendant trois semaines, la vie d'une vendeuse dans un Prisunic° parisien. Elle nous raconte son expérience.*

Vendeuses

J'aimerais bien savoir à quoi on va m'employer. J'ai passé des tests, été embauchée°; ce matin, l'employée m'accueille°, voilà trois quarts d'heure que nous sommes ensemble. Et que m'a-t-elle dit? Que j'allais gagner 1.050 Francs brut° par mois, que j'étais «engagée comme vendeuse, mais que je serais caissière°, tout en
5 étant, pour l'instant, à la vente»!

Prisunic *m* = *magasins populaires et bon marché qui se trouvent partout en France*   /   **embauché** hired   /
l'employée m'accueille the personnel clerk greets me   /   **brut** gross (of money)   /   **la caissière**
cashier

Nous arrivons au rayon° boulangerie-pâtisserie.

«Madame Simon! Cette demoiselle est engagée comme caissière, mais elle va aider Maria pendant les trois jours de promotion°. Elle commencera lundi seulement, avec Mme Taffoureaux.»

10   La jeune femme du service du personnel m'abandonne. Pendant les trois semaines qui suivront, chaque fois que je la croiserai°, elle ne me jettera pas un regard ni ne m'adressera un sourire....

Attirée par les appels de l'animateur° qui annonce une vente spéciale de gros «éclairs,» une cliente s'approche :

15   «Madame?

—C'est vraiment un Franc, ces gros éclairs?

—Oui Madame.»

Hésitation dans le for intérieur° de la dame : «Evidemment, certains sont cassés°, ce n'est pas très présentable. D'un autre côté... un Franc... Ils font de l'effet°.»

20   Enfin : «Mettez-m'en dix.»

Outre° le pain et les autres pâtisseries, nous avons ainsi vendu près de 5.000 éclairs géants en trois jours, Maria et moi. Du coup°, une grande complicité s'est installée entre nous. Pensez! Soixante-douze heures de crème pâtissière°! Car on en a rêvé toutes les deux pendant trois nuits, de ces satanés° éclairs. Sans compter

25   les affreuses courbatures°—les frigos° sont à hauteur de genou°—et les maux de crâne° à cause de ce haut-parleur° situé juste au-dessus de nos têtes et par lequel l'animateur nous fait savoir dix, vingt, trente fois par jour qu'«au rayon pâtisserie, exceptionnellement, Prisunic est heureux... »

Je n'ai pas eu le temps de connaître Maria : pendant les «journées de promo-

30   tion,» nous avons travaillé vingt-quatre heures ensemble, et nous avons à peine eu une demi-heure de répit°. En tout. Sur trois jours.

Je sais donc seulement que c'est une Portugaise de 25 ans, qu'elle travaillait dans une fabrique de matelas°. «Toute la journée à genoux, par terre,» et qu'à tout prendre° elle «préfère encore être vendeuse, bien que ça ne soit pas toujours rose°

35   avec les clients.»

Les clients... Quand on travaille en usine°, on se dit que ça doit être agréable de voir du monde°. Le fameux «contact humain,» vous savez. Et puis, quand on est enfin en contact avec ces humains, alors, là...

---

le rayon department (in a store)   /   **les trois jours de promotion** the three-day sale   /   **croiser** = *rencontrer*   /   **l'animateur** *m* announcer   /   **dans le for intérieur** deep down inside   /   **cassé** broken   /   **faire de l'effet** = *produire une bonne impression*   /   **Outre** Besides   /   **Du coup** Consequently   /   **la crème pâtissière** pastry cream   /   **satané** darn   /   **la courbature** muscle ache   /   **le frigo** (*fam*) = *le réfrigérateur*   /   **le genou** knee   /   **les maux de crâne** *m* headaches   /   **le haut-parleur** loudspeaker   /   **le répit** rest, break   /   **la fabrique de matelas** mattress factory   /   **à tout prendre** considering everything   /   **pas toujours rose** = *pas toujours facile*   /   **en usine** in a factory   /   **du monde** = *des gens*

Le dernier jour «éclairs géants,» Maria était aphone°. Arrive une «chère cliente»
40 qui réclame° une demi-baguette° : 35 centimes.

«Un papier pour mettre autour.

—Madame, on n'est pas chez Fauchon°.

—Mademoiselle, il y a un arrêté préfectoral° qui... »

Oh là! Je fais signe à Maria de donner au manteau d'astrakan° son morceau
45 de papier. Elle s'exécute de mauvaise grâce°.

«Oh, ne le prenez pas sur ce ton°, hein? Qu'est-ce que vous ferez quand Prisunic
n'aura plus de clients? Le trottoir°! D'ailleurs, vous n'êtes bonne qu'à ça!»

Scheim... —Ça, c'est moi. J'ai eu beau répéter° que Scheim n'était pas mon nom,
quelle importance? Caisse° 2. Je déteste la «2» : elle est juste à côté des surgelés°.
50 Chaque matin, en arrivant, on consulte ainsi la liste affichée au-dessus du
tableau de pointage°.

Ensuite, il faut descendre au vestiaire° : un étage° plus les quatre marches°.
Une fois en tenue°, on revient pointer° à l'entrée du service : les quatre marches
plus l'étage. Après, encore un étage pour aller chercher sa caisse au guichet°.
55 Enfin, redescendre jusqu'au sous-sol° pour rejoindre l'Alimentation°.

Cette petite gymnastique, quatre fois par jour, les jeunes la supportent allégre-
ment°. Pas les autres. J'en croise souvent qui se sont arrêtées, essoufflées° et
rouges, la main sur la poitrine°.

Toutes, nous aimons les cinq minutes qui précèdent l'ouverture du magasin. Le
60 silence, les allées° désertes ont un charme certain.

«Salut, bien dormi?

—Comme une masse°. Je suis «tombée» à 9 heures. J'ai même pas eu le courage
de regarder la télé.»

Nous savons qu'aux portes se bousculent° déjà les premiers clients. Ceux qui
65 font le poireau° avant l'ouverture «pour avoir moins de monde°.»

—Dis-moi, Claude, combien fait-on de réduction sur les achats qu'on fait dans
ce magasin?

—On n'a aucune réduction sur rien. Le seul avantage qu'on a, c'est de pouvoir

---

était aphone = *n'avait plus de voix*   /   **réclamer** to call out for   /   **la baguette** narrow stick of
French bread   /   **Fauchon** a gourmet food store in Paris   /   **l'arrêté préfectoral** city ordinance   /
le manteau d'astrakan lambskin coat   /   **elle s'exécute de mauvaise grâce** she does it begrudg-
ingly   /   **ne le prenez pas sur ce ton** don't be so fresh   /   **le trottoir** sidewalk; faire le trottoir :
to be a streetwalker   /   **avoir beau répéter** = *répéter en vain*   /   **la caisse** cash register   /
les surgelés *m* frozen foods   /   **le tableau de pointage** the board where employee timecards are
kept   /   **le vestiaire** cloakroom   /   **l'étage** *m* floor   /   **la marche** step   /   **en tenue** = *en uniforme*   /   **pointer** to punch in   /   **le guichet** window   /   **le sous-sol** basement   /   **l'alimentation** *f*
= *le rayon d'alimentation* : food department   /   **allégrement** lightly   /   **essoufflé** out of breath   /
la poitrine chest   /   **l'allée** *f* aisle   /   **comme une masse** like a log   /   **se bousculer** to jostle
one another   /   **faire le poireau** (*fam*) = *attendre*   /   **pour avoir moins de monde** to avoid
the crowd

aller une fois par mois au Printemps-Nation° où ils font un rabais° de 15% pour les
70 employés de Prisunic. Parce que Printemps et Prisunic, c'est la même boîte°.

Pendant la pause, les vendeuses font connaissance en se reposant. Elles parlent
de leurs problèmes. Celle-ci se plaint de son mari, celle-là de ses enfants, des vais-
selles, une autre, à 36 ans voudrait enfin être enceinte, une jeune femme seule con-
fie à sa compagne :

75 —Et alors, elles ne sont pas les seules à avoir des problèmes. Moi, j'ai fait une
connerie° en venant ici... J'habitais à Mantes-la-Jolie. J'ai quitté l'école à la ren-
trée°. Je voulais monter à Paris. Et, une fois à Paris, je ne savais rien faire. Dans ces
cas-là, tu n'as plus qu'à° devenir vendeuse.

Elle va pleurer.

80 «Tu restes déjeuner ici, le midi?

—Non, je mange à la cantine de mon foyer°. Ça me coûte moins cher.»
La pause est finie. Je me lève.

—Hé! Tu pourrais venir déjeuner avec moi, un jour, au foyer. Enfin... Si tu veux.
Ces travailleuses sont-elles organisées pour défendre leurs intérêts?

85 «Carottes, 2F10. Café, 5F12...Voilà votre monnaie, monsieur, merci, monsieur,
au revoir, monsieur... »

L'autre jour, sur le panneau réservé à l'affichage°, on nous a annoncé une réunion syndicale° pour le soir à 7 heures.

---

le Printemps-Nation a department store   /   **le rabais** discount   /   **la même boîte** (*fam*) the same
company (i.e., owned by the same management)   /   **une connerie** (*fam*) = *quelque chose de stupide*   /
la rentrée = *la rentrée des classes* : the start of the school year   /   **tu n'as plus qu'à** all that's left for
you to do is   /   **la cantine de mon foyer** cafeteria of my boarding house   /   **le panneau réservé
à l'affichage** bulletin board   /   **la réunion syndicale** union meeting

«Claude, tu viens à la réunion?

90 —Non. Il ne faut pas° y aller.

—Pourquoi?

—Parce qu'ils n'arrêtent pas de te demander de l'argent.

—Ça ne tient pas debout°, ce que tu dis. Le syndicat te demande une cotisation°
annuelle. Et c'est tout.

95 —Non, non, je t'assure : c'est 20 Francs par-ci, 30 Francs par-là.

—Mais enfin, qui raconte ça?

—Ben°, le directeur... »

Elisabeth Schemla, "Trois semaines à Prisunic," *L'Express*

Qu'en pensez-vous?

Etes-vous d'accord ou non avec les déclarations suivantes? Justifiez votre réponse.

1. La journaliste a été embauchée comme caissière dans une boulangerie-pâtisserie.
2. Dans ce magasin, il y a des contacts très chaleureux entre les différentes catégories de personnel.
3. Elle a vendu avec Maria 5.000 éclairs par jour.
4. Elle aime tellement les éclairs qu'elle en rêve la nuit.
5. Ces trois jours de promotion ont été très agréables et très reposants.
6. Elle a eu le temps de bien connaître Maria pendant la pause-café.
7. Cela fait 25 ans que Maria travaille à Prisunic.
8. Dans le métier de vendeuse, le contact avec les clients n'est pas toujours rose.
9. Les caissières doivent faire chaque matin une «petite gymnastique» pour bien commencer la journée.
10. Après leur journée de travail, les vendeuses sont abruties de fatigue.
11. Elles achètent tout ce dont elles ont besoin à Prisunic parce qu'on leur fait d'importantes réductions sur leurs achats.
12. La plupart des jeunes femmes qui travaillent à Prisunic font ce métier parce qu'elles n'ont pas assez de qualifications pour faire autre chose.
13. La majorité des employées de Prisunic se méfient des syndicats.

Nouveau Contexte

Complétez le dialogue suivant en choisissant les termes appropriés (employez chaque terme une seule fois). Puis, jouez le dialogue.

Noms : contact *m*, magasin *m*, promotion *f*, rayon *m*, répit *m*
Verbes : ai gagné, essayer, tombais de sommeil
Adjectifs : aimable, rose

---

il ne faut pas one must not   /   **Ça ne tient pas debout** = *Ça n'a pas de sens*   /   **la cotisation** dues   /
ben = *eh bien* (well)

Deux étudiants, Bernard et Laurent, parlent de leurs vacances.

BERNARD : Qu'est-ce que tu as fait cet été?

LAURENT : J'ai travaillé comme vendeur dans un grand _____ *1* .

BERNARD : Ah oui, où as-tu travaillé?

LAURENT : Aux Galeries Lafayette, au _____ *2* chaussures pour hommes.

BERNARD : Tu as aimé ce travail?

LAURENT : Difficile à dire. Ce n'était pas _____ *3* tous les jours. La première semaine a été particulièrement horrible.

BERNARD : Pourquoi?

LAURENT : Il y avait une _____ *4* sur les chaussures de sport qui a attiré un monde fou. J'étais debout toute la journée à porter des boîtes de chaussures avec à peine une demi-heure de _____ *5* à midi pour déjeuner.

BERNARD : Tu as aimé le _____ *6* avec les clients?

LAURENT : En général oui... Mais certains clients étaient vraiment impossibles. Ils voulaient _____ *7* des dizaines de paires de chaussures avant de se décider. C'est dur de rester toujours _____ *8* ; il faut beaucoup de patience.

BERNARD : Tu as passé un bon été tout de même?

LAURENT : Ben, tu sais, je n'ai pas fait grand-chose d'autre. Le soir, j'étais tellement fatigué que je _____ *9* après le dîner. Heureusement, j' _____ *10* pas mal d'argent, donc je suis satisfait.

Vocabulaire satellite

la **conscience de classe**   class consciousness

les **inégalités sociales**   social inequities

les **classes privilégiées**   privileged classes

les **classes défavorisées**   underprivileged classes

le **patron**, la **patronne**   boss

l' **ouvrier**, l'**ouvrière**   worker

un **O.S.** = *ouvrier spécialisé* (in fact, designates an unskilled laborer)

le **travail manuel**   manual labor

travailler en usine   to work in a factory

embaucher   to hire

congédier, licencier   to fire

gagner le SMIC   to earn the minimum wage

le **syndicat**   labor union

le **travail (fatigant, abrutissant, monotone, exigeant, intéressant, stimulant)**   (exhausting, stupefying, monotonous, demanding, interesting, stimulating) work

l' **employé(e)**   white-collar worker, employee

le **vendeur**, la **vendeuse**   salesperson

le **grand magasin**   department store

le **rayon**   department (in a store)

le, la **client(e)**   customer

l' **achat** *m*   purchase

la **vente**   sale

en solde   on sale

essayer (un vêtement)   to try on

la **taille**   size

la **pointure**   shoe size

cela vous va bien   it fits you, it suits you well

Pratique de la langue

1. Complétez les énoncés suivants en vous aidant du texte :
   a. «Au rayon pâtisserie, exceptionnellement pendant trois jours, Prisunic est heureux de vous annoncer _____ .»
   b. «Je préfère encore être vendeuse, bien que ça ne soit pas toujours rose avec les clients parce que, tu sais, avant je _____ .»
   c. «Tu viens à la réunion syndicale, ce soir? —Oh, non, je ne peux pas parce que _____ .»

2. Improvisez les dialogues suivants :
   a. Une cliente extrêmement mal polie se fâche contre une vendeuse qu'elle ne trouve pas suffisament aimable.
   b. Vous voulez échanger un pull-over que vous avez acheté il y a six mois. La vendeuse vous dit que ce n'est plus possible. Vous vous mettez en colère et demandez à parler au chef de rayon.
   c. Deux vendeuses se retrouvent au café après une longue journée de travail. Elles parlent de leur métier et de leurs activités pendant le week-end.
   d. Vous cherchez un travail pour l'été. Sélectionnez une des annonces suivantes :

Pâtisserie confiserie à
Maisons-Alfort recherche
VENDEUSE QUALIFIÉE
Bonne présentation, références
exigées. Appelez de 10 h. à midi
et de 14 h. à 17 h. 30
43.78.77.41

Grande librairie 5e arrondissement
recherche
4 VENDEURS, VENDEUSES
même débutants, 18 ans minimum
bon salaire, promotion
tél. 43.65.91.18

Téléphonez au patron (à la patronne) du magasin. Présentez-vous et prenez rendez-vous avec lui (elle) pour un court entretien *(interview)*.

3. Dans le choix de votre futur métier, qu'est-ce qui sera le plus important? Choisissez vos réponses dans la liste suivante, puis comparez-les avec celles de vos camarades de classe.

les soldes *f* sale   /   **la fourrure** fur

Vous voulez avoir :
a. un haut salaire
b. des chances de promotion
c. des horaires flexibles
d. beaucoup d'initiative
e. la possibilité de voyager
f. de longues vacances
g. un travail varié et intéressant
h. de nombreux contacts avec vos collègues
i. beaucoup de liberté
j. des responsabilités importantes.

4. Imaginez une réunion syndicale au Prisunic où travaille temporairement la journaliste. Elaborez une liste de revendications *(demands)* que vous aimeriez soumettre à la direction *(management)*. Quelles pourraient être les réponses du directeur?

La Bourgeoisie

The bourgeoisie is not defined by occupation, except negatively in the sense that manual workers would not be viewed (or view themselves) as bourgeois. The bourgeois may be in business *(les affaires)* or trade *(le commerce)*, or may live on an income *(vivre de ses rentes)* or belong to one of the *professions libérales*. Today they are likely to be *cadres supérieurs* or *moyens*ᶜ—that is, senior or middle-management executives—although many of the younger technocrats who affect a "swinging" life-style would bristle at the thought of being labeled "bourgeois," a name they associate with a slower-moving, more traditional society.

More than what they do, it is the tradition that the bourgeois inherit or perpetuate that assigns them their rank in the bourgeoisie, a segment of society that, though more restricted than the American middle class, is nevertheless substantial. Between *le grand bourgeois,* established for generations in influential positions and often linked by marriage to the nobility, and the white-collar *petit bourgeois* living on a fixed income, who is fortunate if he or she owns his or her house or apartment, there is room for bourgeois of all shades: *le bourgeois intellectuel, le bourgeois aisé,* and even *le gros bourgeois.* Levels and sources of income may vary, as well as educational background (some have attended the university, or better yet a *Grande Ecole*ᶜ), but a common denominator remains: the typical bourgeois sense of security. The bourgeois system of values includes a professed work ethic combined with the cultivation of leisure (though not necessarily conspicuous consumption), and a strong belief in the virtue of saving *(l'épargne)* and in the family. To maintain a certain life-style, affluence is necessary; balancing the expenses of one's *train de vie* against the need for saving is the bourgeoisie's perennial dilemma.

Orientation

Aux Etats-Unis, on ne parle pas de BCBG mais d'un autre stéréotype, les «preppies». Bien que ces deux groupes soient différents l'un de l'autre, ils ont certains traits en commun. Mettez-vous en groupe et essayez de caractériser les «preppies» américains en répondant aux questions suivantes. Il y a plus d'une bonne réponse possible.

1. Que font les «preppies» pour se distraire?
   Ils font
   a. de la boxe
   b. du tennis
   c. du patin à roulettes *(roller blade)*
   d. de l'aviron *(crew)*.
   Ils jouent
   a. du piano
   b. de l'harmonica
   c. de l'accordéon
   d. du violon.

2. Quelles professions les intéressent?
   Ils veulent être
   a. cinéastes
   b. médecins
   c. hommes ou femmes d'affaires
   d. astronautes.

3. Comment choisissent-ils leur époux (épouse)?
   Ils ont tendance à se marier
   a. avec un(e) autre «preppie»
   b. avec un(e) ami(e) d'enfance
   c. avec un(e) étranger(ère)
   d. avec quelqu'un qui n'est pas de la même classe sociale qu'eux.

4. Où habitent-ils?
   On les trouve surtout
   a. en Californie
   b. à New York
   c. en Alaska
   d. sur la côte Est des Etats-Unis.

5. Comment s'habillent-ils?
   On les reconnaît parce qu'ils s'habillent
   a. punk
   b. classique
   c. de façon excentrique
   d. avec mauvais goût.

L'auteur, Thierry Mantoux, a étudié les comportements° et le système de valeurs des BCBG : ces bourgeois «bon chic bon genre». Les vrais BCBG sont généralement de grands bourgeois ou des bourgeois aisés, mais il y a beaucoup d'imitateurs. Les BCBG sont facilement reconnaissables par leurs vêtements, leur langage, leur lieu de résidence, leurs attitudes. Peu innovateurs, ils ne cherchent qu'à perpétuer les avantages et le mode de vie dont ils ont hérité.

Ce deuxième extrait nous présente, d'une façon humoristique, quelques-unes de leurs caractéristiques.

Portraits de BCBG-type : Charles-Henri et Isabelle

La naissance :

Les plus hautes autorités religieuses, morales et civiques semblent le penser : l'enfant est BCBG dès° sa conception. La naissance est une fête même si c'est une
5   fille... surtout après trois garçons, car les familles BCBG sont nombreuses°.

L'éducation :

Dès que° possible, entre deux et trois ans de préférence, Charles-Henri et Isabelle commenceront leur apprentissage de la vie sociale au jardin d'enfants°, choisi avec soin° par leurs parents. Une école privée aura la préférence, à la
10 rigueur°, une classe maternelle dans une école publique «pilote»°. Mais les études des enfants sont une chose trop sérieuse pour s'embarrasser° de principes embarrassants. Partisans de l'école libre°, les BCBG sont parfaitement capables de s'ériger en° défenseurs de l'enseignement public, lorsque cela les arrange°. Qualité d'abord; le palmarès° des meilleurs pourcentages de réussite au bac[c] influence
15 avant tout leur décision.

...Les enfants «doivent» avoir des activités, sortir et pratiquer un sport. Ce sont, les mercredis et les samedis après-midi, leçons de piano ou de danse, initiation au tennis, leçons de poney. Avez-vous essayé de joindre une mère BCBG un mercredi?[1] C'est impossible. Transformée en chauffeur de taxi, son emploi du temps
20 est minuté°.

Afin d'éviter toute perméabilité° aux influences extérieures, le scoutisme° mettra la touche finale à l'éducation des BCBG. C'est le rempart efficace° contre les

---

le comportement behavior / **dès** = *depuis* / **la famille nombreuse** = *avec beaucoup d'enfants* / **dès que** as soon as / **le jardin d'enfants** = *l'école maternelle* (kindergarten) / **avec soin** with care / **à la rigueur** if need be / **l'école pilote** *f* = *une école qui a une pédagogie innovatrice* / **s'embarrasser** = *se préoccuper* / **l'école libre** = *l'école privée* / **s'ériger en** = *se présenter comme* / **les arrange** suits them / **le palmarès** = *la liste* / **son emploi du temps est minuté** her schedule is tight / **la perméabilité** = *la pénétration* / **le scoutisme** = *le mouvement scout* / **le rempart efficace** efficient protection

[1]*Il n'y a pas de classe le mercredi après-midi dans les écoles en France.*

dessins animés°, les jeans, le chewing-gum, la télévision, les mauvaises manières et
le laisser-aller°.

25   Mais, en matière d'éducation, le but de tout BCBG sensé° est d'entrer dans une
Grande Ecole d'Ingénieur ou de Commerce^c. Ancien élève de l'Ecole Polytechnique ou diplômé de l'Ecole Supérieure de Commerce de Paris sont la garantie
d'un avenir brillant, d'une situation en vue° et font tellement bien sur un faire-part
de mariage°.

30 *Les fiançailles et le mariage :*
La vie de Charles-Henri et d'Isabelle consiste, jusqu'à leurs fiançailles, à rencontrer des gens bien, à ne sortir qu'avec quelqu'un de bien pour épouser (ouf!)
quelqu'un de très bien, ce quelqu'un étant le frère d'un ami proche ou la sœur de
sa meilleure amie.

35   Juste avant le mariage, parmi la multitude des problèmes futiles à résoudre, il en
est d'essentiels :

les dessins animés cartoons   /   **le laisser-aller** = *l'absence de discipline*   /   **sensé** = *raisonnable*   /
en vue = *très important*   /   **le faire-part de mariage** = *l'annonce officielle du mariage*

—le pedigree du futur°
—l'annonce officielle
—la cérémonie et la réception
40   —l'appartement

Le pedigree est, comme pour la gent° canine, de la plus haute importance. Un beau nom (comprenez avec une particule°) est souhaitable, un beau diplôme aussi. Il est bon sur le faire-part de pouvoir exhiber quelques Légions d'honneur^c, médailles militaires (au moins pour un grand-père), un titre de noblesse véritable *45*   ou d'amiral, ou de général, et bien sûr, le diplôme du futur (et pourquoi pas de la future—si, cela se fait maintenant).

L'annonce n'est officielle que dans le Carnet du Jour° du *Figaro*°. On évitera pratiquement tous les autres quotidiens°, sauf, à rajouter°, le cas échéant°, *Le Monde,* pour des raisons professionnelles. *Le Figaro* est une obligation.

50   *L'appartement :*

C'est à Paris que le BCBG se rencontre le plus souvent, le centralisme monarchique a contribué à cela. Le Pouvoir, l'Art, le Luxe, l'Argent sont à Paris. Le BCBG le mieux enraciné° se rencontre plutôt vers l'Ouest de Paris, dans les VIe, VIIe, VIIIe, XVIe arrondissements^c, mais déborde° bien sûr vers Neuilly, St-Cloud, *55*   Versailles. L'adresse ou le style d'habitation sont importants. Seuls quelques modernes tenteront l'aventure°—presque une croisade°—d'habiter ailleurs°.

Le style BCBG :

Les vêtements BCBG sont un uniforme. Ils ne reflètent pas la personnalité de celui qui les porte et ne suivent pas la mode : c'est la règle°.
60   Charles-Henri est toujours habillé comme il faut° : au bureau, en costume prince de Galles°, à la campagne, en pantalon de velours°, en «pingouin»° pour le mariage de son frère, en chasseur° ou en tennisman.

Isabelle est toujours soignée°, coiffée°, maquillée° et classique, quoi qu'il arrive° et quelle que soit l'heure de la journée°; le laisser-aller n'est pas plus toléré dans sa *65*   tenue° que dans sa maison. Vous pouvez sonner° chez elle à toute heure, elle est prête à vous recevoir.

---

le futur, la future the bridegroom-to-be, the bride-to-be / **la gent** = *la race* / **la particule** = *préposition «de» devant le nom de famille, qui indique l'appartenance à la noblesse* / **le Carnet du Jour** social announcements / **le Figaro** = *le journal préféré des BCBG, orienté politiquement à droite* / **le quotidien** = *journal qui paraît tous les jours* / **rajouter** to add / **le cas échéant** = *si l'occasion se présente* / **enraciné** implanted / **déborde** overflows / **tenter l'aventure** = *essayer* / **la croisade** crusade / **ailleurs** elsewhere / **la règle** rule / **habillé comme il faut** = *bien habillé* / **prince de Galles** *m* glen plaid (material) / **le velours** corduroy / **le pingouin** tails (tuxedo) / **le chasseur** hunter / **soignée** = *impeccable* / **coiffée** her hair well done / **maquillée** made up / **quoi qu'il arrive** whatever may happen / **quelle que soit l'heure de la journée** whatever the time of day may be / **la tenue** = *les vêtements* / **sonner** to ring the bell

La culture BCBG :

Elle est classique. Entendez par là que c'est une culture de classe—celle des autres BCBG. Sans avoir lu ni Homère, ni Shakespeare, ni Dante, ni Goethe, le 70 BCBG doit pouvoir en parler : dire «c'est kafkaïen», «c'est proustien», ou «c'est dantesque» n'oblige nullement° à lire ces auteurs; en règle générale sachez que ce genre d'épithète n'a pas grand rapport avec l'œuvre citée°. La culture BCBG est un accessoire comme les autres, c'est un mot de passe, un signe de reconnaissance°, un insigne° commun aux «members only».

Extrait de *BCBG : Le Guide du bon chic bon genre*, Thierry Mantoux

Qu'en pensez-vous?

Etes-vous d'accord ou non avec les déclarations suivantes? Justifiez votre réponse.

1. On ne naît pas BCBG, on le devient.
2. Les BCBG n'ont pas beaucoup d'enfants.
3. Les enfants BCBG vont toujours à l'école maternelle de leur quartier.
4. Les parents BCBG prennent les études de leurs enfants très au sérieux.
5. Le jeudi après-midi, les écoliers français ne vont pas à l'école.
6. Le football, la course à pied, la boxe sont des sports très BCBG.
7. Les parents de Charles-Henri souhaitent que leur fils fasse du scoutisme.
8. Le but de tout BCBG est de devenir professeur.
9. Les BCBG ont l'occasion de rencontrer des gens de tous les milieux sociaux avant leur mariage.
10. L'alliance avec la noblesse est encore très recherchée chez les bourgeois bon chic bon genre.
11. Dans ce milieu, on encourage les filles autant que les garçons à poursuivre des études supérieures.
12. *Le Figaro* est le journal que les BCBG lisent le plus fréquemment.
13. C'est en banlieue que l'on trouve le plus grand nombre de BCBG.
14. Charles-Henri et Isabelle sont toujours habillés à la dernière mode et recherchent avant tout l'originalité.
15. Les BCBG sont, bien sûr, des gens très cultivés.

Nouveau Contexte

Complétez le dialogue suivant en choisissant les termes appropriés (employez chaque terme une seule fois). Puis, jouez le dialogue.

Noms : avenir *m*, faire-part *m*, jardin d'enfants *m*, mari *m*, particule *f*, polytechnicien *m*, situation *f*

Verbe : se sont rencontrés

Adjectifs : diplômé, soignée

---

nullement = *pas du tout*   /   **l'œuvre citée** quoted work   /   **la reconnaissance** recognition   /
l'insigne *m* badge

Conversation entre deux jeunes filles BCBG

DELPHINE : J'ai vu le _____*1* de mariage de ta cousine Marie-Chantal dans *Le Figaro.*
J'ai l'impression qu'elle fait un très beau mariage. Comment s'appelle son futur
_____*2* déjà? Il a un nom à _____*3* : Arnaud de... quelque chose...

SOPHIE : Oui, Arnaud de Brissac. Il vient d'une excellente famille. Son père est _____*4*
et son grand-père, officier de la Légion d'Honneur.

DELPHINE : Pas mal, et lui, qu'est-ce qu'il fait?

SOPHIE : Il est _____*5* d'une grande école, de HEC, je crois. Il va se lancer dans les
affaires.

DELPHINE : Et, bien sûr, il a un _____*6* brillant devant lui... Marie-Chantal est la
femme idéale pour un homme un peu snob avec une bonne _____*7* .

SOPHIE : Pourquoi dis-tu cela?

DELPHINE : Tu connais Marie-Chantal? Elle est toujours si _____*8* et si bien habillée,
elle sera une hôtesse parfaite... Je suis curieuse de savoir où ils _____*9* .

SOPHIE : Oh, ils se connaissent depuis le _____*10* .

DELPHINE : Je vois... cela n'a pas été vraiment le coup de foudre *(love at first sight)*!

SOPHIE : Non, pas vraiment, pas comme ce qui s'est passé entre toi et Ludovic.

DELPHINE : Ludovic!!! Ne prononce jamais plus ce nom devant moi. Tout est fini entre nous.

Vocabulaire satellite

le **milieu social**   social environment
le **mode de vie**   life-style
le **comportement**   behavior
le **niveau de vie**   standard of living
le **revenu**   income
  être aisé   to be affluent
les **membres des professions libérales**
  professionals
l' **homme**, la **femme d'affaires**   businessman, businesswoman
le **cadre moyen, supérieur**   middle or
  senior management executive

la **réussite**   success
le **pouvoir**   power
l' **arriviste** *m,f*   social climber
  gravir les échelons de la hiérarchie sociale   to move up the social ladder
  hériter de   to inherit
  faire partie de   to belong
  être snob   to be snobbish
  avoir bon genre, mauvais genre   to be distinguished, vulgar
  avoir de la classe   to have class
  comme il faut   proper

Pratique de la langue

1. Dans ce texte, l'auteur se moque des BCBG. Qu'est-ce que vous critiqueriez le plus dans
leur attitude :
   a. leur snobisme
   b. leur hypocrisie
   c. leur sexisme

    d. leur attitude supérieure

    e. leur manque *(lack)* d'ouverture sur les autres

    f. leur manque d'originalité

    Répondez en trouvant des exemples bien précis dans le texte.

2. Préparez un des dialogues suivants basés sur le «Nouveau Contexte», p. 100.

    a. Imaginez un dialogue où la mère de Marie-Chantal parle du mariage de sa fille et de son futur gendre *(son-in-law)* avec une autre mère BCBG.

    b. Rejouez la même situation mais cette fois-ci Marie-Chantal va faire, selon sa mère, un mariage «désastreux».

3. Connaissez-vous des gens autour de vous qui ressemblent à Charles-Henri et Isabelle? En quoi sont-ils semblables ou différents? Parlez en détail de leur famille, de leur éducation, des vêtements qu'ils portent, de leurs distractions favorites, etc.

4. Jouez la scène suivante : Charles-Henri et Isabelle ont maintenant un fils de six ans qui va bientôt entrer à l'école primaire. Charles-Henri voudrait qu'il aille dans une école privée. Isabelle préférerait l'école publique qui se trouve dans leur rue. Imaginez leur discussion.

5. En lisant le texte, vous avez remarqué que les BCBG se marient entre eux. D'après vous, est-il important d'épouser quelqu'un de la même classe sociale ou qui ait reçu la même éducation?

Le Général (c.r.) André Bertagnolio, Officier de la Légion d'Honneur et Madame André Bertagnolio

ont l'honneur de vous faire part du mariage de leur fille, Cécile Bertagnolio,

avec Monsieur Vincent Courtoulou.

Et vous prient d'assister ou de vous unir d'intention à la Cérémonie du Mariage qui aura lieu le Samedi 9 Avril 1988, à 15 heures, en l'Église Saint-Vincent de Ciboure (Pyrénées Atlantiques).

Le consentement des époux sera reçu par Monsieur l'abbé Belhagorry, curé de Ciboure.

Dans la société sans en être : les travailleurs immigrés

In France, as in other European countries, immigration and the issues it often raises—prejudice, racism, asylum, integration, and national identity—are the object of growing concern. Though some French view their country as being "invaded" by foreigners, the proportion of immigrants in the general population, which stands around 8%, is at the same level as it was in 1930. Half of the immigrants come from other European countries (mainly Portugal, Italy, and Spain), one-third from the Maghreb (that is, Algeria, Morocco, and Tunisia), and the rest from Turkey and East Asia. What makes this new group of people more "visible" is its large concentration in urban centers : the greater Paris area alone accounts for 50% of the entire immigrant population.

Throughout the 1970s, France encouraged the immigration of foreign laborers, especially from former North African colonies, to perform the arduous, low-paying jobs in industry and public works that French people increasingly avoided. French employers were glad to hire this cheap unskilled labor, but with the onset of the recession due to the oil crisis and the rise of unemployment, many French workers came to see these migrant laborers as a threat to their own job security and wage demands.

When it rose to power in 1981, the French socialist government implemented a very liberal policy regarding immigration. It opposed the forced repatriation of illegal entrants and moved instead to regularize the status of some 130,000 illegal aliens. But with growing racial tension and the threatening popularity of Jean-Marie Le Pen's *Front national,* which advocates immigrant repatriation, it gradually changed its course. The *Front national,* a far-right, nationalistic party, has found most of its supporters among poor whites who live in close contact with immigrant worker families and among a medley of society's discontents in search of scapegoats. There is a general consensus now that immigration has to be severely limited. In fact, the immigrant population today no longer consists of people openly looking for jobs but mainly of individuals being reunited with family members already settled in France, political asylum seekers, and an undetermined number of illegal entrants.

With the ongoing unification of Europe, there has been a growing concern in France over national identity. Today immigration tends to be seen less as a cause of stubborn unemployment rates and increase in crime than as a threat to French cultural identity. For example, the rise of Islam, now the country's second largest religion, has encountered resistance, as exemplified by the bitter controversy in 1989 over the wearing of veils by Muslim girls in public-school classrooms.

It is now believed that foreigners who reside legally in France should retain their religion and culture but that, in doing so, they should abide by the rules of the land : a far cry from the pluri-culturalism or *"droit à la différence"* advocated by the political left in 1981. The dream of *"une France multi-culturelle"* has been replaced today by an explicit immigration policy encouraging assimilation.

And this assimilation is slowly taking place, as the following trends indicate. For example, there has been an increase of inter-racial marriages and a decrease of the birth rate among foreign women. Moreover, a growing number of *Beurs*—second-generation Arabs—are no longer manual laborers but now work in the service sector. Some have risen to prominent positions in business, academia, arts, and sports.

Orientation

Quelles sont, d'après vous, les deux plus grandes difficultés que va rencontrer un travailleur immigré quand il arrivera dans un pays étranger? Choisissez vos réponses dans la liste suivante et comparez-les avec celles de vos camarades de classe.
Il aura du mal...

a. à trouver un travail
b. à parler la langue de ce pays
c. à trouver un logement
d. à pratiquer sa religion si elle est différente de celles qui existent dans ce pays
e. à comprendre les coutumes du pays
f. à continuer à parler sa propre langue
g. à faire venir toute sa famille
h. à obtenir le droit de vote.

Le récit qui suit est un exemple des difficultés que les Nord-Africains ont dû surmonter° quand ils sont arrivés en France dans les années 70. Dans une interview avec un journaliste français, Abderhaman, un Arabe, raconte sa difficile initiation à la vie de travailleur immigré.

Histoire d'un travailleur immigré

Alors, j'ai commencé à envisager de partir. Plusieurs de mes amis étaient déjà en France et j'étais émerveillé° de voir qu'ils pouvaient y vivre tout en envoyant chaque mois à leur famille restée en Algérie plus que je gagnais ici.

J'ai fait les formalités. En quinze jours tout était réglé°. Je sentais bien que l'Administration algérienne n'avait qu'un souci° : vider le plus possible le pays, se
5   débarrasser° des gens coûte que coûte°. Il n'y a pas un fonctionnaire° qui n'ait pas tourné la loi ou accepté des pots de vin° pour favoriser le départ d'un Algérien vers la France.

J'ai pris le bateau tout seul. Ma femme et mes gosses devaient venir me rejoindre

---

surmonter to overcome / **émerveillé** amazed / **réglé** = *arrangé* / **le souci** = *la préoccupation* / **se débarrasser de** to get rid of / **coûte que coûte** at any cost / **le fonctionnaire** civil servant / **le pot de vin** bribe

10 quand j'aurais trouvé du travail et un logement. J'étais heureux. Je croyais m'embarquer vers une vie de rêve. Je me disais «dans un an, tu auras un beau petit appartement, avec une machine à laver et un frigidaire. Dans deux ans, la télé et la voiture. Tu iras au cinéma, tu auras des vacances, tu visiteras Paris...»

Je suis descendu de bateau à Marseille. J'avais 700 F en poche, une seule adresse
15 en France, celle d'un ami, ancien docker° à Alger, mais il habitait Paris. J'étais parti sous le soleil et la chaleur, je suis arrivé sous la pluie et dans le froid.

A la douane°, la police a examiné mes papiers. Elle me les a rendus en disant : «Tu² tiens° vraiment à venir crever° chez nous avec tes copains, alors vas-y!»

Le lendemain matin, à 6 h 30, je faisais la queue au bureau d'embauche° du
20 port de Marseille. Mais je sais que certains Arabes, effarouchés° ou timides, tournent pendant plusieurs jours à l'aveuglette° sans oser demander le moindre renseignement°. En attendant mon tour au bureau d'embauche, j'ai été accosté par un vieil Arabe, bien habillé, propre, qui m'a pris à part et m'a dit : «Si tu me donnes 100 F, je te dis où tu pourras trouver du travail. Et si tu me donnes 200 F de
25 plus, je te trouve une chambre pour dormir».

J'ai accepté. Trois autres compatriotes l'ont suivi aussi. Pour nous c'était le début de la grande aventure. L'espoir, quoi! Il nous a emmenés dans une vieille Dauphine° rafistolée°, après avoir empoché° notre argent. Il était sept heures quand nous avons pénétré sur un grand chantier°. Une vingtaine de types faisaient
30 déjà la queue devant un bureau où trônait° un gros bonhomme° aux cheveux luisant de brillantine°. Il nous tutoyait° et nous parlait durement. Il regardait les gars de la tête aux pieds, et tranchait° : «Pas toi, t'es trop maigre. Allez, du vent°!» Au suivant... «Ça pourra aller, 4,50 F de l'heure et 10 heures par jour. Et si ça te plaît pas tu déguerpis°; il y en a d'autres qui apprécieront... »
35 J'ai dit oui. Du matin au soir, je déchargeais° des camions de briques, de ciment ou de barres métalliques. A la fin de la première journée, j'avais les mains en sang. J'ai demandé au contremaître° s'il était possible de prendre une douche. «Et quoi encore, m'a-t-il répondu, tu ne veux pas non plus un bain parfumé et une Japonaise pour te savonner°!»
40 Le vieil Arabe m'attendait. Il m'a conduit avec les trois autres à quelques kilomètres du chantier, dans une vieille maison de deux étages qui semblait abandon-

---

le docker longshoreman / **la douane** customs / **tenir à** to insist on / **crever** (*argot*) = *mourir* / **le bureau d'embauche** hiring hall, employment office / **effarouché** = *qui a peur* / **à l'aveuglette** blindly / **le renseignement** information / **la Dauphine** an old car model produced by Renault / **rafistolé** patched up / **empocher** = *mettre dans sa poche* / **le chantier** worksite / **trôner** to sit proudly / **un gros bonhomme** a heavy guy / **luisant de brillantine** shining with hair oil / **tutoyer** = *employer la forme "tu"* / **trancher** to say bluntly / **du vent!** take off, clear out / **déguerpir** to clear out, to get lost / **décharger** to unload / **le contremaître** foreman / **savonner** to soap, to wash

²*L'employé des douanes emploie la forme «tu» alors qu'il ne le connaît pas, ce qui est insultant.*

née. Il nous a montré une chambre avec des lits superposés° : 8 places en tout. «Vous coucherez là, a-t-il dit. Mais vous partagerez cette chambre avec des types qui travaillent la nuit. Alors, à 7 heures du matin, je ne veux plus vous voir ici. La loca-

45 tion° est de 150 F par mois. Vous devez me les payer tout de suite, avec en plus un mois de caution°. Et si la police vient, vous ne me connaissez pas... »

Il y avait souvent des bagarres° dans la maison, parce que les types n'avaient rien à faire et qu'ils se soûlaient°. Ou bien, c'était pour une fille. Ils se battaient au couteau ou à coups de barre de fer°. Un jour, il y a eu un mort. Une heure après, le

50 vieux était là. Il nous a dit de nous taire, sinon nous serions tous renvoyés en Algérie. Il a chargé le cadavre° dans sa voiture et nous n'en avons plus jamais entendu parler. Tous les mois, je parvenais à° envoyer entre 500 et 600 F à ma femme.

---

les lits superposés bunk beds / **la location** rent / **la caution** security deposit / **la bagarre** scuffle, brawl / **se soûler** to get drunk / **la barre de fer** iron bar / **le cadavre** corpse / **parvenir à** = *réussir à*

Pendant des mois je n'ai pas mangé un seul morceau de viande. D'autres se débrouillaient° mieux : on les voyait souvent revenir avec des lapins° ou des
55 poulets°. Je pense qu'ils devaient les voler dans les fermes voisines...

Un jour j'ai été dans un bal, à Marignane. J'ai réussi à «emballer°» une jeune Française. Elle m'a emmené chez elle, une petite chambre sous les toits. Nous avons fait l'amour et puis elle m'a dit : «Rentre chez toi, maintenant. Vous les Arabes, vous n'êtes bons qu'à une chose : ...!» Je l'ai giflée° et je suis parti... C'est
60 à cette époque que j'ai décidé de faire venir ma femme. L'an dernier. Je ne l'avais pas vue, ni mes gosses, depuis plus de deux ans. Elle savait à peine écrire.

Après deux mois de recherches, j'ai trouvé une chambre à Marseille, dans le quartier arabe. 20 m²° pour 200 F par mois. Ma femme est venue, avec les gosses. Au début, nous couchions à même le sol°. L'hiver nous grelottions° de froid. L'été,
65 la chaleur était insoutenable°. Comble de malchance°, ma femme s'est trouvée enceinte° à nouveau. Il n'était pas question pour nous d'avoir un enfant. Il a fallu réunir 500 F pour payer une vieille femme algérienne, dont la spécialité était l'avortement°... Ma femme a souffert cinq jours durant. Mais le gosse est passé°.

Aujourd'hui je travaille à Fos : 956 F environ par mois. Ma femme a trouvé un
70 emploi de bobineuse°, 850 F. Nous avons pu louer deux petites pièces dans le même quartier. Matériellement, notre vie est peut-être moins dure maintenant, avec deux salaires. Mais, moralement°, notre vie en France est quelque chose de terrible. A l'école, mes enfants sont du matin au soir traités de «sales Arabes», de «bicots°». L'autre jour, en rentrant à la maison après avoir été jouer au football°
75 avec cinq autres camarades, ils ont été poursuivis dans les rues par des garçons d'une vingtaine d'années. Mon fils a pu s'échapper. Mais un de ses amis a eu l'arcade sourcilière° ouverte et un autre trois dents cassées. En partant, les types leur ont dit : «Dites à vos chiens de parents que, maintenant, c'est la guerre. Ils ont deux solutions : rentrer chez eux ou s'acheter une concession° au cimetière de
80 Marseille... »

Jérôme Duhamel "Abderhaman, Voici mon histoire," *Paris-Match*

Qu'en pensez-vous?

Etes-vous d'accord ou non avec les déclarations suivantes? Justifiez votre réponse.

1. Abderhaman a décidé d'aller en France pour gagner plus d'argent.
2. Il a eu beaucoup de difficultés à quitter l'Algérie.

se débrouiller to manage / **le lapin** rabbit / **le poulet** chicken / **emballer** (*fam*) to pick up (someone) / **gifler** to slap / **M²** = *mètres carrés* / **à même le sol** = *par terre* / **grelotter** to shiver / **insoutenable** unbearable / **comble de malchance** to crown our bad luck / **enceinte** pregnant / **l'avortement** *m* abortion / **le gosse est passé** the kid passed through / **la bobineuse** textile worker / **moralement** as far as morale is concerned / **le bicot** insulting word to designate an Arab (from *la bique* : goat) / **le football** soccer / **l'arcade sourcilière** *f* ridge of the eyebrow / **la concession** plot

3. Sa femme et ses gosses devaient le rejoindre en France un mois après son départ.
4. Il était très heureux de partir parce qu'il pensait que sa vie serait meilleure en France.
5. L'arrivée à Marseille a été un choc.
6. A la douane, les policiers l'ont bien accueilli.
7. Il a eu de la chance de trouver un vieux compatriote qui l'a aidé à trouver du travail et un logement.
8. Il est humilié et exploité par le patron qui l'a embauché.
9. Sur le chantier, il devait faire un travail manuel très dur.
10. Il aime bien rester dans sa chambre qu'il considère comme un refuge contre le monde extérieur.
11. Les types qui habitent avec lui s'aident et se soutiennent mutuellement.
12. Avec ce qu'il gagne, il peut vivre confortablement.
13. Ses contacts avec les Français et les Françaises ont toujours été agréables.
14. Quand sa femme et ses enfants sont venus en France, ils se sont installés dans une HLM confortable.
15. Sa femme a trouvé un emploi dans une usine.
16. Leurs enfants se sont bien intégrés dans la société française.

Nouveau Contexte

Complétez le dialogue suivant en choisissant les termes appropriés (employez chaque terme une seule fois). Puis, jouez le dialogue.

Noms : bagarres *f*, camions *m*, chantier *m*, contremaître *m*, gosses *m,f*, logement *m*, vin *m*
Verbes : embaucher, partage
Adjectif : exploité

Abderhaman parle avec Malik, un jeune Arabe qui vient d'arriver à Marseille.

MALIK : Ça fait longtemps que tu es en France?
ABDERHAMAN : Deux ans.
MALIK : Où est-ce que tu travailles?
ABDERHAMAN : Sur un _____ *1* , près du port de Marseille. Je décharge des _____ *2* de briques et de ciment. C'est un travail dur.
MALIK : Comment est-ce que tu t'es débrouillé pour te faire _____ *3* ?
ABDERHAMAN : J'ai rencontré un vieil homme de chez nous qui m'a présenté au _____ *4* .
MALIK : Tu as eu de la chance, quoi!
ABDERHAMAN : Ben, si l'on veut... On est _____ *5* et même pas payé au SMIC, mais on ne peut rien dire.
MALIK : Où est-ce que tu habites?
ABDERHAMAN : Je _____ *6* une maison avec d'autres types comme moi. C'est pas drôle tous les jours, je t'assure.
MALIK : Pourquoi?
ABDERHAMAN : La plupart d'entre eux sont là depuis longtemps et ils semblent avoir oublié les préceptes de notre religion.
MALIK : Ils ne prient (*pray*) plus?

ABDERHAMAN : Pas souvent et ils boivent du _____ _7_ . Quand ils se soûlent, il y a des
_____ _8_ .

MALIK :   Tu as une femme au pays?

ABDERHAMAN : Oui, une femme et deux _____ _9_ . J'espère les faire venir bientôt ici,
dès que j'aurai trouvé un _____ _10_ en ville.

Vocabulaire satellite

le **Maghreb**   North African countries
(Algeria, Morocco, Tunisia)
le **Maghrébin,** la **Maghrébine**   North
African
le **Beur**   second-generation Arab
musulman   Muslim
les **conditions de vie (dures, faciles)**
(hard, easy) living conditions
la **misère**   poverty
mépriser   to scorn
se sentir isolé   to feel isolated
avoir des préjugés   to have prejudices, to be prejudiced
être exploité   to be exploited
être expulsé   to be deported

être déchiré entre deux cultures
to be torn between two cultures
faire une fugue   to run away from
home
se révolter   to rebel
se suicider   to commit suicide
l' **émigré clandestin**   illegal immigrant
la **carte de séjour**   permanent resident
card
être intégré   to be integrated
favoriser l'insertion, l'intégration   to
encourage integration
le mariage mixte   interracial
marriage

Pratique de la langue

1. Dans l'état où vous habitez, y a-t-il des travailleurs immigrés? De quels pays viennent-ils?
Sont-ils toujours en situation légale? Quel travail font-ils? Continuent-ils à parler leur propre langue? S'intègrent-ils facilement au reste de la société?

2. Improvisez les situations suivantes :
   a. Abderhaman rentre en Algérie pour une courte visite. Il répond aux questions de ses
   amis qui l'interrogent sur son expérience en France.
   b. Dans l'école des enfants d'Abderhaman à Marseille, la majorité des élèves sont d'origine maghrébine. L'école fonctionne assez bien. Vous interrogez le directeur pour lui
   demander quels sont ses problèmes et comment il essaie de les résoudre.
   c. Un jeune Beur est tombé amoureux d'une Française. Ses parents sont opposés à ce
   mariage. Imaginez la discussion entre les parents et le jeune homme.
   d. Vous êtes assistante sociale *(social worker)* et vous parlez avec une jeune fille beure qui
   vient de faire une fugue parce que ses parents voulaient la marier avec un homme qui
   habite l'Algérie et qu'elle ne connaît pas. Elle exprime son déchirement entre les deux
   cultures et son impossibilité de faire un choix.

3. Organisez un débat sur le sujet suivant : «Il est immoral et irréaliste de limiter l'immigration des pays pauvres vers les pays riches.» Exposez les arguments pour et contre. N'oubliez

pas de mentionner, d'un côté, le chômage, l'insécurité, etc., et, de l'autre, l'apport culturel des travailleurs immigrés et leur participation démographique et économique à la croissance *(growth)* du pays qui les accueille.

Sujets de discussion ou de composition

1. Pendant un séjour que vous faites en France, vous êtes invité dans une famille BCBG. Décrivez leur mode de vie d'une façon humoristique.
2. La jeune vendeuse du Prisunic qui a quitté l'école pour monter à Paris écrit à une amie d'enfance. Elle parle de sa vie de vendeuse qui ne correspond pas à ce dont elle avait rêvé.
3. Récrivez l'histoire du travailleur immigré du point de vue de sa femme.
4. Pensez-vous que dans la société où vous vivez les différences entre les classes aient tendance à s'accentuer ou à disparaître?

Institutions et Influences

6

La France politique et économique

La Politique française

François Mitterrand was elected President of the French Republic in 1981. His election climaxed twenty-three years of political struggle, years marked by the creation in 1971 of a new Socialist Party which he came to head, and by the signing of a joint platform with the Communist Party in 1972. This alliance with the Communist Party (*l'Union de la gauche*) was a major factor in François Mitterrand's election. With President Mitterrand and his first Prime Minister, Pierre Mauroy, the "exploited members of society" gained entrance to the Elysée palace (the President's residence). They formed the major part of the new President's constituency and he pledged to see to their interests. Minimum wage (*SMIC*[c]) and family allowances (*allocations familiales*[c]) were raised; a fifth week was added to workers' annual paid vacation; the retirement age was lowered to 60; the traditional work week was shortened by one hour to 39; and a tax was levied on people in the higher-income brackets.

The Socialists viewed capitalism as the root of many problems. Consequently, in 1982, the government nationalized a good number of large banks and industries. This Socialist policy, however, soon had to confront harsh economic realities. As early as 1983, the government, in an abrupt reversal, was forced to adopt drastic measures: prices and wages were frozen, and certain nationalized businesses were returned to the private sector. Economic austerity became the order of the day.

This new policy did not prove popular, however, and, in 1986, rightist parties prevailed in the parliamentary elections. Socialist President Mitterrand was forced to choose his Prime Minister from the ranks of the majority—Jacques Chirac of the R.P.R.[c]—thereby creating a unique situation labeled "*la cohabitation.*"

In the mid 1980s, the government's economic philosophy marked a turning point. Socialist interventionism came to be replaced by social liberalism. The President and his administration gradually rallied behind the economy of the market place, encouraging the development of new business enterprises and rehabilitating the profit motive.

The political landscape of France has been significantly modified since the early days of the Mitterrand administration. The Socialist Party has verged more and more toward the center. It has completely dissociated itself from the Communist Party and its diminishing influence, and has sought to draw nearer to the parties on the right. At the present time, it is very difficult to distinguish between the policies of the parties on the right (R.P.R.[c] and U.D.F.[c]) and the Socialist Party (P.S.[c]) on the left on issues such as education, the economy, foreign policy, and human rights. The philosophical differences that, over the years, have traditionally separated the left from the right now appear far less substantial.

Since the beginning of the Socialist administration in 1981, the leading political parties have progressively lost much of their appeal. Vague in their ideological stances and discredited by numerous financial scandals, they seem incapable of retaining voter interest. During this period, only two groups have been able to resist the trend and gain in stature: the *Front national*[c] and the *partis écologistes* (*les Verts*[c] and *Génération écologie*), but their impact in the Assemblée Nationale is very limited.

Following is a brief description of the French political system:

A PARLIAMENTARY AND PRESIDENTIAL SYSTEM

In France, the President of the Republic and his Cabinet share executive power. Legislative power is exercised by Parliament. The system is a parliamentary one, for the National Assembly can overturn the Cabinet and the President can dissolve the Assembly. The system is a presidential one too in that the President of the Republic cannot be overthrown.

EXECUTIVE POWER

Executive power is shared by the President and the Prime Minister (*Premier ministre*).

The President of the Republic is elected by direct universal suffrage for a term of seven years (*le septennat*). He has considerable power: he appoints the Prime Minister; he presides over the Cabinet; he can dissolve the National Assembly; he can go directly to the people via referendum to decide any issue. (Should the President resign or die in office, an interim administration takes over, presided over by the President of the Senate, until such time as a new election can be held.)

The Prime Minister is the head of the Cabinet. He selects Cabinet members and is responsible for the nation's domestic policy. He is accountable to Parliament. He proposes legislation and sees to its implementation.

LEGISLATIVE POWER

Legislative power is exercised by Parliament, which is made up of the National Assembly and the Senate.

The National Assembly is elected by direct universal suffrage. The representatives (*députés*)—nearly 600 in number—are elected for five years.

The Senate is elected by indirect universal suffrage. Senators number more than 300 and are elected for nine-year terms. Every three years, one-third of the Senate is up for reelection.

The National Assembly and the Senate make laws and approve an operating budget. The Assembly can bring down the Prime Minister and his administration by a vote of censure or no-confidence.

A SUPERVISORY BODY: THE CONSTITUTIONAL COUNCIL

The Constitutional Council (*Conseil Constitutionnel*) is composed of nine members appointed for nine-year terms by the President of the Republic, the President of the Senate, and the President of the National Assembly. It is charged with overseeing the balance of power between the legislative and executive branches of government as spelled out in the Constitution.

POLITICAL PARTIES

Majority parties are those political groups which combine to form an absolute majority in the National Assembly and on which the Administration relies for its support and survival.

Opposition parties are those that are not part of the majority and are generally opposed to the policies of the current administration.

Political Parties on the Left (*partis de gauche*):

Le Parti communiste français (P.C.F.)[c], whose numbers are declining (15.4% in 1981, 6.9% in 1988)

Le Parti socialiste (P.S.)[c], the party of François Mitterrand

Parties in the Center and on the Right:

L'Union pour la démocratie française (U.D.F.)[c], led by former president Valéry Giscard d'Estaing

Le Rassemblement pour la République (R.P.R.)[c], formerly led by Charles de Gaulle and now under the leadership of Jacques Chirac, mayor of Paris

Far Right Party:

Le Front national[c], whose leader, Jean-Marie Le Pen, opposes foreign immigration and the unification of Europe

Environmental Parties (*partis écologistes*):

Les Verts[c] and *Génération écologie*[c], which are neither on the left nor on the right.

Orientation

Mettez-vous en groupe et comparez le système politique américain au système français. Essayez de trouver au moins cinq différences et cinq ressemblances.

Tendances de la société française

Considérée dans son ensemble, la société française actuelle présente, selon nous, certaines grandes tendances ou caractéristiques principales.

Déclin des grandes institutions

L'ETAT°

5   Nombre d'essayistes s'accordent° pour reconnaître qu'il est affaibli°. Un exemple de cet affaiblissement° : le mouvement de protestation des chauffeurs-routiers°, au cours de l'été 1992, qui, mécontents de l'instauration du permis de conduire à points°, ont bloqué, durant plusieurs jours, les principales routes du pays, paralysant la circulation et prenant en otages° des centaines de milliers de va-
10   canciers°. Qu'a fait l'Etat? D'abord, rien. Puis il a tergiversé°, avant d'envoyer des chars° (désarmés...)dégager° les routes. Pendant ce temps, les Français qui, initialement, avaient paru sympathiser avec la cause des routiers, devenaient furieux devant la tournure des événements° et réclamaient l'intervention de l'Etat. Celle-ci° finit donc par se produire°, mais son caractère «musclé» ne suffit pas à faire ou-
15   blier son côté «tardif°».

LES PARTIS POLITIQUES

A l'image de° l'Etat, les principaux partis composant le paysage° politique français (PS, PC, RPR, UDF[c]) sont en crise. Tous, à des degrés divers, ont perdu des militants°, des adhérents°, et... des électeurs°. On remarque, lors des élections de ces
20   dernières années, un phénomène d'abstentionnisme° croissant°. Pourquoi? Parce que les partis politiques ont perdu leur pouvoir d'attraction et leur crédibilité. Parce qu'ils n'ont pas su (ou pu) trouver de solutions aux problèmes des Français, qu'ils n'ont pas répondu à leurs attentes°, qu'ils les ont déçus°.

---

l'Etat *m* government, state   /   **s'accorder** to agree   /   **affaibli** = *devenu faible*   /   **l'affaiblissement** *m* weakening   /   **le chauffeur-routier** truck driver   /   **le permis de conduire à points** driver's license with points   /   **prendre en otages** to take as hostages (here, to immobilize)   /   **le vacancier** = *personne qui part ou est en vacances*   /   **tergiverser** = *hésiter*   /   **le char** army tank   /   **dégager** to clear   /   **la tournure des événements** turn of events   /   **celle-ci** = *cette intervention*   /   **se produire** = *arriver*   /   **son caractère... tardif** its might was not enough to make up for its lateness   /   **à l'image de** in the same way as   /   **le paysage** landscape   /   **le militant** supporter   /   **l'adhérent** *m* party member   /   **l'électeur** *m* voter   /   **l'abstentionnisme** *m* = *le fait que les gens ne votent pas*   /   **croissant** increasing   /   **l'attente** *f* expectation   /   **décevoir** to disappoint

Il faut toutefois préciser° que si tous les partis «établis» (ou représentés au Par-
25 lement) sont touchés par ce déclin, d'autres non seulement sont épargnés°, mais
semblent en tirer profit°. C'est le cas, depuis déjà plusieurs années, du Front national[c] et, plus récemment, des écologistes (les Verts[c] et Génération Écologie[c]). Ils
apparaissent, en tout cas aux yeux de° certains Français, comme des partis «neufs»,
non responsables—puisqu°'ils n'ont jamais gouverné—des difficultés que connaît°
30 le pays, et, à ce titre°, ils recueillent° de nombreux suffrages°.

L'EGLISE

Avec l'Ecole, l'Eglise fut longtemps un des piliers° essentiels de la société
française, l'instituteur° et le curé° en étant les figures emblématiques.

Aujourd'hui, la situation a bien changé. Si le catholicisme est toujours la reli-
35 gion dominante en France, avec 80% des Français qui s'en réclament°, la réalité de
cette prédominance doit être nuancée.

Ces 80% de «catholiques» sont en effet beaucoup plus des catholiques «culturels»° que des «pratiquants° réguliers». Ceux-ci ne sont plus qu'environ 12% et
leur foi° ou leur respect du dogme sont souvent très différents de ce qu'ils étaient
40 chez les générations précédentes. Ainsi, beaucoup de catholiques, même pratiquants, n'adhèrent plus à certaines croyances°. La majorité des femmes catholiques, par exemple, n'obéit pas aux interdits° du Vatican en matière de° contraception et d'avortement°.

DÉCLIN DU CIVISME°

45 Parallèlement au manque° de civisme symbolisé par la hausse° de l'abstention,
lors de° consultations électorales récentes, on assiste à une montée° du corpo-
ratisme°. Ainsi, après les manifestations° des routiers, ce sont les producteurs de
fruits qui, pour protester contre des décisions qui, selon eux, menaçaient leur propre
activité professionnelle, paralysèrent le trafic ferroviaire°. La paralysie fut heureuse-
50 ment de courte durée, mais cette réaction fut symptomatique d'un état d'esprit pri-
vilégiant la défense d'intérêts catégoriels° au détriment de l'intérêt général.

A ces manifestations d'égoïsme collectif, de corporatisme, s'ajoutent celles de
l'égoïsme individuel. Dans maints° comportements° quotidiens°, notamment en

---

préciser = *noter* / **épargné** spared / **en tirer profit** to benefit from it / **aux yeux de** to /
puisque since / **connaître** to experience / **à ce titre** = *à cause de cela* / **recueillir** = *obtenir* /
le suffrage = *le vote* / **le pilier** mainstay / **l'instituteur** *m* school teacher / **le curé** local
priest / **se réclamer de** to claim to have one's roots in / **les catholiques culturels** cultural
Catholics, because they belong to a culture where Catholicism has always been important / **le prati-**
quant church-goer / **la foi** faith / **la croyance** belief / **l'interdit** *m* = *l'interdiction* /
en matière de concerning / **l'avortement** *m* abortion / **le civisme** public-spiritedness, good
citizenship / **le manque** lack / **la hausse** = *l'augmentation* / **lors de** at the time of / **la**
montée rise / **le corporatisme** = *défense des intérêts particuliers d'un groupe de personnes* / **la mani-**
festation demonstration / **ferroviaire** = *des trains* / **catégoriel** = *d'une catégorie de personnes* /
maint = *de nombreux* / **le comportement** behavior / **quotidien** daily

voiture, c'est le règne du «chacun pour soi°». L'esprit de solidarité n'est souvent
55 plus qu'un vain mot°.

LA MÉDIATISATION

En matière d'information, la télévision a pris une place prépondérante. La politique n'a d'existence que sous l'œil des caméras. Dûment° conseillés° par des experts en communication, les hommes politiques adaptent leurs discours et leur
60 «look» aux nécessités et contraintes du «journal de 20h»° ou de l'émission° politique du dimanche. La politique est désormais° un spectacle° télévisé, au même titre qu'une émission de variétés ou une épreuve sportive°.

Mais pourtant°, comme l'a écrit le sociologue Michel Crozier : «Toute société est un ensemble contradictoire». La société française ne fait pas exception, elle
65 l'est même, sans doute, davantage° que d'autres.

Quelques exemples :

—L'Eglise n'occupe incontestablement plus la place qui était la sienne dans une société qui se déchristianise, mais on compte de plus en plus de groupes de prières°, et de pélerinages° qui sont suivis par des fidèles° toujours plus nombreux.
70 —L'égoïsme individuel et collectif ne cesse de° gagner du terrain, mais beaucoup de jeunes, en particulier, se mettent au service de causes humanitaires, tandis qu'en maintes occasions nombre de Français savent faire preuve de° solidarité.

... A l'évidence, la société française fait bien partie de ces sociétés complexes où coexistent une multiplicité de valeurs parfaitement hétérogènes les unes aux
75 autres et foncièrement° contradictoires.

Alain Kimmel, *Le Français dans le monde*

Qu'en pensez-vous?

Etes-vous d'accord ou non avec les déclarations suivantes? Justifiez votre réponse.

1. L'Etat n'est plus aussi fort maintenant qu'il y a quinze ans.
2. L'Etat a réagi très vite et très énergiquement au mouvement de protestation des chauffeurs-routiers.
3. Les chauffeurs-routiers ont manifesté en bloquant les principales routes du pays au moment des vacances.
4. Les partis politiques traditionnels ont perdu des adhérents.
5. Il y a de plus en plus de gens qui ne votent pas.

---

c'est le règne du «chacun pour soi» the attitude of "each one for oneself" prevails / **un vain mot** an empty word / **dûment** duly / **conseillé** advised / **le journal de 20h** evening news / **l'émission** *f* program / **désormais** henceforth / **le spectacle** show / **l'épreuve sportive** sporting event / **pourtant** yet / **davantage** more so / **la prière** prayer / **le pélerinage** pilgrimage, retreat / **les fidèles** *m* the faithful, believers / **ne cesser de** = *continuer à* / **faire preuve de** = *montrer* / **foncièrement** = *essentiellement*

6. Le Front national et les partis écologistes sont aussi en déclin.
7. La grande majorité des Français sont des catholiques pratiquants.
8. Quand il y a des conflits dans la vie professionnelle, les Français pensent d'abord à l'intérêt général avant de défendre leurs propres intérêts.
9. La télévision joue un grand rôle dans la vie politique.
10. La société française est une société complexe avec des caractéristiques contradictoires.

Nouveau Contexte

Complétez le dialogue suivant en choisissant les termes appropriés (employez chaque terme une seule fois). Puis, jouez le dialogue.

Noms : chacun pour soi *m*, circulation *f*, corporatisme *m*, émission *f*, manifestations *f*, parti *m*
Verbes : bloquer, déçoivent, défendre, ferai preuve de, sympathise avec
Adjectifs : affaibli, mécontents

Discussion entre Jean-Marc et Arnauld, deux étudiants
JEAN-MARC : Tu as regardé l' _____*1* politique dimanche dernier sur France 2?
ARNAULD : Sur les _____*2* des agriculteurs?
JEAN-MARC : Oui. Qu'est-ce que tu en penses?
ARNAULD : Je _____*3* leurs problèmes mais, à mon avis, ils n'ont pas le droit de _____*4* les routes et de paralyser la _____*5* parce qu'ils sont _____*6* des décisions du gouvernement. Franchement, je trouve ça scandaleux!
JEAN-MARC : Je n'approuve pas leur méthode non plus. La montée du _____*7* devient vraiment un problème en France. C'est ce qui arrive quand l'Etat est _____*8* . Il semble que, de plus en plus, chacun pense à _____*9* ses propres intérêts sans se préoccuper de l'intérêt général. C'est le règne du _____*10* !
ARNAULD : Tu t'intéresses à la politique?
JEAN-MARC : Oui. Je n'adhère à aucun _____*11* mais je vote à toutes les élections. Et toi?
ARNAULD : Moi, je voterai pour la première fois aux prochaines élections législatives. Beaucoup d'hommes politiques me _____*12* . Mais je _____*13* civisme et je voterai, bien sûr!

Vocabulaire satellite

les **élections (municipales, législatives, présidentielles)** (local, legislative, presidential) elections
élire, être élu to elect, be elected
l' **électeur, l'électrice** voter
l' **élu(e)** winner
le **droit de vote** right to vote
le **mode de scrutin** poll, ballot

aller aux urnes to cast a ballot
le **suffrage universel** universal suffrage
le **référendum** referendum
le **sondage** opinion poll
se **présenter** to run for office
se **lancer dans la politique** to go into politics

un **homme** (une **femme**) **politique**
politician

un **programme électoral**   platform

la **campagne électorale**   electoral
campaign

s' **engager**   to get involved, to become
committed

militer dans un parti politique   to be
active in a political party

le **citoyen**, la **citoyenne**   citizen

les **droits** *m* **de l'Homme**   civil rights

le **député**   legislator (member of the
National Assembly)

le **maire**   mayor

Pratique de la langue

1. Complétez les énoncés suivants en vous aidant du texte :
   a. On a pu voir que l'Etat était affaibli au moment de la manifestation des chauffeurs-routiers parce que...
   b. Le Front national et les partis écologistes recueillent de nombreux suffrages parce que...
   c. Les Français qui se disent catholiques maintenant sont différents de ceux des générations précédentes parce que...
   d. Il est important pour les hommes politiques de bien savoir parler à la télévision parce que...
   e. Les Français agissent souvent de manière contradictoire, comme le prouvent les exemples suivants : ...

2. Imaginez les situations suivantes :
   Pour montrer leur désaccord avec des décisions prises par le gouvernement (les autorités),
   —des agriculteurs bloquent les routes avec leurs tracteurs au moment des départs en vacances
   —des étudiants prennent en otage le président de l'université
   —des ouvriers occupent leur usine et refusent de travailler
   Divisez la classe en trois :   —les mécontents
                                   —les représentants de l'autorité
                                   —les médiateurs
   et essayez de négocier une solution qui puisse satisfaire tout le monde.

3. Jouez les situations suivantes :
   a. Deux étudiant(e)s discutent des prochaines élections (municipales ou présidentielles). L'un(e) ne s'intéresse pas du tout à la politique et n'a pas l'intention de voter; l'autre essaie de le (la) persuader d'accomplir son devoir électoral.
   b. Vous êtes candidat(e) à la Présidence de la République. Mettez-vous en groupe. Chaque groupe aura une orientation politique différente. Exposez votre programme en détail. Dites quelle sera votre position sur l'enseignement, les femmes, les immigrés, les sans-abri, la drogue, l'environnement, etc.

4. Faites un sondage sur la popularité de certains hommes ou femmes politiques dans votre pays ou sur le plan international. Demandez à vos camarades quels sont les hommes (femmes) politiques qu'ils préfèrent et pourquoi. Dressez une liste des cinq noms les plus fréquemment cités et des raisons de ce choix.

5. Quelle est la durée idéale du mandat présidentiel (sept ans comme en France, quatre ans comme aux Etats-Unis)? Etudiez les résultats du sondage à la page 122 et dites quel est votre avis.

- Pour la durée du mandat du président de la République, quelle vous paraît être la meilleure formule?

	Ensemble des Français	*Sympathisants de gauche*	*Sympathisants de droite*
—Un mandat de cinq ans, renouvelable une fois	75	73	78
—Un mandat de sept ans, non renouvelable....	12	13	13
—Un mandat de sept ans, renouvelable, comme actuellement	11	13	8
—Sans opinion	2	1	1

Le Monde, 19 novembre 1992

6. Quel est le but de ce tract politique? Est-ce que les femmes sont bien représentées dans la vie politique? Est-ce que les femmes ont un rôle spécifique à jouer en politique?

ALLIANCE DES FEMMES
pour la démocratie
Présidente : Antoinette FOUQUE
OÙ SONT LES FEMMES?
LE PREMIER DEVOIR, LE PREMIER POUVOIR°,
C'EST DE VOTER, C'EST D'ÊTRE ÉLU-E-S
En France, cinquante ans après l'acquisition du droit de vote, nous, les femmes, n'avons qu'un demi pouvoir. L'accès au pouvoir nous est toujours barré, l'accès au savoir°, acquis au début du siècle, est menacé.
DÉMOCRATISONS LA VIE POLITIQUE
DIMANCHE 22 MARS 1992,
ÉLECTIONS RÉGIONALES DANS TOUTE LA FRANCE
présentons des listes qui donnent la priorité aux femmes
Aux dernières régionales la représentation des femmes a été inférieure à 9 %
Malgré leurs promesses, les partis excluent les femmes des places éligibles.
LUTTONS CONTRE L'ABSTENTION
L'abstention, la démission favorisent la montée de l'extrême-droite.
LUTTONS CONTRE L'EXCLUSION
Femmes et hommes démocrates, nous sommes nombreux,
nous avons des forces, nous avons des idées, multiplions-les!
SOUSCRIVEZ - ADHÉREZ - PARTICIPEZ
pour donner vie à la démocratie

le pouvoir : power   /   **le savoir** : knowledge

La France et l'Europe

The dream of European unification has traditionally been conceived under the banner of conquest. The Romans during the first four centuries A.D., Charlemagne in the 9th century, Napoleon in the 19th century, and Hitler in our own century all attempted, through force, to create empires on the European continent.

After the Second World War, which found much of Europe in ruins, another approach to unification was attempted, this time based on mutual respect and cooperation. The major players in this peaceful initiative were Jean Monnet (1888–1979), a French economist in charge of the economic reconstruction of France after the war, Robert Schuman (1886–1963), the French Minister of Foreign Affairs, and Konrad Adenauer (1876–1967), the first Chancellor of West Germany. These three helped create in 1951 the *Communauté européenne du charbon* (coal) *et de l'acier* (steel) *(CECA)*, which brought together Belgium, Luxembourg, Italy, the Netherlands, along with France and West Germany in a bold attempt to put coal and steel under common control.

"Il faut créer l'Europe pierre par pierre, comme une maison," stated Jean Monnet, and time proved him right. Six years later, in 1957, the six members of the CECA founded the *Communauté économique européenne (CEE),* known as the Common Market, which dramatically extended the sphere of economic cooperation.

Success followed upon success. In 1973 England, Ireland, and Denmark joined; in 1979 a new monetary unit, the Ecu (European Currency Unit) was proposed; 1979 also saw the first elections for the European Parliament; in 1981 Greece became a member; and in 1986 Spain and Portugal entered the CEE, bringing the total number to its present twelve. With 345 million inhabitants and a gross national product second only to the United States, the CEE is a potent economic force—a force that is bound to grow in the future, as nearly twenty other countries, including some under the sway of the former Soviet Union, have expressed an interest in joining.

A significant milestone in the development of the CEE was the signing of the Treaty of Maastricht[c] (Netherlands) in 1992 by the foreign ministers of the 12 participating nations. It is designed to open up even more avenues of cooperation, particularly monetary cooperation, once it has been ratified by popular vote in each member state. In the very near future, citizens of the CEE living in a country other than their own will have voting rights in that country; high school and university degrees will be coordinated so that students will be able to transfer freely from schools and universities in one country to those in any other, provided they know the language of the host institution; citizens of the CEE will be able to work in any participating country; and, beginning in the year 2000, CEE citizens will be able to use the Ecu[c] to pay for goods and services (the plan is to have the national monetary value on one side of the coin or bill and the European value on the other side).

Orientation

Testez vos connaissances sur l'Europe en répondant aux questions suivantes.

V F   1. Sans compter les langues régionales, on parle six langues différentes dans la CEE.
V F   2. Tous les pays de la CEE sont entrés dans la Communauté en même temps.
V F   3. L'Airbus est un avion qui a été conçu et fabriqué dans une entreprise européenne.
V F   4. Dans tous les pays de la CEE, les voitures roulent à droite.
V F   5. Il existe un passeport européen.
V F   6. L'Ecu^c est la monnaie européenne.
V F   7. Il existe des pièces de monnaie et des billets en Ecu^c.
V F   8. Depuis 1993, le contrôle aux frontières n'existe plus pour les citoyens de la CEE.
V F   9. Tout Européen peut s'installer et travailler dans le pays de son choix.
V F   10. On peut ouvrir un compte en banque dans n'importe quel pays de la CEE.
V F   11. L'Europe a sa propre armée.
V F   12. L'Autriche fait partie de la CEE.
V F   13. La majorité des Européens sont catholiques.
V F   14. Le plus petit pays d'Europe est la Belgique.
V F   15. A l'intérieur de la CEE, tous les pays ont le même pouvoir d'achat.

Réponses
1. Faux. Il y a neuf langues officielles dans la CEE : le grec, l'italien, l'anglais, l'allemand, l'espagnol, le portugais, le danois, le français et le néerlandais.
2. Faux. Il y avait six pays à l'origine dans la CECA^c (la France, l'Allemagne de l'Ouest, la Belgique, le Luxembourg, les Pays-Bas, l'Italie). Le Danemark, l'Irlande et le Royaume-Uni ont adhéré en 1973, la Grèce en 1981, et l'Espagne et le Portugal en 1986.
3. Vrai. Cet avion, mis en service en 1988, a été conçu et fabriqué par la France, la Belgique, le Royaume-Uni, l'Allemagne de l'Ouest, l'Espagne et les Pays-Bas.
4. Faux. En Grande-Bretagne, on roule à gauche.
5. Vrai.
6. Vrai. L'Ecu vaut à peu près sept francs.
7. Faux. Pas encore.
8. Vrai.
9. Vrai.
10. Vrai.
11. Faux. Il existe un Eurocorps (40 000 hommes) qui pourrait être l'embryon d'une armée européenne. Ses missions seraient limitées, humanitaires seulement. Il existe l'OTAN (Organisation du Traité de l'Atlantique Nord) qui comprend quatorze pays européens plus le Canada et les Etats-Unis. La France ne fait plus partie de l'OTAN depuis 1966.
12. Faux.
13. Vrai. 56% des Européens sont catholiques.
14. Faux. Le plus petit pays de la CEE est le Luxembourg.
15. Faux. Le Portugal dispose d'un pouvoir d'achat deux fois moindre que le Danemark. Il existe toutefois une solidarité entre les pays. Les pays les plus riches aident les plus pauvres.

In the following interview, Elisabeth Guigou, former Minister of European Affairs, gives her views on the future of European unification.

Entretien avec Elisabeth Guigou, ministre délégué aux affaires européennes dans le gouvernement français

JOURNALISTE   Dites-nous de quelle Europe vous rêvez vraiment.

E. GUIGOU   Je rêve d'une Europe où il serait possible d'aller vivre où on le veut, sur tout le continent; une Europe en paix°, bien sûr, où l'on pourrait aller faire ses études° à Berlin, à Prague ou à Florence, si on en

5   a envie, et où les diplômes seraient équivalents. On pourrait y circuler, y étudier, y travailler partout sans aucune entrave°.

Il faudrait que chaque Européen, qu'il soit jeune ou vieux, puisse se dire : «L'Europe, c'est mon espace°, mon espace de vie!» Pas un espace ennuyeux, fait de normes et de réglementations°, mais un

10   espace de liberté. C'est cette Europe que j'ai aimée, dès que je l'ai découverte, lorsque j'étais plus jeune....

JOURNALISTE   Comment avez-vous découvert l'Europe?

E. GUIGOU   Lorsque j'étais enfant, j'habitais au Maroc, et chaque été, à partir de 10–12 ans, je partais en Europe avec mes parents. Nous arri-

15   vions en bateau à Gibraltar, en Espagne, et de là, nous partions en voiture. Mon père, qui avait une petite entreprise de mise en conserve° d'olives et d'abricots, devait visiter ses représentants. Alors, nous allions non seulement en Espagne, en Italie, mais aussi en Suisse, en Allemagne, en Angleterre... C'est ainsi que j'ai décou-

20   vert l'Europe.

JOURNALISTE   Voyager en Europe, c'est important?

E. GUIGOU   C'est essentiel. Avant toute chose, j'ai envie de dire aux jeunes : «Allez voir l'Europe, c'est un continent formidable.» Comme vous avez peu d'argent, nous essayerons de vous donner les moyens° de

25   le faire.

Il existe déjà une «carte jeune°» pour les trains. Mais j'aimerais qu'il y ait un tarif° unique jeunes sur tous les avions. Voilà une proposition que j'aimerais faire aux compagnies aériennes!

Pour ceux qui veulent faire des études dans d'autres pays, il existe

30   déjà des programmes qui donnent des bourses°. Mais on oublie

---

la paix peace   /   **faire ses études** to study, to go to the university   /   **l'entrave** *f* = *l'obstacle*   /   **l'espace** *m* space   /   **la réglementation** regulation   /   **la mise en conserve** canning   /   **les moyens** *m* means   /   **la carte jeune** = *carte pour les jeunes qui offre des réductions dans les trains en France et dans plusieurs pays d'Europe*   /   **le tarif** = *le prix*   /   **la bourse** scholarship

souvent que cela concerne aussi les jeunes qui travaillent. Moi, j'aimerais que davantage de° jeunes apprentis puissent faire leurs stages° professionnels en Italie, en Espagne ou, pourquoi pas, à Prague ou à Budapest. En Slovaquie, par exemple, il existe un formidable artisanat° du bois et des tissus°. On pourrait faire le tour d'Europe, comme le faisaient les bâtisseurs° de cathédrales au Moyen-Age.

JOURNALISTE   Que peuvent apporter ces voyages, ces échanges?

E. GUIGOU   En voyageant, on rencontre d'autres gens, et on les rencontre positivement. On a envie d'apprendre d'autres langues que la sienne, on découvre qu'on peut vivre autrement° que chez soi, et que ce n'est pas plus mal. C'est une ouverture aux autres, un apprentissage° de la vie.

JOURNALISTE   Pourtant°, chaque peuple en Europe veut garder sa personnalité?

E. GUIGOU   Mais bien sûr! Et je suis absolument contre une Europe qui voudrait annuler toutes différences. Au contraire, ce sont ces différences qui font toute notre richesse. Et c'est parce qu'il y a tant de diversité qu'on a envie d'aller découvrir l'Europe, ses villes, ses campagnes. Les gens ne voudront jamais perdre leurs traditions locales, et ils ont bien raison°.

D'ailleurs°, l'Europe n'enlèvera° rien du tout. C'est un espace de liberté supplémentaire, un espace qu'il va falloir organiser.

JOURNALISTE   Que voulez-vous dire?

E. GUIGOU   Un espace de liberté, il faut l'organiser si l'on ne veut pas, par exemple, que ce soit un espace pour les malfaiteurs° et les trafiquants de drogue°. Aujourd'hui, on ne peut plus lutter° contre la drogue uniquement au niveau d'un pays. Isolé, on a perdu!

JOURNALISTE   Vous dites que vous rêvez d'une Europe en paix. Et pourtant...

E. GUIGOU   Mais c'est justement parce qu'il y a encore des conflits sur le continent qu'il faut plus d'union européenne!

Regardez ce qu'ont réussi à faire la France et l'Allemagne. En soixante-dix ans, la France et l'Allemagne avaient connu trois guerres°. A chaque fois, il fallait prendre une revanche° sur le passé. Alors, des hommes ont compris qu'il fallait arrêter de prendre des revanches.

Jean Monnet a eu le génie° de regarder vers l'avenir, en faisant

---

davantage de = *plus de*   /   **faire un stage** to do an internship   /   **l'artisanat** *m* arts and crafts industry   /   **le tissu** material, textile   /   **le bâtisseur** builder   /   **autrement** = *d'une autre façon*   /   **l'apprentissage** *m* apprenticeship   /   **pourtant** and yet   /   **avoir raison** to be right   /   **d'ailleurs** moreover   /   **enlever** to take away   /   **le malfaiteur** = *le criminel*   /   **le trafiquant de drogue** drug dealer   /   **lutter** to fight   /   **la guerre** war   /   **prendre une (sa) revanche** to get even   /   **le génie** = *l'intelligence*

la «Communauté Européenne du Charbon et de l'Acier.» Le
charbon et l'acier, c'était l'enjeu° de la guerre entre la France
et l'Allemagne.

70

... C'est de là que vient mon enthousiasme pour l'Europe!

Elisabeth Guigou, *Okapi*

Qu'en pensez-vous?

Etes-vous d'accord ou non avec les déclarations suivantes? Justifiez votre réponse.

1. Elisabeth Guigou rêve d'une Europe où on peut circuler, étudier, travailler sans aucune entrave.
2. Elle souhaite qu'il y ait beaucoup de normes et de réglementations en Europe.
3. Elle a toujours habité en France.
4. Elle a découvert l'Europe en voyageant avec des amis.
5. Avec «la carte jeune,» les jeunes bénéficient de tarif réduit dans les trains et les avions.
6. Elle aimerait que les étudiants et que les jeunes apprentis aient la possibilité de faire des stages dans divers pays européens.
7. En voyageant, on découvre qu'on peut vivre autrement que chez soi et que ce n'est pas plus mal.
8. D'après elle, il est bon que les traditions locales se perdent.
9. Il faut organiser l'espace européen pour lutter ensemble contre les malfaiteurs et les trafiquants de drogue.
10. Après la deuxième guerre mondiale, l'Allemagne et la France ont compris qu'il fallait qu'ils arrêtent de prendre des revanches sur le passé.

Nouveau Contexte

Complétez le dialogue suivant en choisissant les termes appropriés (employez chaque terme une seule fois). Puis, jouez le dialogue.

Noms : bourse *f*, changements *m*, échanges *m*, endroits *m*, études *f*, diplômes *m*, frontières *f*, stage *m*, traditions *f*
Verbe : rencontrer
Adjectif : compétitifs

Nous avons demandé à Monsieur Jean-Pierre Amblard (48 ans, producteur de fruits dans le Sud-Ouest de la France) et à sa fille, Monique (22 ans, employée dans une compagnie d'assurances) comment ils avaient voté au référendum sur le traité de Maastricht.

J.-P. AMBLARD : Moi, j'ai voté non.
JOURNALISTE : Ah oui, pourquoi?
J.-P. AMBLARD : Ce traité, c'était bien compliqué. C'était difficile à comprendre. L'ouverture
des _____ *1* , la libre circulation des marchandises, ça fait un peu peur.

l'enjeu *m* stake

JOURNALISTE : Pour quelles raisons?

J.-P. AMBLARD : Nous sommes à une centaine de kilomètres de l'Espagne, et ce que je pro-duis—les pêches et les abricots—sont meilleur marché là-bas. Ça va être dur pour nous d'être _____ *2* .

JOURNALISTE : Pensez-vous que votre région va beaucoup changer à cause du traité de Maastricht?

J.-P. AMBLARD : Oui, il y aura sûrement des _____ *3* . De plus en plus d'Anglais, d'Allemands, de Hollandais achètent des fermes par ici. La population n'est plus la même. Et moi, j'aime bien ma région, nos _____ *4* locales. Je ne veux pas que ça change.

JOURNALISTE : Et vous, Monique, êtes-vous du même avis que votre père?

MONIQUE : Moi, j'ai voté oui. J'aime bien notre région aussi mais je ne veux pas y rester toute ma vie. J'ai envie de voyager, de découvrir d'autres _____ *5* , de _____ *6* d'autres gens. C'est ce que je vais faire, du reste, l'année prochaine.

JOURNALISTE : Ah oui, comment?

MONIQUE : La compagnie d'assurances dans laquelle je travaille va m'envoyer faire un _____ *7* professionnel en Allemagne pendant dix mois.

JOURNALISTE : Ç'a été difficile à organiser?

MONIQUE : Non, pas du tout. Il y a de plus en plus d' _____ *8* organisés dans la Communauté européenne.

JOURNALISTE : Je croyais que c'était surtout pour les étudiants.

MONIQUE : Pas exclusivement. Pour les étudiants, bien sûr, il existe de nombreux programmes comme ERASMUS° par exemple. On peut obtenir une _____ *9* et aller faire ses _____ *10* dans un pays de la Communauté de son choix.

JOURNALISTE : Est-ce que les _____ *11* sont équivalents?

MONIQUE : Presque toujours. De toute façon, c'est une ouverture fantastique!

Vocabulaire satellite

la **frontière** border	les **exportations** *f* exports
la **douane** customs	la **croissance** growth
passer la douane to go through customs	la **récession** recession
le **protectionnisme** protectionism	**être en crise** to be in a slump
la **zone de libre-échange** free-trade zone	**lutter contre la drogue** to fight drug traffic
faire face à la concurrence to face competition	l' **immigration clandestine** illegal immigration
les **importations** *f* imports	la **criminalité** crime
	ratifier un traité to ratify a treaty

ERASMUS un des nombreux programmes existants qui permet aux étudiants de faire une partie de leurs études dans un autre pays de la Communauté. Lancé en 1988, ce programme a un énorme succès et il y a pour l'instant beaucoup plus de demandes que d'offres.

le **droit communautaire**   European community laws
la **bureaucratie**   bureaucracy
les **réglementations** *f*   regulations
le **nationalisme**   nationalism

le **fédéralisme**   federalism
la **perte de souveraineté nationale**   loss of national sovereignty
inquiet, inquiète   worried
confiant   confident

Pratique de la langue

1. Comment expliquez-vous l'enthousiasme d'Elisabeth Guigou pour la construction de l'Europe?
2. L'ouverture complète des frontières entre les Douze peut-elle créer des problèmes? Expliquez.
3. Si vous étiez français(e), auriez-vous voté oui ou non au référendum sur le traité de Maastricht[c]? Donnez vos arguments pour ou contre, ou préparez un dialogue entre une personne qui est pour le traité et une personne qui est contre.
4. Pensez-vous que la nation française (allemande, italienne, anglaise, etc.) va disparaître au profit d'une nouvelle identité européenne? D'après vous, est-ce souhaitable?
5. Croyez-vous, comme Elisabeth Guigou, que les voyages sont très importants pour les jeunes? Aimeriez-vous participer à un programme d'études à l'étranger? Pourquoi ou pourquoi pas?
6. On vous a chargé(e) d'organiser un voyage en Europe pour votre classe de français. Mettez-vous en groupe et élaborez un itinéraire. Expliquez ensuite à la classe pourquoi vous avez choisi de visiter tel endroit plutôt qu'un autre.
7. Imaginez que votre université décide de réduire les crédits alloués *(allocated)* à l'enseignement des langues et cultures étrangères. Vous pensez que, alors que l'on parle de plus en plus de mondialisation *(globalisation)*, cette décision est mauvaise. Improvisez une discussion avec un représentant de l'administration et essayez de le convaincre.

L'Economie de la France

Until quite recently, the French were not particularly known for their faith in the business world. The Socialists, in the years prior to their administration, reflected the prevailing sentiment of the country rather accurately when they spoke of working men and women being "sacrificed to profit." The French were never the greatest proponents of *laissez faire,* preferring to rely on government control rather than private initiative. For the longest time, the term "profit" bore essentially pejorative connotations in the minds of many.

When the Socialists took office in 1981, large sectors of the French economy were nationalized. In order to prevent social unrest at a time when unemployment was soaring, the process of nationalization allowed the retention of antiquated and doomed industries such as coal mining. These proved to be a burden on the economy. Moreover, large-scale nationalization did not solve the unemployment problem. A mere two years after taking office, the Socialist administration adopted a complete change of attitude.

The widespread economic crisis of the 80s broadened the French perspective, revealing the need for a global market economy, thus highlighting the vital role played by business in creating employment and increased earnings. The people soon learned to get along with business. The Mitterrand administration, switching gradually from what critics had labeled an antibusiness bias, in fact took to extolling the virtues of hard work, entrepreneurship and productivity found in the private sector. Government intervention gave way to individual, decentralized decision-making.

During the latter part of the 80s, the French industrial system was completely done over and modernized. According to figures published by the Organization of Economic Cooperation and Development (OECD) in 1990, France's gross national product (GNP), that is, the value of the total wealth produced by the country, put it in fifth position in the world, after the United States, Japan, Germany, and the former Soviet Union. Its GNP per capita—$14,500—placed it slightly ahead of Great Britain ($14,000) but below Japan ($15,500).

France accounted for 6% of the world's trade in goods in 1990, making it the world's fourth largest exporter (after the United States, Japan, and Germany), and the fifth largest importer (after the United States, Japan, Germany, and Great Britain).

The country was prominent in a number of economic sectors. With more than half of its territory devoted to agriculture, it was the main agricultural producer in Europe and the third largest in the world, with cereals, livestock, fruits and vegetables, and wine as the largest income producers. It placed third in the world in the aerospace industry (the European Airbus is assembled in Toulouse), fourth in the production of automobiles (Peugeot-Citroën and Renault are its two leading companies), and fifth in the electronics and computer industry.

A new breed of managers dedicated to innovative methods and techniques has emerged, ensuring the success of their firms and meeting the challenges of international competition. Creating their own business has become the dream of thousands of men and women. Young people in their twenties show a keen sense of entrepreneurship and business savvy, whereas only a few years ago they would have characterized businesspeople as being interested only in profits. It is significant that a man like Bernard Tapie, who made a fortune by creating new firms or buying old ones on the verge of bankruptcy, had for a while the status of a national hero. In fact, it can be said that the people who are earning great wealth—whether they be industrialists, artists, or athletes—are the ones who are looked up to more and more in today's French society. The younger generation admires such people, envies them, and is fascinated by their success.

Orientation

Un(e) de vos ami(e)s est à la recherche de son premier emploi. Il (Elle) a une bonne formation universitaire mais n'a pas d'expérience professionnelle. Quels conseils allez-vous lui donner? Choisissez dans la liste suivante ceux qui vous semblent les plus utiles et dites pourquoi.

1. Lis les petites annonces *(classified ads)* dans les journaux tous les jours.
2. Prends rendez-vous avec plusieurs personnes qui exercent des métiers qui t'intéressent et demande-leur de t'expliquer ce qu'elles font.
3. Ecris ton C.V. *(resume)* avec soin.
4. Envoie ton C.V. et une lettre de motivation *(cover letter)* à toutes les entreprises qui te semblent intéressantes.
5. Crée ta propre entreprise.
6. Passe des tests pour découvrir tes compétences *(skills)*.
7. Inscris-toi à une agence d'intérim *(temporary help agency)* pour obtenir une expérience professionnelle.
8. Essaie de faire un stage *(internship)*, payé ou non, dans une entreprise qui te plaît.
9. Utilise le piston *(pull strings)*.

Chef d'entreprise° à vingt ans

«Les études m'avaient semblé trop théoriques» nous dit Thomas, diplômé de Sciences-Po[1]. «Du concret, je voulais du concret. Faire des choses tangibles, réelles. Et surtout être mon propre patron°. Je ne supportais° pas l'idée d'obéir; je suis trop indépendant pour cela.» Tous les jeunes chefs d'entreprise justifient leur dé-
5   cision avec les mêmes arguments.

...Dure, dure est la vie de ces jeunes patrons. Ils travaillent entre dix et quatorze heures par jour, sept jours sur sept, et ne prennent jamais de vacances. Ils semblent heureux pourtant : «Les gens de notre âge ont une vie plate° et unie°», explique l'un d'entre eux. «Nous, nous vivons pleinement, à 100 à l'heure°, en risquant tout
10 tous les jours. Ce stress, cette vie intense, riche d'émotions, j'en ai besoin.»

Ils sont de plus en plus nombreux à choisir cette voie. En 1981, on comptait 150 000 immatriculations° d'entreprises nouvelles en France. En 1986, 210 000 dont 40 000 créées par des jeunes de dix-huit à vingt-cinq ans. L'image de l'entreprise s'est considérablement améliorée : 3 millions de personnes, soit 12% de la
15 population active°, déclarent avoir un projet d'entreprise. Parmi ceux-ci, un quart ont moins de vingt-cinq ans et 40% sont des femmes. Il est vrai que l'investissement financier de départ est à la portée de° davantage de bourses°. Le capital-plancher° légal d'une création d'entreprise en SARL° est de 50 000 francs : une somme que l'on peut trouver, même à vingt ans, et un risque limité.

---

le chef d'entreprise entrepreneur / **le patron** = *le chef* / **supportais** = *tolérais* / **plate** = *ennuyeuse* / **uni** = *uniforme* / **100 à l'heure** = *100 km à l'heure, très vite* / **l'immatriculation** *f* registration / **active** = *qui travaille* / **est à la portée de** = *est accessible à* / **davantage de bourses** more pocketbooks / **le capital-plancher** = *le capital minimal* / **la SARL** = *la Société à Responsabilité Limitée*

[1]Sciences Po = L'Institut des Sciences Politiques : établissement d'enseignement supérieur qui prépare surtout aux professions dans l'administration

20   A la base de toute création d'entreprise, on trouve une passion et le goût du jeu. Le chef d'entreprise fait souvent de son hobby son métier. Christophe, à vingt ans, est créateur de l'agence Microgolf, une société chargée de concevoir et de réaliser des parcours de golf°. Il raconte : «Alors que j'étais encore tout gamin°, mon père m'emmenait jouer au golf le week-end. Il adorait ça et, dès onze ans, le virus m'a

25   saisi°. J'ai toujours voulu faire coïncider ma vie professionnelle et ma passion. Lorsque, avec une amie d'école, nous avons décidé de monter° notre entreprise, il ne pouvait être question° de faire autre chose que du golf.»

Quant à Julien, vingt ans, qui vient de monter, avec des amis plus âgés, dont° son ancien professeur de mathématiques, une société de logiciels°, Hyphéa Informa-

30   tique, il travaille dans l'informatique° depuis 1981 : il avait alors quatorze ans.

---

le parcours de golf golf course   /   **le gamin** = *l'enfant*   /   **le virus m'a saisi** the virus (or bug) got me   /   **monter** = *ici, créer*   /   **il ne pouvait être question** it couldn't be a question   /   **dont** including   /   **le logiciel** software   /   **l'informatique** *f* computer science

«Plus qu'un hobby, l'informatique a toujours été ma passion, je ne m'imagine pas faire autre chose que cela.»

L'enthousiasme n'est pas le seul facteur déclenchant°. Une autre motivation importante est de «faire un truc° avec les copains». Les jeunes créateurs sont
35 rarement des solitaires; ils se lancent en général à deux ou à trois. François, vingt-six ans, un des trois associés de Play Bac, une nouvelle entreprise de jeux de société°, explique : «Jerôme et moi avions des activités sportives communes, tennis, course°, natation°. C'est en nous entraînant° pour un marathon et en parlant du succès mondial du jeu *Trivial Pursuit* que l'idée nous est venue de l'imiter. Nous
40 nous sommes réunis en secret tous les jeudis soirs pendant quinze mois pour mettre le jeu au point°. Personne ne connaissait nos projets. Ni nos parents, ni nos amies : nous nous sentions l'âme de conspirateurs°, c'était sympa°. Le fond de l'affaire°, c'est que c'est super° de bosser° avec des copains, de réaliser des choses ensemble».

45 «Une association entre amis», voilà comment Sophie, vingt-trois ans, cofondatrice° de Café Couette° qualifie sa jeune société de location° de chambres chez l'habitant°, à la manière des *Bed and Breakfast* britanniques. «Seule, je n'y serais jamais parvenue°. Il faut être au moins deux; d'abord, ça évite le découragement, la tentation de laisser tomber°. Et puis, nous nous complétons : l'une est pleine
50 d'idées mais pas très rigoureuse, l'autre est réaliste et réfléchi°.»

Et puis, comme le dit Alexandre : «Quand on n'a pas fait d'études°, il n'y a pas trente-six moyens° pour réussir dans la vie. Il faut fonder sa propre «boîte°». Mais quelle satisfaction de gagner, quand les professeurs vous ont répété toute votre enfance que vous étiez nul et archinul° et que vous ne feriez jamais rien dans
55 l'existence.»

Les diplômés des grandes écoles^c sont rares parmi les jeunes créateurs d'entreprise. Dans leurs modes de pensée, il reste plus valorisant° de s'intégrer à° une très grosse entreprise avec l'espoir d'y faire une carrière brillante. De plus, les exigences financières° des élèves des grandes écoles^c ne s'accommodent guère° des salaires de
60 début, souvent dérisoires°, que s'octroient° les jeunes PDG° qui sacrifient tout à la

---

déclenchant = *déterminant* / **faire un truc** (*fam*) = *faire quelque chose* / **le jeu de société** parlor game / **la course** running / **la natation** swimming / **s'entraîner** to train / **mettre au point** = *perfectionner* / **nous nous sentions l'âme de conspirateurs** = *nous avions l'impression d'être des conspirateurs* / **sympa** (*fam*) = *sympathique* / **le fond de l'affaire** fundamentally / **super** (*fam*) = *formidable* / **bosser** (*fam*) = *travailler* / **la cofondatrice** cofounder / **la couette** quilt / **la location** rental / **chez l'habitant** in private homes / **je n'y serais jamais parvenue** = *je n'y aurais jamais réussi* / **laisser tomber** = *abandonner l'entreprise* / **réfléchi** serious / **on n'a pas fait d'études** = *on n'est pas allé à l'université* / **trente-six moyens** = *d'autre façon* / **la boîte** (*fam*) = *entreprise, société* / **nul et archinul** = *mauvais et très mauvais* / **il reste plus valorisant** = *c'est mieux de* / **s'intégrer à** = *faire partie de* / **les exigences financières** financial demands / **ne s'accommodent guère de** are not at all satisfied / **dérisoires** = *insignifiants* / **s'octroyer** = *se donner* / **le PDG** = *le Président-Directeur Général* (Chief Executive Officer)

«boîte». «Pendant un an ou deux, être payé au SMIC°, merci, très peu pour moi», nous dit un jeune centralien.

Pourtant, selon les sondages, plus du tiers des étudiants voudraient créer leur entreprise. Les valeurs libérales à la mode—indépendance, individualisme, re-
65 sponsabilité—ont gagné le monde estudiantin°. Fini l'entreprise comme symbole de la lutte des classes : celle-ci est devenue le lieu° privilégié de la réussite° et de la création. La crise de l'emploi n'y est pas étrangère° : quel meilleur moyen de trouver un «bon job» que de le fabriquer soi-même.

Liliane Delwasse, *Le Monde de l'Education*

Qu'en pensez-vous?

Etes-vous d'accord ou non avec les déclarations suivantes? Justifiez votre réponse.

1. Les jeunes chefs d'entreprise comme Thomas se sont lancés dans les affaires parce qu'ils voulaient être leur propre patron.
2. Ces jeunes patrons se disent satisfaits de la vie intense et stressante qu'ils mènent.
3. Peu de femmes deviennent chefs d'entreprise.
4. Les nouveaux patrons sont en général des hommes près de l'âge de la retraite.
5. Pour créer une entreprise, il faut un capital-plancher important que l'on peut rarement obtenir à vingt ans.
6. Certains chefs d'entreprise réussissent à faire coïncider leur vie professionnelle et leur passion.
7. Julien s'intéresse à l'informatique depuis quatorze ans.
8. Les jeunes créateurs sont souvent des solitaires asociaux.
9. François a mis au point son premier jeu de société en collaborant secrètement et joyeusement avec des copains.
10. Café Couette est la version française des *Bed and Breakfast* anglais.
11. Sophie pense que, quand on se lance dans les affaires, il faut être au moins deux pour se soutenir moralement et élargir ses propres compétences.
12. Fonder sa propre boîte, c'est la seule solution pour réussir dans la vie quand on n'a pas fait d'études.
13. Les créateurs d'entreprise ont été, en général, d'excellents élèves, encouragés par leurs professeurs.
14. Les diplômés des grandes écoles sont rares parmi les jeunes créateurs d'entreprise.
15. D'une certaine façon, la crise de l'emploi favorise la création d'entreprise.

Nouveau Contexte

Complétez le dialogue suivant en choisissant les termes appropriés (employez chaque terme une seule fois). Puis, jouez le dialogue.

le SMIC = *le salaire minimum interprofessionnel de croissance* (minimum wage) / **le centralien** = *ancien élève de l'Ecole Centrale (une des grandes écoles d'ingénieurs)* / **estudiantin** = *des étudiants* / **le lieu** = *l'endroit* / **la réussite** = *le succès* / **n'y est pas étrangère** is not unrelated

Noms : copains *m*, logiciel *m*, métier *m*, ordinateurs *m*, P.D.G. *m*, prix *m*
Verbes ou expressions verbales : ai échoué, fonder ta propre boîte, perdre
Adjectif : passionnés

La Saga d'Olivier

PRESENTATEUR A LA T.V. : Olivier, tu as 22 ans, tu es le _____*1* de Luditech, une entreprise d'informatique qui marche très bien; peux-tu nous dire comment tu es
arrivé là?

OLIVIER : Eh bien, j'ai toujours aimé les _____*2* et je savais que mon futur
_____*3* serait dans l'informatique.

PRESENTATEUR : Comment est-ce que tu as débuté?

OLIVIER : Pendant ma dernière année au lycée, j'avais créé, avec trois autres
_____*4* qui avaient les mêmes intérêts que moi, un club d'informa-
tique. Tous ensemble, nous avons conçu notre propre _____*5*. Je me
souviens que nous étions tellement _____*6* par ce projet que nous
n'en dormions plus et que nous y travaillions sept jours sur sept.

PRESENTATEUR : Vous ne deviez pas avoir beaucoup de temps pour préparer le bac?

OLIVIER : Non, du reste, j' _____*7* au bac à la fin de l'année.

PRESENTATEUR : Qu'est-ce que tu avais décidé de faire après le lycée?

OLIVIER : Comme je n'avais rien à _____*8*, j'avais décidé de présenter notre
projet au Salon de l'informatique à la fin du mois de juillet et, miracle! nous
avons gagné le grand _____*9* du logiciel-étudiant.

PRESENTATEUR : C'est ce qui t'a permis de _____*10*?

OLIVIER : Oui, grâce à l'argent qu'on a reçu, on a pu créer Luditech.

Vocabulaire satellite

le **monde des affaires** business world
se **lancer dans les affaires** to go into
business
la **P.M.E.** small and medium-sized firm
la **P.M.I.** small and medium-sized
industry
l' **industriel** *m* industrialist
la **gestion des affaires** business administration, management
l' **esprit** *m* **d'entreprise** entrepreneurship
faire un stage to do an internship
la **concurrence** competition
lancer un nouveau produit to
launch a new product

se **recycler** to retrain oneself
les **petites annonces** classified advertisements
le **curriculum vitae (C.V.)** resume
la **lettre de motivation** cover letter
poser sa candidature to apply for
a job
l' **entretien** *m* **d'embauche** job
interview
être embauché to be hired
une **agence d'interim** temporary help
agency
faire faillite to go bankrupt
être licencié to be laid off

Pratique de la langue

1. Vous voulez créer votre propre entreprise avec des copains. Dans quels secteurs vous orienterez-vous (les services, la communication, etc.)? Quel type de produit ou de service voulez-vous lancer sur le marché? Pourquoi? Quel public voulez-vous toucher? Comment allez-vous organiser votre société? Travaillez en groupe et présentez votre projet à la classe.

2. L'entreprise que vous venez de créer marche bien et vous avez besoin de recruter du personnel.

a. Etablissez le profil des personnes que vous recherchez et élaborez des annonces d'offres d'emploi sur le modèle ci-dessous

b. Interviewez les candidat(e)s que vous avez sélectionné(e)s.

Jeune PMI en pleine expansion
spécialisée en **TÉLÉPHONIE PRIVÉE**
recherche

JEUNE COLLABORATEUR
commercial (H ou F)

La personne retenue aura une grande autonomie. Basée dans l'une des capitales régionales de l'Est de la France, elle aura pour secteur Nord-Pas-de-Calais, Alsace. Formation technique Bac + 2 souhaitée. Une première expérience de deux à trois ans ainsi qu'une certaine aisance dans les contacts de haut niveau seront déterminantes. Envoyer CV et photo sous réf. 11/608 à

L'EXPRESS 14, rue Pergolèse
75116 Paris

qui transmettra

plats cuisinés allégés

recrute son

DIRECTEUR COMMERCIAL

- Formation type ESSEC / Sup. de Co.° ou poste similaire réussi.

- Expérience positive de 5 ans minimum en Grande Distribution, Centrales et G.M.S.

Fonction : responsabilité totale du marketing de la vente et de l'équipe commerciale.

Poste basé à Paris.

Rémunération très motivante avec participation aux résultats.

Adresser dossier de candidature à : Claude LEGER
Service du Personnel 32, rue Saint-Hélier 35000 Rennes

---

la téléphonie telephone company   /   **les plats cuisinés allégés** prepared diet   /   **ESSEC/Sup. de Co.** grandes écoles de commerce

3. Pensez-vous que l'argent tient une trop grande place dans notre société?

Sujets de discussion ou de composition

1. Que pensez-vous de l'influence de la télévision sur la vie politique, particulièrement au moment de l'élection présidentielle?
2. Etes-vous d'accord avec cette assertion : «Les nouveaux entrepreneurs sont les héros de notre époque»?
3. Vous voulez aller faire un stage en France. Ecrivez une lettre à la banque ou à l'entreprise dans laquelle vous aimeriez travailler pour vous présenter et poser votre candidature. N'oubliez pas de joindre votre curriculum vitae.

7

Images de la France

Les Français vus par les Français

«La France se nomme diversité.»
—Fernand Braudel, historian

At a time when the borders between France and the other European countries are being abolished and when the French population is becoming more and more diverse ethnically, it is not surprising that there is a great deal of thinking about national identity.

What does being French mean? How does one become a French citizen? What characterizes France as a nation? What will be her role in the future? These questions are at the center of heated political and philosophical debates. It is, therefore, timely to examine how the French view themselves.

L'extrait suivant constitue le premier chapitre d'un livre intitulé «Les Français vus par les Français»,—autoportrait donc—élaboré de la façon suivante. Douze personnes de 30 à 35 ans choisies au hasard° parmi les cadres° de l'industrie et du commerce et les professions libérales ont été réunies pendant deux journées autour d'un animateur° pour discuter de la France et du tempérament français. Le but final de ces réunions était «utilitaire». On demandait au groupe de chercher à résoudre le problème suivant : comment faire pour que les Français réussissent à mieux vendre leurs produits et à améliorer° leur image à l'étranger.

A la première réunion, la question posée était : «Quelles sont les premières choses qui vous viennent à l'esprit° à propos des Français?»

Orientation

Répondez à la question : Quelles sont les premières choses qui vous viennent à l'esprit à propos des Français? Travaillez pour cela en groupe de deux et faites une liste d'au moins dix adjectifs, noms ou verbes. Puis, comparez vos réponses avec celles de vos camarades de classe.

Les premières choses qui vous viennent à l'esprit...

Vous voici campé° devant le miroir et, au premier coup d'œil°, que discernez°-vous?

Pour commencer, vous êtes *supérieur*. Cette supériorité est de droit°. Elle est assise° sur un héritage historique et culturel (de Gaulle°, la Révolution°, le savoir° français), sur un palmarès° technique et industriel (Bouygues, Renault, Dassault, le

---

au hasard at random / **l'animateur** *m* discussion leader / **améliorer** to improve / **l'esprit** *m* mind / **campé** = *placé* / **au premier coup d'œil** at first glance / **discerner** = *remarquer, noter* / **de droit** = *indiscutable, évident* / **elle est assise** it rests / **la Révolution** = *la Révolution de 1789* / **le savoir** = *la culture* / **le palmarès** honors list

5 Concorde, le France¹) et sur la paternité française des grandes valeurs universelles
(la liberté, les droits de l'homme°).

Cette supériorité se relie° à l'image que vous avez de vous-même en tant que
guerrier° : vous possédez la bombe°, vous avez les armes, vous êtes prêt à ressortir°
l'uniforme de l'armée....

10   L'avantage que vous donne cette supériorité héréditaire, c'est que vous pouvez
vous installer dedans° et vous sentir bien dans votre peau°, bien dans votre vie où
vous jouissez de° tout ce qu'il vous faut : la bouffe°, le vin, les animaux domes-
tiques, les petites femmes, le béret et le litron°, votre accent et vos congés payés°, vos
pantoufles° et vos idées toutes faites°, le P.M.U.,ᶜ le pastis°.... *Casanier°*, vous chéris-
15 sez votre terroir°, qui est aussi votre basse-cour° (vous êtes le coq°...). Chauvinisme
et racisme accompagnent ce sentiment aigu° d'appartenance°. Vous êtes suffisant°,

les droits *m* **de l'homme** human rights / **se relie** is linked / **le guerrier** warrior / **la bombe**
= *la bombe atomique* / **ressortir** to take out again, dig up / **s'installer dedans** to settle in it /
vous sentir bien dans votre peau to feel comfortable / **jouir de** to enjoy / **la bouffe** (*fam*) = *la*
nourriture / **le litron** (*fam*) = *le litre de vin ordinaire* / **les congés payés** (5 weeks of) paid holidays
(a year) / **les pantoufles** *f* slippers / **les idées toutes faites** set ideas / **le pastis** anise-
flavored aperitif / **casanier** homebody / **le terroir** = *le pays* / **la basse-cour** farmyard /
le coq = *animal qui symbolise la France* / **aigu** = *extrême* / **l'appartenance** *f* belonging /
suffisant very sure of oneself, cocky

¹Francis Bouygues : industriel français (travaux publics); Renault : marque d'automo-
bile, 1ᵉʳ constructeur français, 6ème rang mondial; Marcel Dassault : industriel français
(avions, armements); Le Concorde : avion supersonique; Le France : gros bateau qui
transportait des passagers et qui n'est plus en service.

et comment ne le seriez-vous pas, vu que° vous vous suffisez à vous-même? Quel besoin avez-vous des autres ou de vous transposer ailleurs°? Vous êtes satisfait d'être
comme vous êtes et où vous êtes.

20   Se rattachant à° votre supériorité, et constituant un de ses fondements°, est
votre côté *rationnel,* votre capacité pour l'abstrait aussi bien que votre talent pour
la précision. Rien jusqu'à présent, dans cette vision, qui ne soit° homogène.
Supérieur, guerrier, casanier et rationnel forment un seul et même massif° qu'on
pourrait appeler le «masculin français». Mais vous vous représentez aussi comme
25   *frivole* : doué de° fantaisie, porté sur° la galanterie°, sensible° à l'esthétique des
choses, voire même° à leur superficialité. Là se dessinent les traits° d'un «féminin
français» qui fait contraste avec les thèmes précédents. La représentation que vous
vous faites de vous-même est androgyne°.

      Maintenant examinons non plus les Français en général, mais le Français en par-
30   ticulier, vous.... Comment vous voyez-vous?

      ... On vous retrouve *la bouche en avant* — râleur°, gueulard°, bâfreur° (y a° qu'en
France qu'on mange°) et beau parleur°—comme on vous retrouve *supérieur* : fier
de votre pays, le plus beau, jouant un rôle dans le monde, capable de grands des-
seins°. Mais dans la façon dont vous revendiquez° cette supériorité, l'on discerne

---

vu que = *puisque*   /   **ailleurs** elsewhere   /   **se rattachant à** linked to   /   **le fondement** = *la base*   /
rien qui ne soit nothing which isn't   /   **le massif** = *ici, le côté*   /   **doué de** endowed with   /
porté sur prone to   /   **la galanterie** = *la politesse (surtout envers les femmes)*   /   **sensible** sensitive   /
voire même = *et aussi*   /   **les traits** *m* = *les caractéristiques*   /   **androgyne** = *qui appartient aux deux
sexes*   /   **râleur** (*fam*) = *qui n'est jamais content*   /   **gueulard** (*fam*) = *qui parle beaucoup et très fort*   /
bâfreur (*fam*) = *qui mange avec excès*   /   **y a** (*fam*) = *il n'y a*   /   **qu'on mange** = *qu'on mange bien*   /
beau parleur = *qui parle facilement, qui séduit en parlant*   /   **le dessein** = *le projet*   /   **revendiquer** to
claim

35   une ambivalence. A la fois vous y croyez et vous n'y croyez pas : on a été une
grande nation mais on s'est endormi sur ses lauriers°...

... De nouveaux éléments de relief° ont surgi° :

Vous êtes *possesseur* : vous avez la maladie de la pierre°, et notez-vous drôlement, «un côté or°». Vous accumulez, vous conservez, détenez°, épargnez°.... La
40   vulgarité de l'argent fait qu'on le met de côté plutôt qu'on ne le brasse° ou qu'on
ne le laisse circuler et fructifier librement. Quiconque° amasse craint pour ses biens°,
d'où votre instinct grégaire°. Dans un troupeau° on se sent protégé. Vous réclamez°
que l'autorité fasse œuvre de police°, tout en vous reconnaissant individualiste,

---

s'endormir sur ses lauriers to rest on one's laurels / **les éléments** *m* **de relief** = *éléments distinctifs* /
surgir = *apparaître soudainement* / **la maladie de la pierre** = *le besoin presque pathologique de posséder des
pierres (une maison)* / **un côté or** = *désir d'accumuler des pièces d'or* / **détenir** = *garder* / **épargner**
to save / **brasser de l'argent** = *manipuler de l'argent* / **Quiconque** whoever / **ses biens** *m* = *sa
propriété* / **grégaire** = *sociable* / **le troupeau** herd / **réclamer** = *insister* / **faire œuvre de police** = *instaurer l'ordre*

indiscipliné, contradicteur : ici apparaît le thème *frondeur*°—le Français veut et
45   ne veut pas être gouverné.

Tous ces traits renforcent et enrichissent le massif du masculin français. L'autre
massif, celui du féminin français, n'en est pas moins présent dans le paysage°
puisque vous vous affirmez *raffiné-jouisseur*°—élément qui fait de vous le champion
du savoir-vivre°. Vous êtes original, civilisé et versatile; vous pensez culturel, vous
50   n'avez pas de pétrole° mais des idées. Et puis vous êtes touche-à-tout° et tout vous
chatouille°.

Enfin, vous êtes *ouvert*.... Ce qui veut dire franc, spontané, accueillant°, hospitalier....

Guy Nevers, Les Français vus par les Français

Qu'en pensez-vous?

Etes-vous d'accord ou non avec les déclarations suivantes? Justifiez votre réponse.

1. Les Français se sentent supérieurs parce qu'ils ont un passé glorieux.
2. Le France et le Concorde sont des hôtels très connus à Paris.
3. Les Français sont de grands voyageurs.
4. Le lion est l'animal qui symbolise la France.
5. Le côté rationnel et le goût pour l'abstraction caractérisent l'aspect féminin du caractère français.
6. Le Français est de tempérament timide et n'aime pas critiquer.
7. Les Français pensent que la France n'est plus une très grande nation et qu'elle s'est un peu endormie sur ses lauriers.
8. Les Français sont de grands commerçants qui aiment dépenser et investir leur argent.
9. Le Français est frondeur parce qu'il aime l'autorité.
10. D'une façon générale, les Français valorisent tout ce qui est culturel.

Nouveau Contexte

Complétez le dialogue suivant en choisissant les termes appropriés (employez chaque terme une seule fois). Puis, jouez le dialogue.

Noms : beaux parleurs *m*, bons vivants *m*, conversation *f*, idées toutes faites *f*, nourriture *f*
Adjectifs : accueillant, casanier, chauvin, hospitaliers
Adverbe : ailleurs

PROFESSEUR DE FRANÇAIS : Jason, tu viens de passer un semestre dans une famille française, les Pelot. Peux-tu nous parler de ton expérience?
JASON : Volontiers. Avant mon départ, on m'avait dit que les Français n'étaient pas très _____*1* et qu'ils étaient assez froids vis-à-vis des étrangers. Cela n'a

---

frondeur = *qui critique tout le temps*   /   **le paysage** landscape   /   **raffiné-jouisseur** = *qui aime le plaisir et les choses raffinées*   /   **le savoir-vivre** = *l'art de vivre*   /   **le pétrole** oil   /   **être touche-à-tout** = *s'intéresser à tout*   /   **chatouiller** to tickle   /   **accueillant** cordial

pas du tout été mon expérience. Au contraire, tout le monde a été très
_____2 avec moi.

PROFESSEUR : Est-ce que tu as parlé beaucoup avec ta famille?

JASON : Oh oui, on m'a posé des tas de questions sur les Etats-Unis. Je les ai trouvés très intéressés et quelquefois surpris par mes réponses. M. et Mme Pelot avaient beaucoup d'_____3 sur mon pays.

PROFESSEUR : Est-ce que ce sont des gens qui ont beaucoup voyagé?

JASON : Non, je ne crois pas. M. Pelot est assez _____4. Il se trouve très bien en France et n'a pas envie d'aller voir _____5.

PROFESSEUR : Il y avait un fils de ton âge dans la famille, n'est-ce pas?

JASON : Oui. Oh lui, il est très différent de son père. Il n'est pas du tout _____6; au contraire, tout ce qui vient de l'étranger l'intéresse.

PROFESSEUR : Qu'est-ce qui a été le plus difficile pour toi?

JASON : Les repas. Oui, les repas. Les Pelot sont des _____7 et ils passent des heures à table. La _____8 est très importante pour eux.

PROFESSEUR : Pourquoi est-ce que c'était si difficile?

JASON : Parce qu'à table tout le monde parle à la fois! Vous savez comme les Français sont _____9 et aiment la contradiction; quand ils discutaient de politique, par exemple, il m'était impossible de placer un mot dans la _____10!

Vocabulaire satellite

la **patrie** motherland
la **liberté** freedom
le **peuple** people, nation
   être chauvin to be superpatriotic
   fier (fière) de proud
la **fierté nationale** national pride
le **chauvinisme** chauvinism, super-
   patriotism
   **comparer quelque chose à autre
   chose** to compare something to
   something else
   **discuter avec quelqu'un de quelque
   chose** to argue with someone
   about something
   critiquer to criticize
   porter un jugement sur to give an
   opinion on
   apprécier quelque chose to enjoy
   something

la **façon, la manière** way
l' **habitude** *f* habit
   être mal à l'aise to be ill at ease, un-
   comfortable
   avoir le mal du pays to be homesick
se **passer de** to do without
   manquer to miss
   amical friendly
   accueillant hospitable, cordial
   bavard talkative
   silencieux, -euse silent
   discipliné disciplined
   indiscipliné unruly
   intellectuel, -le intellectual
   artiste (*adj*) artistic
   créateur, -trice creative
le **comportement** behavior
le **tempérament** character

Pratique de la langue

1. Travaillez en groupe et trouvez dix objets qui, à votre avis, représentent le mieux la France. Comparez et analysez vos résultats avec ceux des autres groupes. Faites le même travail sur les Etats-Unis et recherchez dix objets que vous considérez comme étant les plus représentatifs.

2. Improvisez les situations suivantes :
   a. Deux étrangers qui étudient en France se retrouvent dans un café. L'un a le mal du pays et beaucoup de choses familières lui manquent. L'autre, au contraire, est très content de son séjour et adore tout ce qui est différent. Imaginez leur conversation.
   b. Expliquez le tempérament et le comportement des Français à un homme (ou une femme) d'affaires américain(e) qui va travailler pour quelque temps en France.

3. Aimeriez-vous vivre à l'étranger? Pourquoi? Pourquoi pas? Quel pays choisiriez-vous? Combien de temps voudriez-vous y rester? Iriez-vous en touriste? dans un but professionnel? humanitaire? etc....

Test

Testez votre connaissance de la France. Dites si les propositions ci-dessous sont vraies ou fausses, et donnez la bonne réponse si c'est nécessaire. Les réponses se trouvent au bas de la page.

V F 1. La France va entrer dans le Marché Unique (*single market*) en 1999.
V F 2. La religion musulmane est la deuxième religion en France par le nombre de pratiquants.
V F 3. Les Français ont droit à cinq semaines de congés payés par an.
V F 4. Le T.G.V. est un avion supersonique.
V F 5. Il y a beaucoup d'accidents de voitures en France.
V F 6. Le plat national est le bifteck frites.
V F 7. Il n'existe que des chaînes de télévision nationales.
V F 8. Le parti communiste a de plus en plus de membres.
V F 9. On entend beaucoup de chansons en anglais à la radio française.
V F 10. Le cinéma en France a toujours été considéré comme un art.
V F 11. Les Gauloises bleues sont des cigarettes.
V F 12. Les femmes ne sont pas admises à courir le Tour de France.
V F 13. Les Français sont de grands consommateurs d'eau minérale.
V F 14. Le fromage se sert avant le dessert.
V F 15. Le service militaire obligatoire existe toujours pour les hommes.
V F 16. L'énergie nucléaire est très importante en France.
V F 17. Le Français est la troisième langue internationale utilisée aux Nations-Unies.

Réponses : 1 F; 2 V; 3 V; 4 F; 5 V; 6 V; 7 F; 8 F; 9 V; 10 V; 11 V; 12 F; 13 V; 14 V; 15 V; 16 V; 17 V

Mode et haute couture

«La mode, c'est ce qui se démode°.»
   —Coco Chanel

There is no question but that *la haute couture* (high fashion) caters to an exclusive clientele of wealthy women, movie stars, and crowned heads, and that most people will never set foot in a true *maison de couture*. Nonetheless, those prestigious *couturiers*— Dior, Pierre Cardin, Givenchy, Balmain, Guy Laroche, Yves Saint-Laurent, Christian Lacroix—not only establish fashions which the rest of the world ultimately adopts, but

se démoder = *n'être plus à la mode*

they also have a real impact on the culture of our time (not to mention contributing to a healthy balance of trade for the French economy).

Traditionally presented twice a year in the famous *défilés* (showings), Paris fashions are conceived in an atmosphere of tremendous excitement and utmost secrecy. But in a matter of weeks or even days, the outstanding features of the original designs are reproduced in the *prêt-à-porter* (ready to wear)—first in luxury versions and then, much later, in popularized, mass-produced copies.

French designers, eager to get their share of this commercial bonanza, have expanded their fashions for men and for a less exclusive female clientele by opening their own boutiques. These establishments sell clothes that, although not true originals, nevertheless carry their designers' prestigious labels while following a more practical style. Yves Saint-Laurent revolutionized the traditional world of *couture* in the 1970s by systematically marketing his own products, including a line of accessories bearing his name. His purpose was to attract younger customers by creating a line of stylish clothes appealing to their taste, and he promoted these clothes in his "Yves Saint-Laurent/Rive Gauche" boutique in the heart of the *Quartier Latin*. His example was followed by other designers, so that today the practice of putting designer labels on items ranging from ties to hand luggage is widespread in the fashion industry.

One designer who showed a great sense of chic and inventiveness was Coco Chanel. Gabrielle "Coco" Chanel (1883–1971), precursor of the modern woman, designed

clothes that gave women freedom of movement at a time when most of them were still in corsets and frilly dresses. With a style inspired by men's clothing, yet fluid and supple, Chanel created a line of feminine outfits which were sober, functional, and elegant. Now almost a generic term, *"un Chanel"* has been used for over fifty years to designate a tailored suit of high-quality flannel or tweed, with a waist-length, collarless jacket generally trimmed with silk braid. And of course her perfume—the famous Chanel No. 5, the financial backbone of her empire—has for years been, to most foreigners, the epitome of French perfume.

Orientation

Comment s'habillent les étudiants? Ont-ils leur propre mode? Mettez-vous en groupe et décrivez les vêtements qui sont à la mode en ce moment sur le campus de votre école ou université. Y a-t-il différents styles? Quels sont-ils? Indiquent-ils une appartenance à un groupe particulier? Y en a-t-il que vous aimez ou n'aimez pas particulièrement?

Elle disait...

Je suis contre une mode qui ne dure° pas. C'est mon côté masculin. Je ne peux envisager que l'on jette ses vêtements parce que c'est le printemps.

Je n'aime que les vieux vêtements. Je ne sors jamais avec une robe neuve. J'ai trop peur que quelque chose craque°.

5   Les vieux vêtements sont de vieux amis.

J'aime les vêtements comme les livres, pour les toucher, pour les tripoter°.

Les femmes veulent changer. Elles se trompent. Moi, je suis pour le bonheur. Le bonheur ça n'est pas de changer.

L'élégance ne consiste pas à mettre une robe neuve. On est élégant parce qu'on
10 est élégant, la robe neuve n'y fait rien°. On peut être élégant avec une jupe et un tricot°1 bien choisis. Ce serait malheureux s'il fallait s'habiller chez Chanel pour être élégant. Et tellement limité!

Autrefois, chaque maison de couture avait son style. J'ai fait le mien. Je ne peux pas en sortir.

15 Je ne peux pas me mettre sur le dos° quelque chose que je ne fabriquerais pas. Et je ne fabriquerais rien que je ne puisse mettre sur mon dos.

Il n'y a plus de mode. On la faisait pour quelques centaines de personnes. Je fais un style pour le monde entier. On voit dans les magasins : «style Chanel.» On ne voit rien de pareil pour les autres.

---

durer to last   /   **craquer** to split at the seams   /   **tripoter** to finger, to handle   /   **n'y fait rien** has nothing to do with it   /   **le tricot** sweater   /   **me mettre sur le dos** = *porter (un vêtement)*

1C'est Chanel qui a lancé la mode des pull-overs perlés (*beaded*) dans les années 50.

20   Je suis l'esclave de mon style.

    Chanel ne se démode pas. Un style ne se démode pas aussi longtemps qu'il s'adapte à son époque. Lorsqu'il y a incompatibilité entre la mode et un certain état d'esprit, ce n'est jamais la mode qui gagne.

    Je me trouve très limitée dans ce que je fais. Donc il faut que ce soit soigné°, que
25 l'étoffe° soit belle. Autant que possible, il faut que je montre un peu de goût et que je ne change pas trop. On dirait que je ne fais plus mes robes.

    Qu'est-ce que ça veut dire, une mode jeune? Que l'on s'habille en° petite fille? Je ne connais rien qui vieillisse davantage.

    La nouveauté! On ne peut pas faire tout le temps de la nouveauté. Je veux faire
30 classique. J'ai un sac que l'on vend régulièrement. On me pousse à en lancer un autre. Pourquoi? J'ai le même depuis vingt ans, je le connais, je sais où placer mon argent et le reste.

    En matière de° mode aussi, il n'y a que les imbéciles qui ne changent pas d'avis.

    La couleur? Celle qui vous va.

35   Pour être irremplaçable, il faut rester différente.

    Rien n'est laid° du moment que° c'est vivant. Des femmes me disent : «J'ai des jambes un peu grosses...» Je leur demande : «Elles vous portent°? C'est l'essentiel. Les jambes vous portent, on ne les porte pas. N'y pensez plus, ce n'est pas cela qui rend heureux.»

Marcel Haedrich, *Coco Chanel secrète*

Qu'en pensez-vous?

Etes vous d'accord ou non avec les déclarations suivantes? Justifiez votre réponse.

1. Chanel aimait le fait que la mode ne dure pas.
2. Elle portait une robe neuve chaque fois qu'elle sortait.
3. Elle considérait ses vieux vêtements comme de vieux amis.
4. On ne peut être élégant(e) que si on s'habille chez un grand couturier.
5. Le style «Chanel» est connu dans le monde entier.
6. La mode reflète l'état d'esprit d'une époque.
7. Coco Chanel ne faisait pas très attention aux étoffes qu'elle employait.
8. Chanel essayait de renouveler constamment son style.
9. Chanel pensait que, pour être heureux, il faut se sentir bien dans sa peau et s'accepter tel que l'on est.
10. Dans ce passage, elle fait preuve de bon sens, d'humour et d'optimisme.

---

soigné = *fait avec soin, très bien fait* / **l'étoffe** *f* fabric / **en** = *comme une* / **en matière de** = *en ce qui concerne* / **laid** = *pas beau* / **du moment que** as long as / **porter** to carry

Nouveau Contexte

Complétez le dialogue suivant en choisissant les termes appropriés (employez chaque terme une seule fois). Puis, jouez le dialogue.

Noms : apprentie *f*, clef *f*, élégance *f*, étoffes *f*, goût *m*
Verbes et expressions verbales : dessiner, durent, me mettre sur le dos, ont réussi professionnellement
Adjectif : soignés

Une journaliste du magazine ELLE interroge Chloë, jeune créatrice de mode.

JOURNALISTE : Chloë, dites-moi, êtes-vous devenue créatrice de mode par hasard?

CHLOË : Non, la mode m'a toujours intéressée. Quand j'étais petite, je changeais de vêtements plusieurs fois par jour, pour le plaisir. J'adorais me déguiser et _____ *1* de vieilles robes de ma grand-mère.

JOURNALISTE : Comment avez-vous débuté?

CHLOË : Je suis entrée chez Chanel comme _____ *2* quand j'avais 17 ans. J'y ai appris les bases du métier. Je dois tout à Mademoiselle Chanel. Son _____ *3* très sûr, son sens inné de l' _____ *4* m'ont beaucoup influencée.

JOURNALISTE : Pourquoi avez-vous quitté la Maison Chanel?

CHLOË : J'avais envie de _____ *5* et de créer mes propres modèles.

JOURNALISTE : Comment expliquez-vous votre succès?

CHLOË : Mes clientes sont des femmes qui travaillent, des femmes qui _____ *6* . J'ai compris qu'elles voulaient une garde-robe (*wardrobe*) pratique et élégante. Je choisis de belles _____ *7* et je crée des vêtements classiques et _____ *8* qui _____ *9* plusieurs années. Je crois que c'est ça la _____ *10* de mon succès.

Vocabulaire satellite

la **haute couture** high fashion
le **couturier** fashion designer
le **créateur, la créatrice de mode** stylist
le **prêt-à-porter** ready-made clothes
le **mannequin** fashion model
  porter des vêtements to wear clothes
  être à la mode to be fashionable, to follow fashion
  dans le vent very up-to-date, "in"
  essayer des vêtements to try on clothes
  ce qui me (vous) va what fits me (you), what looks good on me (you)

bien (mal) habillé well (poorly) dressed
négligé carelessly done, unkempt
le **tailleur** (woman's) suit
le **chemisier** blouse
la **jupe** skirt
le **collant** tights
le **costume trois-pièces** (man's) three-piece suit
la **veste** jacket
le **pantalon** trousers
la **cravate** tie
le **nœud-papillon** bow-tie
la **taille** size

la **pointure** shoe size
le **Marché aux Puces** flea market

les **vêtements** *m* **d'occasion** second-hand
  clothes
en solde on sale

Pratique de la langue

1. Quelle est votre attitude vis-à-vis de la mode? La suivez-vous de près? Dites pourquoi ou pourquoi pas. Est-il vraiment possible de ne pas suivre la mode?
2. Improvisez les dialogues suivants :
   a. Une vendeuse dans une boutique à la mode essaie de convaincre une cliente, conservatrice et peu sûre d'elle, d'acheter une robe excentrique aux couleurs très voyantes (*garish*).
   b. Une mère de famille et sa fille ou son fils de quatorze ans se trouvent dans un grand magasin au mois de septembre pour acheter des vêtements pour la rentrée des classes. Ils ne peuvent se mettre d'accord (*agree*) parce que chacun a des idées très différentes sur ce qu'il convient d'acheter. Imaginez leur discussion.
3. Que pensez-vous de la mode masculine? La trouvez-vous trop limitée, raisonnable, conventionnelle, trop fantaisiste, triste, etc.? Si vous étiez grand couturier, que proposeriez-vous pour la changer?
4. Comment expliquez-vous la popularité du blue jean au cours des années et à travers le monde?
5. Transformez la classe en boutique de troc (*barter*). Faites des échanges de vêtements, chaussures, chapeaux, accessoires, etc., entre vous. Essayez de marchander (*bargain*).

Cuisine et gastronomie

«Dis-moi ce que tu manges, je te dirai qui tu es.»
 —Brillat-Savarin

Despite the popularity of what the French call "le fast-food"—McDonald's, to name but one fast food chain, is quite popular in France—and the new but ever-growing interest in frozen food, the French still cling with pride to their culinary traditions. Families continue to lavish much effort and care on the preparation of a good meal, especially on special occasions. Many refined palates are still willing to travel long distances to dine at a famous or cherished restaurant, and there is hardly anyone in France who will not argue that French cheeses are the best in the world.

Tradition dies hard in France, especially when the topic is cuisine. For example, although the French do their food shopping mostly in modern supermarkets, they also enjoy shopping in the traditional specialty stores—the *boulangerie,* the *charcuterie,* the *boucherie,* the *fromagerie,* the *marchand de légumes*—where they are assured of quality and freshness, and have a personal relationship with the shopkeeper-owner.

Regional cuisines are also appreciated in France, as evidenced by the recent popularity of bistros and restaurants that offer such specialties as sauerkraut from Alsace, bouillabaisse from Marseilles, and cassoulet from Toulouse. There is virtually no similarity between home cooking in Alsace, Normandy, Provence, or Périgord, except that each is, in its own way, delectable.

And what about "French cuisine" as practiced in hundreds of high-priced restaurants from Oslo to Hong Kong, not to mention France itself? It too, of course, is "French"— more French, in a sense, than any local or family specialty, because it represents the distillation of techniques and recipes accumulated over generations by specialists.

The traditions of *la haute (grande) cuisine* go back to the Ancien Régime and were handed down through prestigious chefs such as Vatel (d. 1671), Carême (1784–1833), and Escoffier (1847–1935). But today, despite the survival of traditional *haute cuisine,* it would be impossible to identify any particular style as the quintessence of French gastronomy. There was a time when the glory of French cuisine was associated with the infinite variety of its complex and sophisticated sauces, each developed to accompany a specific preparation of meat, fish, poultry, or vegetables. Recently, however, the advocates of *la nouvelle cuisine* recoiled from such elaborate traditions, developing in their place a new style of sophisticated simplicity based on the idea that "less is more."

The masters of *la nouvelle cuisine* staged their quiet revolution by shifting emphasis from what accompanies or seasons the food to the foods themselves. Chefs such as Bocuse, Michel Guérard, the brothers Troisgros, Raymond Thuillier, and many others have settled away from Paris, often in small out-of-the-way towns, in order to have access to abundant garden vegetables, fresh fish, or poultry in their natural environment. Their cuisine aims at rediscovering the unadulterated taste of food and borrows some of its techniques from the Orient. They also cater to the modern diner's preoccupation

with fitness and calories, hence the name of *cuisine minceur,* a common synonym for
nouvelle cuisine.

This emphasis on originality has led to some strange combinations and inordinately
esoteric creations. It is precisely in order to react to such excesses that chefs, like Jean-
Pierre Xiradakis, in devising their menus, continue to insist on the quality of the products that they use, but put a special premium on simplicity and respect for tradition and
good taste.

Orientation

Quelles sont vos habitudes alimentaires? Mettez-vous en groupe et répondez aux questions
suivantes :

1. Quel repas de la journée préférez-vous : le petit déjeuner, le déjeuner ou le dîner?
2. Grignotez-vous (*nibble*) entre les repas?
3. Combien de fois par mois mangez-vous dans des restaurants fast-food comme les Mac-Dos?
4. Qu'est-ce que vous buvez habituellement en prenant vos repas?
5. Prenez-vous un dessert à la fin du repas (toujours, quelquefois, jamais)?
6. Préférez-vous ce qui est sucré ou ce qui est salé (*salted*)?
7. Quel est votre plat préféré?
8. Achetez-vous beaucoup de produits allégés (*light or diet*)?

Jean-Pierre Xiradakis, ou l'homme qui a réinventé la saveur°

Jean-Pierre Xiradakis est le propriétaire du restaurant La Tupina à Bordeaux.

On entre dans La Tupina comme dans la cuisine de sa vieille grand-mère de
province. Une table de ferme couverte de charcuteries° est dressée° devant la
cheminée où des tournebroches° actionnés par des poulies° rôtissent° de croustil-
lantes° volailles° dorées°. C'est l'odeur qui attire le plus d'attention. Une bonne
5   odeur de cuisine qui mitonne°. L'homme qui officie°, Jean-Pierre Xiradakis, fut
l'un des premiers en France à comprendre que l'on n'invente rien en cuisine° et
que seule compte la qualité des produits. Cette évidence n'en était pas une° il y a
une quinzaine d'années. Fondateur de l'association pour la défense et la sauve-
garde° des traditions gastronomiques du Sud-Ouest, Xiradakis fut un précurseur.

---

la saveur flavor   /   **les charcuteries** *f* cold meats (*spécialités à base de porc*)   /   **dresser** to set   /   **le
tournebroche** roasting jack   /   **actionné par des poulies** operated by pulleys   /   **rôtir** to roast   /
croustillant crispy, crunchy   /   **une volaille** poultry, fowl   /   **doré** golden   /   **mitonner** to simmer   /   **officier** to officiate   /   **en cuisine** in the art of cooking   /   **cette évidence n'en était pas
une** this was not obvious   /   **la sauvegarde** = *la protection*

10 Grâce à° son action, on a ressuscité des produits sur le point de disparaître; l'a-gneau° de Pavillac°, le bœuf de Bazas, le chapon° des Landes, les haricots° de Tarbes, etc.

JOURNALISTE   Paul Bocuse° défendait déjà il y a vingt ans l'idée que le choix des produits était le fondement° de la nouvelle cuisine. Qu'avez-vous
15   apporté de neuf?

J.-P. XIRADAKIS   Je n'ai jamais prétendu° innover, mais seulement retrouver, c'est-à-dire sauver ce qui allait disparaître. Nous nous trouvons à un moment crucial de notre histoire culinaire. Des goûts°, des saveurs, des produits risquent de s'effacer° à jamais de notre mémoire. Le
20   cas du Sud-Ouest est exemplaire, car je pense qu'il est le berceau° de la gastronomie française. C'est ici que sont nés la truffe°, le cèpe°, le foie gras°.

JOURNALISTE   Les produits qui ont fait la notoriété de cette région sont toujours très chers.

25 J.-P. XIRADAKIS   C'est exact, mais n'est-il pas normal de payer de 30 à 40% plus cher une bonne volaille ou une bonne viande? Encore faut-il savoir qui la produit? Pendant longtemps, j'ai cherché, comme d'autres les antiquités°, des gens qui font de bons produits. Si l'on ne va pas à eux, ils vont disparaître. Il y a encore en France des
30   gens qui élèvent° des volailles ou cultivent° des légumes° comme jadis°. Ils sont de moins en moins nombreux. Bordeaux, par ex-emple, était autrefois entouré° de cultures maraîchères°. Mainte-nant je dois aller chercher mes salades à 80 kilomètres de Bor-deaux, dans le Tarn-et-Garonne°, mes volailles dans le
35   Lot-et-Garonne°, mon beurre dans les Pyrénées.

JOURNALISTE   Les bons produits sont donc très importants pour vous car dans votre restaurant, vous ne faites pas une cuisine élaborée.

J.-P. XIRADAKIS   C'est vrai. Mes plats sentent l'ail°, l'oignon, l'échalote°. C'est l'art brut°! Rien que des choses qu'on peut identifier! Le goût pour
40   le goût°. Je ne suis pas un cuisinier de formation°. La nouvelle

---

grâce à thanks to / **l'agneau** *m* lamb / **Pavillac, Bazas, les Landes, Tarbes** = *régions ou villes du Sud-Ouest* / **le chapon** capon / **les haricots** *m* beans / **Paul Bocuse** = *chef cuisinier, un des pionniers de la nouvelle cuisine* / **le fondement** foundation / **prétendre** to claim / **le goût** taste / **s'effacer** = *disparaître* / **le berceau** cradle / **la truffe** truffle, a kind of mushroom / **le cèpe** wild mushroom / **le foie gras** goose-liver pâté / **l'antiquité** *f* antique / **élever** to raise / **cultiver** to grow / **les légumes** *m* vegetables / **comme jadis** as in the old days / **entouré** surrounded / **les cultures maraîchères** market-garden produce / **le Tarn-et-Garonne, le Lot-et-Garonne** = *départements*ᶜ *près de Bordeaux* / **l'ail** *m* garlic / **l'échalote** *f* shallot / **l'art brut** = *art spontané, sans influence culturelle* / **le goût pour le goût** taste for taste's sake / **de formation** by training

cuisine m'a longtemps terrisé. Je me tenais° dans mon coin, un
peu perplexe. La mode était alors aux rougets au chocolat°. C'est
la chose au monde la plus ridicule. Je me disais que peut-être je
faisais fausse route° avec ma cuisine sans apprêts°, sans artifices°,
45   aux saveurs un peu fortes. Aujourd'hui on me donne raison°.
Beaucoup de cuisiniers° redécouvrent les vertus de la vraie simpli-
cité. Il est significatif° qu'à présent, le lieu° où l'on fait la cuisine
redevienne visible dans les restaurants. Ce n'est plus un endroit°
aseptisé°, sans odeurs. Chez moi, les soupes, les haricots miton-
50   nent dans la marmite° près de la cheminée. Ils embaument° le
restaurant. Je crois que la cuisine art sacré° est révolue°.

JOURNALISTE   Ce retour° aux choses simples dont vous parlez, ne vient-il pas de
cette incapacité croissante° à identifier ce que l'on mange?

J.-P. XIRADAKIS   Certainement. Je connais quelques journalistes spécialisés dans la
55   gastronomie. Ils me disent : «On était chez Untel°. Le repas était
fabuleux. —Qu'avez-vous mangé?» Ils bredouillent°. Impossible
pour eux de se rappeler le moindre plat°. Ils s'empressent° en re-
vanche° d'ajouter° : «Oui, mais le lendemain nous sommes allés
déjeuner dans une auberge de campagne° : le poulet rôti et les
60   nouilles° étaient exceptionnels, qu'est-ce qu'on s'est régalé°.» Sans
commentaires°...

Propos° recueillis par Jean Cottereau, *L'Evénement du jeudi*

Qu'en pensez-vous?

Etes-vous d'accord ou non avec les déclarations suivantes? Justifiez votre réponse.

1. La Tupina est un restaurant somptueux et très élégant.
2. Quand on entre dans ce restaurant, on est attiré d'abord par une bonne odeur de cuisine.
3. Pour Jean-Pierre Xiradakis, ce qui compte le plus, c'est la qualité des produits.
4. Il essaie de sauvegarder des produits qui sont sur le point de disparaître.

---

se tenir to stand   /   **les rougets** *m* **au chocolat** red snappers in a chocolate sauce   /   **faire fausse route** = *aller dans la mauvaise direction*   /   **sans apprêts** without any trimming   /   **sans artifices** = *naturel*   /   **on me donne raison** people agree with me, I am proven right   /   **le cuisinier** cook   /   **significatif** = *intéressant*   /   **le lieu** place   /   **l'endroit** *m* place   /   **aseptisé** sterile   /   **la marmite** stew pan, cooking pot   /   **embaumer** to give a fragrance to   /   **art sacré** = *comme quelque chose de sacré*   /   **révolu** past, gone by   /   **le retour** return   /   **croissant** increasing   /   **chez Untel** at So and So's (meaning a famous restaurant)   /   **bredouiller** to stammer   /   **le moindre plat** the slightest dish   /   **s'empresser de** to be eager to, to hasten to   /   **en revanche** on the other hand, however   /   **ajouter** to add   /   **une auberge de campagne** country inn   /   **les nouilles** *f* noodles   /   **qu'est-ce qu'on s'est régalé!** what a great meal we had!   /   **sans commentaires** no comment   /   **les propos** *m* remarks, words

5. La région parisienne est le berceau de la gastronomie française.
6. Les gens qui élèvent des volailles ou cultivent des légumes sont de plus en plus nombreux.
7. Jean-Pierre Xiradakis trouve tous les produits dont il a besoin à Bordeaux.
8. La cuisine qu'il prépare n'est pas une cuisine élaborée.
9. Il a toujours eu beaucoup d'admiration pour la nouvelle cuisine.
10. Dans de nombreux restaurants, les clients peuvent voir le lieu où l'on fait la cuisine.
11. Quand les plats sont trop compliqués, il est quelquefois difficile d'identifier ce que l'on mange.

Nouveau Contexte

Complétez le dialogue suivant en choisissant les termes appropriés (employez chaque terme une seule fois). Puis, jouez le dialogue.

Noms : berceau *m*, foie gras *m*, goût *m*, haricots *m*, saveur *f*
Verbes : cultivent, élèvent, embaument, s'est bien régalé
Adjectif : aseptisée

Nous avons rencontré le cuisinier, Jacques Perin, dont le livre, *La Cuisine du Sud-Ouest,* vient de sortir.

LIBRAIRE :   Pourquoi ce livre?

JACQUES PERIN : Parce que le Sud-Ouest est vraiment le _____ *1* de la gastronomie française. Il existe dans cette région un grand nombre d'excellents produits bien connus, comme le _____ *2* , les truffes, et d'autres moins connus, comme les _____ *3* blancs de Tarbes—délicieux dans le cassoulet—qui sont en danger de disparaître.

LIBRAIRE :   Pour quelles raisons?

JACQUES PERIN : Tout simplement parce qu'ils ne correspondent plus au _____ *4* du jour. Nous sommes dans une période d'uniformisation; de moins en moins d'agriculteurs _____ *5* les légumes et _____ *6* les animaux comme autrefois.

LIBRAIRE :   Vous trouvez que c'est dommage?

JACQUES PERIN : Bien sûr! Il faut retrouver la _____ *7* des choses naturelles.

LIBRAIRE :   Quelles recettes (*recipes*) avez-vous rassemblées dans votre nouveau livre?

JACQUES PERIN : Des soupes, des ragoûts (*stews*) de viande qui doivent mitonner très longtemps, des plats simples et traditionnels qui font dire à toute la famille à la fin du repas : «On _____ *8* !»

LIBRAIRE :   Il me semble que vous n'êtes pas pour la cuisine (au four) micro-ondes (*microwave*).

JACQUES PERIN : Ne m'en parlez pas! C'est une abomination! Je suis contre cette cuisine _____ *9* , sans odeur. Je veux que l'on revienne aux plats préparés avec amour et qui _____ *10* la maison.

Vocabulaire satellite

la **nourriture** food

les **crudités** *f* raw vegetables served as hors d'oeuvres

le **pâté** pâté

le **poisson** fish (la **sole**, le **cabillaud** sole, fresh cod)

les **crustacés** *m* shellfish (les **moules** *f*, les **huîtres** *f* mussels, oysters)

la **viande** meat (le **bœuf**, le **porc**, le **mouton**, le **veau** beef, pork, mutton, veal)

les **légumes** *m* vegetables (les **épinards** *m*, les **haricots verts** spinach, green beans)

la **crème caramel** caramel custard

la **tarte aux pommes** apple pie

la **casserole** saucepan

la **poêle** frying-pan

le **four** oven

le **four à micro-ondes** microwave oven

le **congélateur** freezer

les **aliments frais** fresh food

les **surgelés** *m* frozen food

les **conserves** *f* canned food

cuisiner, faire cuire to cook

faire de la pâtisserie to bake

mélanger to mix

ajouter to add

assaisonner to season

se régaler (de) to feast (on)

être au régime to be on a diet

les **produits allégés** light, diet items

les **matières grasses** fat

la **carte** menu

commander to order

l' **addition** *f* bill, check (in a restaurant or café)

le **pourboire** tip

Pratique de la langue

1. Imaginez un dialogue entre deux cuisiniers aux conceptions opposées : l'un est très créatif et inventif et n'hésite pas à faire les mélanges les plus bizarres; l'autre est pour une cuisine simple et traditionnelle, au goût facile à identifier.

2. Sachez expliquer à la classe comment faire chauffer le poisson à la Bordelaise surgelé dans un four traditionnel et dans un four à micro-ondes (voir p. 158).

3. Vous êtes diététicien (diététicienne) et les personnes suivantes ont besoin de vos conseils. Quels régimes conseilleriez-vous à :
   a. la mère d'un enfant de six ans qui n'aime rien
   b. un(e) adolescent(e) qui a tendance à grossir
   c. un(e) étudiant(e) pendant la période des examens
   d. un(e) grand(e) sportif (sportive)

4. Vous êtes garçon ou serveuse dans un restaurant français. Improvisez des dialogues avec les clients suivants :
   a. une dame qui est au régime
   b. un(e) végétarien(ne) qui se méfie de tous les aliments traités avec des produits chimiques
   c. un(e) étudiant(e) qui a peur de ne pas avoir assez d'argent pour payer l'addition
   d. un jeune homme qui cherche à impressionner la jeune fille qu'il a invitée à dîner

Poisson à la Bordelaise surgelé

Des filets de cabillaud sans arête° nappés° d'une sauce persillée° légèrement citronnée et parsemée de chapelure° pour bien gratiner au four.

PRÉPARATION

Pour cette recette, nous vous conseillons la préparation au four traditionnel qui donne un meilleur résultat.

Au four traditionnel.
● Préchauffez votre four à 250°C (th. 8)° pendant environ 15 minutes.
● Retirez le couvercle de la barquette° et placez-la encore gelée° sur une plaque° à mi-hauteur du four.
● Laissez cuire 30 à 35 minutes à 250°C.

Au four à micro-ondes.
● Retirez le produit encore gelé de la barquette et déposez-le dans un plat (non métallique) adapté au micro-ondes. Couvrez. Faites cuire 10 minutes environ sur puissance maximum. Passez ensuite le plat découvert 2 minutes sous le gril d'un four traditionnel.

5. Aimez-vous faire la cuisine? Quels plats aimez-vous préparer? Communiquez à la classe votre recette favorite.
6. Allez-vous souvent au restaurant? Dans quel genre de restaurants aimez-vous aller? Y allez-vous essentiellement pour bien manger ou pour rencontrer des ami(e)s dans une atmosphère agréable?

Sujets de discussion ou de composition

1. Ecrivez une carte postale à un(e) de vos ami(e)s à l'occasion d'un voyage en France. Mentionnez des détails sur la nourriture, la mode, et le tempérament français en général.
2. «Les vieux vêtements sont de vieux amis». Vous avez 75 ans; dans une malle (*trunk*), vous retrouvez des vêtements des saisons passées. Qu'est-ce qu'ils vous disent?
3. Une silhouette, un vêtement, un air de musique dessinent une époque avec ses obsessions et ses fantasmes. Comment représenteriez-vous le temps présent sur une affiche, par exemple? Quelle silhouette, quel vêtement choisiriez-vous?
4. Ecrivez un court article pour un magazine spécialisé (comme Le Magazine des Gourmets) décrivant un repas (délicieux ou très mauvais) dans un restaurant de votre choix.

l'arête *f* fish bone / **nappés** covered with / **persillée** with parsley / **parsemée de chapelure** sprinkled with bread crumbs / **th. 8** thermostat 8 / **le couvercle de la barquette** the lid of the tray / **gelée** frozen / **la plaque** oven rack

8

La Francophonie

Le Monde francophone

La francophonie (the French-speaking community) is a term used to designate people who use the French language but live in different countries. Today the total population of those countries where French is spoken daily numbers over 200 million. The French-speaking area in Western Europe includes portions of Belgium, Luxembourg, and Switzerland. The expansion of the French language overseas resulted from imperial adventures pursued over four centuries. Scattered remnants of France's once vast colonial empire still survive: French Guiana in South America; Martinique and Guadeloupe in the Caribbean; St Pierre and Miquelon off Canada; Réunion in the Indian Ocean; Tahiti and New Caledonia in the Pacific. In addition, the French language continues to be spoken in many other countries that ceased to be French as far back as the eighteenth century (Canada) or as recently as the 1970s (the Comoro Islands).[1]

France's modern colonial empire was acquired between 1830, when France invaded Algeria, and the end of World War I. It came to an end between 1941, when Syria and Lebanon were promised independence, and 1962, when French rule ended in Algeria. The decolonization process was sometimes violent—as in Indochina and Algeria—but often resulted from a peaceful negotiated settlement. All the former French territories in sub-Saharan Africa have maintained close economic and cultural ties with France. Most of them still belong to the currency zone of the franc.

To a greater or lesser extent, France followed a policy of assimilation in its overseas possessions. Before their nations won independence, the presidents of several African states—Senghor of Senegal, Houphouët-Boigny of the Ivory Coast, Sékou Touré of Guinea—were members of the French National Assembly. Education was usually conducted in French at all levels; a hand-picked elite was systematically sent to France to complete its education.

A small number of overseas possessions and a number of former dependencies are incorporated into the French Republic as overseas departments^c or territories in much the same way as Hawaii and Alaska became the forty-ninth and fiftieth states of the Union. There are five such *départements d'outre-mer*^c: Martinique, Guadeloupe, French Guiana in the Caribbean basin, St. Pierre et Miquelon in the North Atlantic, and the Indian Ocean island of La Réunion. Their inhabitants are French citizens, and they vote in legislative and presidential elections just like other French citizens.

The French presence in the Caribbean dates back to the seventeenth century—Martinique came under French control in 1635—and has left many traces. Haiti fought a successful revolution against France and became independent in 1804, but remains a French-speaking state today. The majority of the population of the overseas departments are of non-European stock; most are of African descent, but those in Guiana

[1]For the use of French throughout the world, see the map at the front of the book.

include Amerindians, and those of La Réunion absorbed immigrants from almost every land bordering on the Indian Ocean. As a result, each of these territories has developed a distinctive but decidedly hybrid culture. In Martinique and Guadeloupe, for example, standard French has long been the official language, but it exists side by side with Creole, which includes obsolete and distorted French words along with African words and syntax. Creole is also the folk idiom of Haiti and even survives in a number of West Indian islands that have long ceased to be French. In recent years, its use has been advocated by some as a vehicle for the affirmation of cultural autonomy.

The French West Indies have produced their share of politicians, civil servants, scholars, and artists. Several artists—among whom Aimé Césaire, the poet and politician who first coined the word *négritude,* and Frantz Fanon—have achieved worldwide celebrity.

Born in 1925 at Fort-de-France, Martinique, Frantz Fanon was trained as a physician and psychiatrist. Assigned to a hospital in Algeria, Fanon soon became a sympathizer, then an active participant, in the Algerian liberation struggle. *Les Damnés de la Terre* (The Wretched of the Earth), which has been called "the Bible of Third World revolutionaries," first appeared in 1961, one year before Fanon's death at the age of thirty-seven.

In *Peau-noire, masques blancs,* his first book published in 1952, from which the following excerpt is taken, Fanon analyzes the plight of the "peripheral Frenchman." He writes with corrosive irony and a colorful, vigorous style.

Orientation

Testez votre connaissance du monde francophone. Mettez-vous en groupe de deux et dites si les phrases suivantes sont vraies ou fausses. (Les réponses se trouvent au bas de la page.)

1. Madagascar fait partie des Antilles françaises.
2. Le français est la langue dominante au Luxembourg.
3. L'île de la Réunion est un département français.
4. La capitale du Burkina-Faso est Dakar.
5. La langue officielle en Haïti est le créole.
6. En Belgique, les Wallons parlent français.
7. On appelle «Franco-Américains» les habitants de la Louisiane qui parlent français.
8. Pondichéry était un ancien comptoir (*trading post*) français en Inde.
9. En Algérie, l'enseignement se fait en français.
10. Le poète et écrivain, Léopold Senghor, est originaire du Cameroun.

Réponses : 1. Faux. Madagascar se trouve dans l'océan Indien. 2. Vrai. 3. Vrai. 4. Faux. Ouagadougou est la capitale. 5. Vrai. 6. Vrai. 7. Faux. Les Franco-Américains se trouvent en Nouvelle-Angleterre. 8. Vrai. 9. Faux. Il se fait en arabe. 10. Faux. Il est originaire du Sénégal.

Gloire et ignominie du débarqué°

Le Noir qui entre en France change parce que pour lui la métropole° représente le Tabernacle°; il change non seulement parce que c'est de là que lui sont venus Montesquieu, Rousseau et Voltaire, mais parce que c'est de là que lui viennent les médecins, les chefs de service°, les innombrables petits potentats—depuis le
5 sergent-chef° «quinze ans de service» jusqu'au gendarme originaire de Panissières°. Il y a une sorte d'envoûtement à distance°, et celui qui part dans une semaine à destination de la métropole crée autour de lui un cercle magique où les mots Paris, Marseille, la Sorbonne, Pigalle représentent les clés de voûte°. Il part et l'amputation de son être° disparaît à mesure que le profil du paquebot se précise°. Il lit sa
10 puissance, sa mutation, dans les yeux de ceux qui l'ont accompagné°.

Maintenant que nous l'avons conduit au port, laissons-le voguer°, nous le retrouverons. Pour l'instant, allons à la rencontre de l'un d'entre eux qui revient. Le «débarqué», dès son premier contact, s'affirme°; il ne répond qu'en français et souvent ne comprend plus le créole. A ce propos, le folklore nous fournit une
15 illustration. Après quelques mois passés en France, un paysan retourne près des siens°. Apercevant un instrument aratoire°, il interroge son père, vieux campagnard à-qui-on-ne-la-fait-pas° : «Comment s'appelle cet engin°?» Pour toute réponse, son père le lui lâche sur les pieds°, et l'amnésie disparaît. Singulière thérapeutique.

Voici donc un débarqué. Il n'entend plus° le patois°, parle de l'Opéra, qu'il n'a
20 peut-être aperçu que de loin, mais surtout adopte une attitude critique à l'égard de ses compatriotes. En présence du moindre événement, il se comporte° en original°. Il est celui qui sait. Il se révèle par son langage. A la Savane°, où se réunissent les jeunes gens de Fort-de-France, le spectacle est significatif : la parole° est tout de suite donnée au débarqué. Dès la sortie du lycée et des écoles, ils se réunissent
25 sur la Savane. Il paraît qu'il y a une poésie de cette Savane. Imaginez un espace de deux cents mètres de long sur quarante de large, limité latéralement par des tamariniers vermoulus°, en haut l'immense monument aux morts, la patrie

---

le débarqué returnee / **la métropole** mother country; here, France / **le Tabernacle** the holy of holies / **le chef de service** department head / **le sergent-chef** master sergeant / **originaire de Panissières** from Panissières (a small town in central France) / **un envoûtement à distance** a long-distance spell / **la clé de voûte** keystone / **l'amputation** *f* **de son être** the truncation of his personality / **à mesure que... se précise** as the steamer's outline comes into focus / **accompagner** to see (someone) off / **voguer** to sail / **s'affirme** = *montre qu'il est différent* / **près des siens** = *dans sa famille* / **l'instrument** *m* **aratoire** farming tool / **à-qui-on-ne-la-fait-pas** not easily taken in / **l'engin** *m* device, tool / **le lui lâche sur les pieds** drops it on his feet / **il n'entend plus** = *il ne comprend plus* / **le patois** regional dialect / **se comporter** to behave / **en original** so as to attract attention / **la Savane (terme antillais)** an open square / **la parole** the floor, the chance to speak / **les tamariniers vermoulus** decayed tamarind trees

reconnaissante à ses enfants, en bas, le Central-Hôtel; un espace de pavés inégaux°,
des cailloux° qui roulent sous les pieds, et, enfermés dans tout cela, montant et des-
30 cendant, trois ou quatre cents jeunes gens qui s'accostent°, se quittent.

—Ça va?

—Ça va. Et toi?

—Ça va.

Et l'on va comme ça pendant cinquante ans. Oui, cette ville est lamentablement
35 échouée°. Cette vie aussi.

Ils se retrouvent et parlent. Et si le débarqué obtient rapidement la parole, c'est
qu'on l'attend°. D'abord dans la forme : la moindre faute est saisie, dépouillée°,
et en moins de quarante-huit heures tout Fort-de-France la connaît. On ne pardonne pas, à celui qui affiche° une supériorité, de faillir au devoir°. Qu'il dise, par
40 exemple : «Il ne m'a pas été donné de voir en France des gendarmes à chevaux°»,
et le voilà perdu. Il ne lui reste qu'une alternative : se débarrasser de son parisia-
nisme° ou mourir au pilori. Car on n'oubliera point; marié, sa femme saura qu'elle
épouse une histoire°, et ses enfants auront une anecdote à affronter et à vaincre°.

Frantz Fanon, *Peau noire, masques blancs*

Qu'en pensez-vous?

Etes-vous d'accord ou non avec les déclarations suivantes? Justifiez votre réponse.

1. Le Martiniquais qui se prépare à partir en métropole devient une autre personne.
2. Il lit sa puissance et sa transformation dans les yeux de ceux qui viennent lui dire au revoir.
3. Pour lui, la France représente le savoir (*knowledge*) et la puissance.
4. Dans les départements français d'outremer, de nombreux fonctionnaires viennent de France.
5. Quand il retrouve son pays, le débarqué a une attitude critique à l'égard de la France.
6. Il semble avoir oublié la langue et les coutumes de son pays natal.
7. Les jeunes gens qui se réunissent à la Savane ne font pas attention aux nouveaux dé-barqués.
8. Si le débarqué fait une faute, on lui pardonne aisément.

---

les pavés inégaux uneven paving stones / **les cailloux** *m* pebbles / **s'accoster** to meet up with
each other / **lamentablement échouée** a miserable wreck / **c'est qu'on l'attend** it is because
they are waiting for him (to trip up) / **dépouillé** laid bare, exposed / **afficher** to make a show
of / **faillir au devoir** to fail to live up to expectations / **à chevaux** error for *à cheval* /
le parisianisme Parisian way of speaking / **elle épouse une histoire** she is marrying a man with a
history / **vaincre** to overcome

Nouveau Contexte

Complétez le dialogue suivant en choisissant les termes appropriés (employez chaque terme une seule fois). Puis, jouez le dialogue.

Noms : compatriotes *m*, coutumes *f*, créole *m*, gendarme *m*, métropole *f*
Verbes : se comporte, s'expatrier, ramène
Adjectifs : natale, originaire

Dans l'avion qui les _____*1* à Fort-de-France, Joseph, martiniquais, et Michel, parisien, sont assis côte à côte. Michel engage la conversation.

MICHEL : Vous êtes _____*2* de la Martinique?

JOSEPH : Oui, mais ça fait cinq ans que je travaille à Paris. Je suis _____*3* ; des fonctionnaires, il y en a trop, alors il faut partir.

MICHEL : Ça doit être dur de _____*4*.

JOSEPH : Oui et non. Il y a plus d'avenir en _____*5*.

MICHEL : Vous vous retrouvez souvent avec vos _____*6*?

JOSEPH : Oh oui, très souvent.

MICHEL : Vous continuez à parler _____*7*?

JOSEPH : De moins en moins maintenant. En France, on _____*8* différemment; on doit adopter d'autres _____*9*.

MICHEL : En cinq ans, est-ce que vous avez changé? Est-ce qu'il vous arrive de critiquer votre île _____*10*?

JOSEPH : C'est plutôt le contraire. Vue de loin, on a l'impression que c'est le paradis!

Vocabulaire satellite

la **patrie** homeland
la **patrie d'adoption** adopted homeland
le **Tiers-Monde** third world
un **pays en voie de développement** a developing country
un **pays industrialisé** an industrialized country
l' **esprit** *m* **de clocher** parochialism
l' **esclavage** *m* slavery
la **nostalgie** nostalgia
les **Antilles** *f* the Caribbean, the West Indies
l' **Antillais(e)** West Indian, person from the Caribbean
souffrir d'un complexe d'infériorité to suffer from an inferiority complex

manquer de confiance en soi to lack self-confidence
se **sentir étranger à** to feel alien to
s' **expatrier** to emigrate, to become an expatriate
rester au pays to stay home (in one's native land)
être traité de (+ *epithet*) to be called a
être traité comme (+ *nom*) to be treated as
dépaysé out of one's element, not at home
déraciné uprooted
instruit educated
paternaliste paternalistic
condescendant condescending

Pratique de la langue

1. Montrez l'attitude ambivalente des Martiniquais vis-à-vis de ceux qui ont été en France. Comment se manifeste-t-elle?
2. Par des citations précises, montrez comment Fanon traite avec ironie les différents snobismes que l'on rencontre à la Martinique.
3. Donnez des extraits du journal d'un(e) jeune Martiniquais(e), la première semaine de son arrivée en France. Pour lui (elle), le pays est «exotique» et le comportement des Français surprenant et bizarre.
4. Avez-vous déjà voyagé dans un pays étranger ou dans un état très différent de l'état dans lequel vous habitez? Vous êtes-vous senti(e) dépaysé(e), déraciné(e)? Comment avez-vous réagi (*react*)?
5. Improvisez la situation suivante : Vous venez d'obtenir une bourse (*scholarship*) pour aller étudier en France. Vos parents, très inquiets de vous voir partir si loin, vous font leurs dernières recommandations avant le départ. Vous essayez de les rassurer le mieux possible. Jouez cette scène.
6. Décrivez sur un mode parodique, l'attitude, à votre avis, snob et superficielle, d'un(e) jeune Américain(e) qui vient de passer trois ans en France et qui a adopté beaucoup de manières, d'habitudes et de façons de penser françaises.

Ecrivains algériens d'expression française

After they captured the capital city, Algiers, in 1830, the French settled in Algeria. For generations afterwards, French colonists controlled the country administratively, economically, and culturally. Though they continued to maintain strong ties with France, they considered Algeria to be their country. This helps to explain the complexity of the Algerian problem of the 1950s, when Arab nationalist movements were formed to fight for independence from France. Following a brutal, hard-fought war, the repercussions of which are still felt today, independence was ultimately achieved in 1962. At great cost to themselves, the French settlers or *Pieds Noirs*[c] had to leave Algeria. The majority of them resettled in France, particularly in the Midi. Most of them have become integrated into French society while maintaining their own traditions and a close sense of community.

Upon attaining independence, the new Algerian government wanted to eradicate French influence at every level, and education was no longer conducted in French. Many intellectuals who had been educated in French and did not express themselves in Arabic were confronted with the following dilemma: should they represent their own people and write in Arabic or should they continue to write for a small group in French?

Assia Djebar, born in 1936 in Algeria, is an Algerian writer who, like her compatriots Rachid Boudjedra, Mohammed Dib, Nabile Fares, and Yacine Kateb, writes in French.

The struggle against colonialism left its mark on these writers and constitutes a major theme in their works. They express the cultural alienation caused by this struggle, which forced them to speak two languages, one expressing the dominant culture, the other the culture of the colonists. In the following excerpt, Djebar takes up this theme as well as the alienation of women caused by their total subjugation to men.

Orientation

Discutez avec un(e) camarade de classe des raisons pour lesquelles vous apprenez une langue étrangère.

J'apprends le français :
—parce que je veux voyager (travailler) en France
—parce que j'aime la musique de cette langue
—parce que c'est un cours obligatoire dans mon université
—parce que je veux lire des œuvres de littérature en français
—parce que je pense que cela me sera utile dans ma profession
—parce que j'adore les langues étrangères et que j'en connais déjà une (plusieurs) autre(s)
—parce que j'ai des ami(e)s dans des pays francophones et que j'aimerais leur rendre visite
—parce que, afin d'avoir une bonne culture générale, il faut se familiariser avec au moins une langue et une culture étrangère
—autres raisons

Mon Père écrit à ma mère

Ma mère, comme toutes les femmes de sa ville, ne désignait jamais mon père autrement que par le pronom personnel arabe correspondant à «lui». Ainsi, chacune de ses phrases, où le verbe, conjugué à la troisième personne du masculin singulier, ne comportait° pas de sujet nommément désigné°, se rapportait-elle° na-
5 turellement à l'époux. Ce discours caractérisait toute femme mariée de quinze à soixante ans...

Très tôt, petits et grands, et plus particulièrement fillettes et femmes, puisque les conversations importantes étaient féminines, s'adaptaient à cette règle de la double omission nominale° des conjoints°.
10 Après quelques années de mariage, ma mère apprit progressivement le français. Propos° hésitants avec les épouses des collègues de mon père; ces couples pour la plupart étaient venus de France et habitaient, comme nous, le petit immeuble° réservé aux enseignants° du village.

Je ne sais exactement quand ma mère se mit à° dire : «Mon mari est venu, est

---

comporter to include   /   **nommément désigné** = *désigné par un nom*   /   **se rapportait à** = *désignait*   /   **nominale** = *du nom*   /   **les conjoints** = *le mari et la femme*   /   **le propos** = *la parole*   /   **l'immeuble** *m* apartment building   /   **l'enseignant(e)** = *l'instituteur/l'institutrice, le professeur*   /   **se mit à** (*passé simple*) = *se mettre à, commencer à*

15 parti... Je demanderai à mon mari», etc.... Je retrouve aisément le ton, la contrainte°
de la voix maternelle. Je sens combien il a dû coûter à sa pudeur° de désigner, ainsi
directement, mon père. Une écluse° s'ouvrit en elle, peut-être dans ses relations
conjugales... Des années passèrent. Au fur et à mesure que° le discours maternel
évoluait, l'évidence m'apparaissait à moi, fillette de dix ou douze ans déjà : mes
20 parents devant le peuple° des femmes, formaient un couple, réalité extraordinaire!

... Un jour, mon père, au cours d'un° voyage exceptionnellement lointain (d'un
département à l'autre, je crois), mon père donc écrivit à ma mère—oui à ma mère!
Il envoya une carte postale avec, en diagonale, de sa longue écriture appliquée°,
une formule brève, du genre° «meilleur souvenir de cette région lointaine», ou
25 bien «je fais un beau voyage et je découvre une région pour moi inconnue», etc., et
il ajouta, en signature, simplement son prénom°. Mais, sur la moitié de la carte
réservée à l'adresse du destinataire°, il avait écrit «Madame», suivi du nom d'état
civil°, avec en ajout°—mais je n'en suis pas sûre—«et ses enfants», c'est-à-dire nous
trois, dont moi l'aînée°, âgée de dix ans environ...

la contrainte restraint   /   **combien il a dû coûter à sa pudeur** how it must have wounded her modesty   /   **l'écluse** *f* floodgate   /   **au fur et à mesure que** as   /   **le peuple** = *l'ensemble*   /   **au cours
de** = *pendant*   /   **l'écriture appliquée** painstaking handwriting   /   **du genre** like   /   **le prénom**
first name   /   **le destinataire** addressee   /   **le nom d'état civil** = *le nom de famille*   /   **en ajout** = *en
addition*   /   **l'aîné(e)** = *le (la) plus âgé(e)*

30   La révolution était manifeste : mon père, de sa propre écriture, et sur une carte qui allait voyager de ville en ville, qui allait passer sous tant et tant° de regards masculins, y compris° pour finir celui du facteur° de notre village, un facteur musulman° de surcroît°, mon père donc avait osé° écrire le nom de sa femme qu'il avait désignée à la manière occidentale : «Madame Untel°... »; or°, tout autochtone°,
35   pauvre ou riche, n'évoquait femme et enfants que par le biais° de cette vague périphrase : «la maison».

Ainsi mon père avait «écrit» à ma mère. Celle-ci, revenue dans la tribu, parla de cette carte postale avec un ton et des mots très simples certes°. Mais les femmes s'étaient écriées° devant la réalité nouvelle, le détail presque incroyable :

40   —Il t'a écrit à toi?

—Il a mis le nom de sa femme et le facteur a dû ainsi le lire? Honte°!...

—Il aurait pu adresser tout de même la carte à ton fils, pour le principe, même si ton fils n'a que sept ou huit ans!

Ma mère se tut°. Sans doute satisfaite, flattée, mais ne disant rien. Peut-être
45   soudain gênée°, ou rosie° de confusion; oui, son mari lui avait écrit à elle en personne!... L'aînée des enfants, la seule qui aurait pu lire la carte, c'était sa fille : alors fille ou épouse, quant au nom du destinataire, où se trouve la différence?

—Je vous rappelle que j'ai appris à lire le français maintenant!

C'était, de fait°, la plus audacieuse des manifestations d'amour...
50   J'ai été effleurée°, fillette aux yeux attentifs, par ces bruissements° de femmes reléguées°. Alors s'ébaucha°, me semble-t-il, ma première intuition du bonheur possible, du mystère, qui lie° un homme et une femme.

Mon père avait osé «écrire» à ma mère. L'un et l'autre, mon père par l'écrit, ma mère dans ses nouvelles conversations où elle citait désormais° sans fausse honte°
55   son époux, se nommaient réciproquement, autant dire° s'aimaient, ouvertement.

Assia Djebar, *L'Amour, la fantasia*

Qu'en pensez-vous?

Etes-vous d'accord ou non avec les déclarations suivantes? Justifiez votre réponse.

1. Quand elle parlait arabe, la mère de l'auteur ne disait jamais «mon mari» quand elle désignait son époux.

---

tant et tant so many / **y compris** including / **le facteur** mailman / **musulman** Muslim / **de surcroît** furthermore / **oser** to dare / **Madame Untel** Mrs. So and So / **or** now, however / **l'autochtone** *m, f* native / **par le biais** = *à travers* / **certes** = *certainement* / **s'écrier** = *s'exclamer* / **honte!** *f* shame on you! / **se tut** = *se taire (passé simple)* / **gêné** embarrassed / **rosi** flushed / **de fait** actually / **effleuré** = *touché, influencé* / **le bruissement** rustling / **relégué** = *exilé, confiné* / **s'ébaucha** = *commença* / **lier** = *joindre* / **désormais** = *à partir de maintenant* / **sans fausse honte** without any self-consciousness / **autant dire** = *c'est-à-dire*

2. Elle agissait ainsi parce qu'elle n'aimait pas son mari.
3. Le père de l'auteur était probablement enseignant.
4. Sa mère avait appris le français avant son mariage.
5. En parlant français, sa mère a appris à dire «mon mari» quand elle parlait de son époux.
6. Cela a changé leurs relations conjugales.
7. Un jour, le père a écrit une très longue lettre à ses enfants.
8. L'adresse sur la carte postale a une très grande importance symbolique.
9. Le facteur était un fonctionnaire français.
10. Les autres femmes de la tribu pensaient qu'il était honteux que le père n'ait pas adressé la carte à son fils.
11. L'aîné des enfants était un garçon.
12. Cette communication dans une autre langue a permis aux parents de l'auteur d'exprimer ouvertement leur amour.

Nouveau Contexte

Complétez le dialogue suivant en choisissant les termes appropriés (employez chaque terme une seule fois). Puis, jouez le dialogue.

Noms : cartes postales *f,* destinataire *m,* épouse *f,* pudeur *f,* signature *f*
Verbes : n'aurait jamais osé, rapportait
Adjectifs : gênée, musulmanes, reléguée

Une femme écrivain algérienne nous parle de son enfance.

JOURNALISTE : Vous m'avez dit que votre mère avait eu beaucoup d'influence sur vous. Pouvez-vous nous parler un peu d'elle?

ÉCRIVAIN : C'était une _____*1* soumise, _____*2* à la maison comme toutes les femmes _____*3* de sa génération. Elle n'était pas allée à l'école longtemps, mais elle était très intelligente et très curieuse.

JOURNALISTE : C'est vous qui lui avez appris le français, n'est-ce pas?

ÉCRIVAIN : Oui. Quand je suis allée à l'école française, elle ne pouvait plus m'aider à faire mes devoirs et cela l'attristait.

JOURNALISTE : Est-ce que c'est elle qui vous a demandé de l'instruire?

ÉCRIVAIN : Oh non, elle avait bien trop de _____*4* pour cela; elle _____*5*.

JOURNALISTE : Alors, comment avez-vous fait?

ÉCRIVAIN : Je lui ai dit que j'avais besoin d'elle. Je lui ai demandé de répéter avec moi des mots et des phrases. Au début elle était _____*6*, mais, très vite, elle a pu converser avec moi en français.

JOURNALISTE : Elle a appris à écrire aussi?

ÉCRIVAIN : Oui, et c'est devenu très important pour elle. En français, elle pouvait tout dire, elle pouvait révéler sa vraie personnalité. Elle écrivait presque tous les jours des _____*7* dans lesquelles elle _____*8* les petits événements de sa vie. Ces cartes n'avaient pas de _____*9* et elle n'y mettait jamais sa _____*10*. Moi seule connaissais l'existence de cette correspondance et c'était un merveilleux secret entre nous.

Vocabulaire satellite

la **colonie** colony
le **colon** colonist, settler
l' **indigène**, l'**autochtone** *m,f* native
  (of any country)
les **mœurs** *f* habits, customs
la **coutume** custom
l' **acculturation** *f* cultural adaptation
  être déchiré to be torn apart

s' **aliéner** to become estranged from
renoncer à to renounce
être dépendant de to be dependent on
la **femme voilée** veiled woman
perdre son identité to lose one's
  identity
déraciné uprooted

Pratique de la langue

1. Expliquez comment les relations de la mère ont changé vis-à-vis de son mari quand elle s'est mise à parler français. Quand elle parle de son mari en arabe, que dit-elle? Qu'est-ce que cela signifie? Quand elle parle de son mari en français, que dit-elle? Qu'est-ce que cela signifie?

2. Discutez les deux points de vue suivants : D'après vous, en adoptant le français, est-ce que cette femme renonce à sa culture et à ses coutumes et s'aliène des autres femmes? Ou pensez-vous, au contraire, qu'elle se libère, qu'elle acquiert une identité aux yeux des autres et, en particulier, de son mari qui la traite alors différemment?

3. Imaginez une discussion entre la mère de l'auteur et les autres femmes de la tribu qui lui reprochent son émancipation.

4. Frantz Fanon dans *Peau noire, masques blancs* écrit : «Parler une langue, c'est assumer (*interiorize*) un monde, une culture». Expliquez cette phrase en vous appuyant sur le texte d'Assia Djebar ou en prenant d'autres exemples.

5. Change-t-on de personnalité quand on apprend une autre langue? Avez-vous fait cette expérience? A-t-elle été positive ou négative pour vous?

Les Canadiens français

In 1763, in the peace settlement following the Seven Years War, Louis XV lightheartedly surrendered all French claims to Canada and the Mississippi Valley in order to recover Martinique and Guadeloupe. That choice did not seem absurd at the time: Voltaire had remarked that it was hardly worthwhile for England and France to fight over "a few acres of snow." So the French aristocrats and senior officials went home, leaving behind their poorer compatriots.

Over the next two centuries, immigrants—including many American Loyalists—poured into Canada, but few were absorbed into the French Canadian community, which expanded almost exclusively because of its own demographic vitality. From an

initial population of some 65,000, the French Canadians have grown to over six million, or about 24 percent of the total population of Canada. Taking into account the thousands of French Canadians who immigrated to New England in the nineteenth century, this means that this vigorous community virtually doubled its numbers over each successive generation. In recent times, however, that trend has been reversed. French Canadians now have one of the lowest birth rates in the Western World, and this poses a threat to their very existence.

The bulk of the French Canadian population lives in Canada's largest province, Québec. The Québécois have had their own government—comparable to that of an American state—for over one hundred years, but they regard themselves as a nation because they have preserved a common language, a common culture, and a sense of their collective identity. Many of them also view Québec as an oppressed nation, although Canada's most durable Prime Minister, Pierre Trudeau, was himself a French Canadian. The roots of this feeling are largely economic: despite some equalization, French Canadians still have a lower average income and a higher unemployment rate than the rest of the country. In a city like Montréal the more affluent sections are predominantly English-speaking. Until very recently, learning English was an absolute precondition of upward social mobility for the French Canadians.

The notion of an independent Québec is not exactly new, but during the mid-1960s it acquired an unprecedented vehemence attended by occasional terrorism. Emotions ran high when General de Gaulle visited Canada in 1967 and ended his prepared speech in Montréal with the provocative cry, "Vive le Québec libre!" Separatist movements combined in the 1970s to form the *Parti Québécois* (PQ), which gained control of the provincial government in 1976 under the leadership of René Lévesque (1967–1984). The new government took steps to establish French as the official language of Québec and to generalize its use throughout the educational system. In June 1980, however, Lévesque's plan to make Québec a sovereign state freely associated with the rest of Canada was rejected by 59% of the province's electorate.

Today, the question of Québec's relationship to the rest of the country remains at issue. In fact, Canadians as a whole are divided about the future of their country. Over the past few years, there has been constant disagreement over federal proposals that would reshape the government and the constitution. The Meech Lake Accord of 1987, which among other items defined Québec as a "distinct society" within the Canadian federation, failed to be approved by the parliament of each province. In August 1992, this accord was renegotiated in Charlottetown and submitted to a national referendum in October of the same year, but it was rejected again by 54% of the country.

These failures to reach a consensus reveal a deep crisis of identity. Though they consider their country with pride and affection, French Canadians tend nevertheless to view Québec first and Canada second. They give prime importance to their language and their culture and are eager to assert their existence as "a distinct society."

The following excerpt, written by popular writer and political activist Yves Beauchemin, illustrates the emotional attraction of Québec as a homeland.

Orientation

Parmi les institutions et symboles suivants, lesquels sont, à votre avis, plutôt canadiens (c'est-à-dire exclusivement canadiens anglais) ou plutôt québécois? Mettez-vous en groupe et échangez votre avis. (Vous trouverez les réponses au bas de la page.)

	canadien	québécois
1. Le drapeau fleurdelysé		
2. L'armée		
3. Les Blue Jays		
4. Le Saint-Laurent		
5. L'Eglise catholique		
6. Les Montagnes Rocheuses		
7. Le bilinguisme		
8. Le drapeau avec la feuille d'érable (*maple leaf*)		

Réponses : 1. Q 2. C 3. C 4. Q 5. Q 6. C 7. C 8. C

Comment mon âme° canadienne est morte

Je me suis senti° canadien jusqu'à° l'âge de dix ans. A l'école primaire de Clova° en Abitibi°, une carte° du monde pendait° au fond de la classe. Je la contemplais parfois, fier° de l'immense tache° rose que formait mon pays.

J'ai commencé à douter du bonheur d'être canadien en observant mon père un
5 dimanche après-midi attablé° dans la salle à manger. Un Harrap's° à côté de lui, il écrivait, biffait° et grognait°, n'arrivant à rien°. Papa travaillait à l'époque pour la *Canadian International Paper Company* et devait pondre° des rapports° pour ses patrons°. En anglais, bien sûr : ils ne lisaient pas d'autre langue. Moi, je l'avais apprise dans la rue en jouant avec mes camarades (Clova était un village biethnique :
10 patrons anglophones et employés francophones). L'anglais avait toujours représenté pour moi la langue du plaisir, celles des *comics* et des films du samedi, projetés gratuitement° dans notre école.

Mais en le voyant trimer°, je pris soudain conscience° que l'anglais était aussi la langue du travail et que mon père trouvait ce travail pénible°, voire° humiliant.
15 «Pourquoi n'écris-tu pas en français?» lui demandai-je.

Il me regarda, interloqué°. A l'époque, on ne se posait guère° ce genre de questions. Le pouvoir° temporel° parlait anglais, l'obéissance français. Tout le monde acceptait ces règles du jeu°. Elles formaient les bases de l'harmonie nationale, qui semblaient inaltérables.
20 Ce jour-là, à mon insu°, mon âme canadienne commença à mourir tout doucement.

En 1954, mes parents s'établirent° à Joliette°. L'anglais disparut de mon univers auditif : cette jolie ville de province ne le connaissait guère et ne semblait pas s'en porter plus mal°. Stupéfait, je faisais connaissance° avec un autre Québec : celui
25 de la majorité°.

En 1962, je vins habiter Montréal comme étudiant à l'université. Mon univers changea de nouveau. L'anglais réapparut, mais pas l'harmonie que j'avais connue dans mon village. Montréal était manifestement une ville dominée par les

---

l'âme *f* soul / **je me suis senti** I felt / **jusqu'à** till / **Clova** = *village québécois situé à peu près à 200 miles de Montréal* / **Abitibi** = *région de l'Ouest du Québec* / **la carte** map / **pendre** to hang / **fier** proud / **la tache** spot / **attablé** = *assis devant une table* / **Harrap's** = *dictionnaire français-anglais* / **biffer** to cross out / **grogner** to grumble / **n'arrivant à rien** getting nowhere / **pondre** = *produire* (lit. to lay) / **le rapport** report / **le patron** boss / **gratuitement** = *sans payer* / **trimer** (*fam*) = *travailler dur* / **je pris conscience** I realized / **pénible** = *difficile* / **voire** even / **interloqué** taken aback / **ne... guère** hardly / **le pouvoir** power / **temporel** = *sur les choses matérielles* / **la règle du jeu** rule of the game / **à mon insu** without my being aware of it / **s'établir** to settle / **Joliette** = *ville au nord-ouest de Montréal* / **s'en porter plus mal** to fare the worse for it / **faire connaissance** to become acquainted / **la majorité** = *où la majorité des gens sont francophones*

anglophones—mais notre soumission à leur égard° diminuait. A regarder° les
30 enseignes° et les affiches°, nous avions parfois l'impression d'être des fantômes.
Dans les magasins du centre-ville, on acceptait mon argent, mais beaucoup moins
ma langue°; souvent on la rejetait. Je compris que pour être un vrai Canadien, un
Québécois devait tailler° dans son âme.

C'était le début de la Révolution tranquille. René Lévesque° émergeait. Comme
35 des milliers de Québécois je découvrais avec ivresse° le sens° de notre destin. Des
données° s'accumulaient, accablantes° pour le mythe canadien. En voici deux : les
Québécois francophones ne constituent que 2% de la population nord-américaine,
massivement anglaise. Terrible fragilité. Fait aggravant : leur importance numé-
rique dans le Canada ne cesse de° décroître°; leur pouvoir aussi. A la naissance de
40 la Confédération°, ils comptaient pour un Canadien sur° trois; aujourd'hui, ils sont
à peine un sur quatre et bientôt un sur cinq. Si les nations puissantes tiennent
mordicus à° leur indépendance, combien davantage° doit y tenir une petite nation
comme la nôtre, tellement plus vulnérable. Qu'on pense° aux Louisianais°, aux
Franco-Américains°, disparus (ou en train de disparaître) parce que sans prise°
45 politique sur leur destin. Nous formons le dernier carré°.

L'entente° que Bourassa° et Mulroney° cherchent à nous imposer à coups de
référendums° va contre nos aspirations profondes et celle du Canada anglais. Les
sondages° montrent en effet que les Québécois sont prêts à prendre leur destin en
main°. Quant aux° Canadiens, si nous n'acceptons pas leurs conditions (inaccep-
50 tables), ils aiment mieux vivre à côté de nous qu'avec nous.

J'avais quinze ans lorsque le sort° de mon peuple a commencé à me préoccuper.
J'en ai cinquante et un et les discussions sur notre avenir dévorent toujours nos é-
nergies. Le temps et la démographie jouent désormais° contre nous. Les francophones constituent encore aujourd'hui les trois cinquièmes de la population de Mont-
55 réal; mais ils reculent° d'un pour cent par année. Bientôt ils seront minoritaires.

à leur égard with respect to them / **à regarder** from looking at / **l'enseigne** *f* sign /
l'affiche *f* poster / **la langue** = *le langage* / **tailler** to cut, carve / **René Lévesque** = *ancien
chef du parti séparatiste québécois* / **avec ivresse** ecstatically / **le sens** = *la direction* / **les données** *f* data / **accablant** overwhelming, crushing / **ne cesse de** = *continue de* / **décroître** to
decrease / **la Confédération** = *Acte de l'Amérique du Nord du 1er juillet 1867 qui donne jour à la Constitution canadienne* / **sur (trois)** out of (three) / **tenir mordicus** to hold on obstinately / **combien davantage** how much more / **qu'on pense** we only have to think of / **les Louisianais** *m* =
habitants de la Louisiane, dont les ancêtres sont français / **les Franco-Américains** *m* = *habitants du Nord-
est des Etats-Unis, dont les ancêtres sont français* / **parce que sans prise sur** because they don't have a
grasp on / **le carré** (*military metaphor*) square formation, making it possible to face the enemy on
all sides / **l'entente** *f* accord / **Robert Bourassa** = *Premier Ministre de la Province de Québec, chef
du parti libéral* / **Brian Mulroney** = *Premier Ministre conservateur du Canada* / **à coups de référen-
dums** through repeated referendums / **le sondage** poll / **prendre son destin en main** to take
one's fate into one's hands / **quant à** as for / **le sort** = *le destin* / **désormais** henceforth /
reculer to move back, decline

Oui, décidément, être canadien nous coûte trop cher. Comme la Tchécoslovaquie ou la Belgique, ce pays artificiel condamne deux cultures à un combat permanent. La plus forte vaincra° : l'anglaise. A moins que° nous ne nous donnions un pays. Le mot Québec me parle de liberté. Le mot Canada, lui, n'exprime en fait
60 que notre absence du monde.

Yves Beauchemin, L'Actualité

Qu'en pensez-vous?

Etes-vous d'accord ou non avec les déclarations suivantes? Justifiez votre réponse.

1. Jusqu'à l'âge de dix ans, l'auteur a été fier d'être canadien.
2. Son père n'écrivait pas bien l'anglais.
3. Dans le village biethnique où il a passé son enfance, les patrons pouvaient être soit français soit anglais.
4. A cette époque, tout le monde acceptait que les anglophones aient le pouvoir.
5. Yves Beauchemin n'est pas allé à l'université.
6. Quand il habitait Montréal, les affiches et les enseignes étaient toujours écrites en français.
7. Dans les magasins du centre-ville, il était obligé de parler anglais.
8. L'auteur est heureux parce que les francophones sont de plus en plus nombreux.
9. Il pense que, en ce moment, les hommes politiques comprennent bien les aspirations profondes de la population.
10. D'après Yves Beauchemin, les Québécois souhaitent former leur propre pays.
11. Yves Beauchemin pense que l'avenir appartient aux francophones.

Nouveau Contexte

Complétez le dialogue suivant en choisissant les termes appropriés (employez chaque terme une seule fois). Puis, jouez le dialogue.

Noms : carte *f,* langue *f,* souveraineté *f*
Verbes : ne m'en porte pas plus mal, ont trimé, s'est établie, vous sentez-vous, tiens
Adjectifs : fier, pénible

Nous avons rencontré deux Québécois qui ont des opinions divergentes sur l'avenir de leur province : Victor Landry, 28 ans, technicien à Chicoutimi et Yvette Bérard, 40 ans, pharmacienne à Montréal.
ENQUÊTEUR :   M. Landry, _____*1* d'abord canadien ou québécois?
VICTOR LANDRY : Je me sens d'abord québécois et je suis _____*2* de l'être.

---

vaincre to overcome, win   /   **à moins que** unless

ENQUÊTEUR :   Est-ce que vous connaissez bien le Canada? Avez-vous visité d'autres provinces?

VICTOR LANDRY :   Non, jamais, et je _____ *3* . Le Québec, c'est bien assez grand. Regardez une _____ *4* du monde; ça contient presque l'Europe.

ENQUÊTEUR :   Est-ce que votre famille _____ *5* à Chicoutimi il y a longtemps?

VICTOR LANDRY :   Je pense bien. Ça fait plus de 150 ans qu'on est là! Mes ancêtres _____ *6* pour se faire une place ici. Ils ont eu une vie _____ *7* . Je me sens chez moi ici. Je veux garder ma _____ *8* et ma culture et je suis prêt à me séparer du reste du Canada si c'est le prix qu'il faut payer pour cela.

ENQUÊTEUR :   Et vous Mme Bérard, êtes-vous du même avis?

YVETTE BERARD :   Non, moi je me sens plus canadienne que québécoise. Je _____ *9* beaucoup à ma culture aussi mais je veux garder le pays entier. Je suis d'accord pour que le Québec ait une certaine _____ *10* mais pas pour qu'il se détache complètement du Canada.

Vocabulaire satellite

avoir droit à to have a right to
être attaché à to be attached to
être conscient de to be conscious of
être coupé de to be cut off from
appartenir à to belong to
la **revendication** demand
les **inégalités sociales** social inequalities
le **bilinguisme** bilingualism

le **pluralisme culturel** cultural pluralism
s' **identifier à** to identify with
la **parenté** kinship
l' **affinité** *f* affinity
angliciser to Anglicize
franciser to Frenchify
américaniser to Americanize

Pratique de la langue

1. Précisez la pensée de l'auteur.
   a. Jusqu'à l'âge de dix ans, quels rapports Yves Beauchemin entretenait-il avec la société anglophone?
   b. Comment a-t-il perdu son âme canadienne? De quoi s'est-il rendu compte?
   c. Pourquoi est-il en faveur de l'indépendance du Québec? Quelles raisons donne-t-il pour justifier cette revendication?
2. Essayez de répondre à Yves Beauchemin en trouvant des arguments pour justifier le maintien du Québec à l'intérieur de la fédération canadienne. Organisez ensuite un débat qui présente les deux points de vue.
3. Improvisez les dialogues suivants :
   a. Un anglophone et un francophone, habitant tous deux Montréal, discutent des problèmes et des bienfaits de la cohabitation des deux communautés linguistiques et culturelles.

Querelle linguistique au Québec

b. Des Québécois décident de retourner dans le village natal de leurs ancêtres en Normandie. Ils y retrouvent des cousins qui sont agriculteurs comme eux. Ils parlent de leurs modes de vie (différents ou semblables à cause du climat, de la dimension du pays, etc.).

4. Vous faites partie d'un groupe minoritaire aux Etats-Unis dont la culture, la langue et le mode de vie sont en danger de disparition. Voulez-vous lutter pour sauver votre héritage ou allez-vous vous intégrer à la majorité? Donnez les raisons qui détermineraient votre choix.

Sujets de discussion ou de composition

1. Regardez la carte au début du livre. Imaginez que vous pouvez avoir un billet d'avion gratuit pour aller dans un pays francophone. Lequel choisiriez-vous? Pourquoi?
2. Vous êtes l'envoyé spécial du journal *Le Monde* dans un pays francophone de votre choix. Faites des recherches et présentez un court reportage, oral ou écrit, sur la situation politique, économique et linguistique actuelle de ce pays.
3. A discuter : Comment comprenez-vous le titre du livre de Frantz Fanon, *Peau noire, masques blancs*? Les représentants des cultures minoritaires sont-ils obligés de «porter un masque» pour se faire reconnaître et accepter? Essayez d'expliquer ce comportement (*behavior*) en donnant des exemples.

4ème PARTIE

Vie culturelle

9

La Communication

Le Minitel

It is impossible to speak of communication in France without mentioning Minitel, a little machine with which the French are learning to communicate differently. It is changing their lives. What is a Minitel? It is a small computer linked by phone connections to a central computer. It is cheap to produce, fits on a bookshelf, and is extremely simple to operate.

The central computer consists of a three-channel network called *Transpac. Transpac*'s first two channels (3613 and 3614) are used mainly for business and subscription services—databanks, data exchange networks—that are accessible with a telephone call and a password. The third channel is for more general use. Dialing 3615 and then entering a code provides the link, through *Transpac,* to another computer system (called a *serveur*) with which users can communicate.

Minitel was conceived in 1978 by *La Direction Générale des Télécommunications* at a time when France was modernizing its telephone system. It was designed to replace the traditional paper telephone books and, at the same time, introduce the majority of France's population to the computer revolution. First used on an experimental basis in small areas where it was offered free, it is now distributed in major urban centers. With more than six million Minitel users, France can boast the largest installed video database system in the world.

To individual users Minitel offers a wide and ever-growing array of services. For example, a person can play video-games, check a calendar of coming cultural events, get weather reports, sports scores, daily news, and check his or her bank balances, and make payments. It is also possible to peruse train schedules, book an airline ticket, obtain a list of hotel vacancies, and make reservations, from the privacy of one's home. Shopping can also be done on the video screen. During the presidential election of 1988, voters found that interacting with political parties and candidates became easy and fascinating via Minitel. Another interesting offshoot of this new mode of communication is a thriving service called *"Messageries conviviales"*: exchanges with other people who are searching for companions with mutual interests. As this little box can give an answer to nearly every imaginable question, there is a growing number of fanatical *"minitélistes,"* as seen in the following text.

Orientation

Etes-vous passionné(e) d'informatique? Utilisez-vous souvent un ordinateur? Mettez-vous en groupe de deux et indiquez à votre camarade de classe comment vous l'utilisez.

Je me sers d'un ordinateur :
pour faire mes devoirs (écrire mes compositions)
pour écrire mon courrier (*mail*) personnel
pour jouer à des jeux vidéo

pour rédiger des rapports professionnels
pour calculer mes impôts (*taxes*)
pour consulter le fichier (*catalogue*) de la bibliothèque de mon université
pour faire des illustrations graphiques (pour faire des dessins compliqués)
pour envoyer des messages électroniques
autres possibilités

Journal d'une branchée°

Pour ne plus se fatiguer, Thérèse Richard a décidé de tout faire en employant son Minitel. Une aventure épuisante°...

La journée s'annonce° mal : mille choses à faire et une sérieuse fuite° d'eau dans la cuisine. Coincée°! En attendant le plombier je me trouve avec un frigo°
5 vide, une sombre histoire de chèque à régler°, un chat malade. Mes enfants comptent sur moi pour m'occuper de leurs vacances de Noël, sans parler de leurs cadeaux, et mon père qui arrive ce soir désire que je lui trouve une chambre d'hôtel pour «ne pas déranger°». Je sens revenir en force mes maux° d'estomac.

le, la branché(e) someone who is plugged in (i.e., into a network); also, someone who is "with it"   /
épuisant = *fatigant*   /   **s'annonce** = *commence*   /   **la fuite** leak   /   **coincé** stuck, on the spot   /
le frigo (*fam*) = *le réfrigérateur*   /   **régler** to settle, straighten out   /   **ne pas déranger** not to be a
bother   /   **le mal, les maux** = *la douleur*

Pour mettre toutes les chances de mon côté, je me connecte, grâce à° mon Minitel
10 sur STELLA° : la date, l'heure et le lieu de ma naissance me donnent la configu-
ration des astres°. La journée sera bonne, même les prévisions pour la semaine
sont encourageantes. Armée de courage et de l'annuaire LISTEL°, j'entreprends
de régler mes problèmes.

Rassurée sur l'état de mon chat grâce à ANIMATEL, je me mets à jongler° avec
15 le 3614 et le 3615 pour passer en revue° le guide des stations de ski et vérifier à tout
hasard° les promotions offertes par VOYAGEL. Grâce aux services d'Air France,
d'Air Inter et de la SNCF°, je dispose des° horaires° et des tarifs°. Les vacances de
Victor et de Zoé prennent forme. Ce soir nous déciderons.

Le cœur plus léger, je me connecte sur OBS°, mon journal préféré, pour
20 prendre le pouls° de l'actualité°. Je ne peux résister à la tentation de faire défiler°
certains de leurs dossiers historiques, état de la loi, prises de position° des divers
partis.... C'est clair et complet!

---

grâce à thanks to / **STELLA** = *service horoscope* / **l'astre** *m* = *l'étoile* / **l'annuaire** *m* **LISTEL**
= *le livret qui indique tous les services du Minitel* / **jongler** to juggle / **passer en revue** to review /
à tout hasard just in case, on the off chance / **disposer de** to have at one's disposal / **l'horaire**
m train/plane schedule / **le tarif** = *les prix* / **OBS** = *abréviation pour le* Nouvel-Observateur /
le pouls pulse / **l'actualité** *f* current events / **faire défiler (sur l'écran)** to make something appear (on the screen) / **la prise de position** political stand

Mais l'homme ne vit pas que de nouvelles : il faut me brancher avant dix heures sur TELEMARKET si je veux qu'on me livre° par exprès ce soir—pâtes°, 25 huile°, baril de lessive°, boîtes° pour le chat. Un vent de révolte me pousse à pianoter° une question à Edouard Balladur° sur AGIR : «La rémunération des mères de famille sera-t-elle prise en compte° dans le prochain collectif budgétaire°?» En attendant sa réponse, je vérifie sur DIRECT, le serveur° du RPR^c, si Jacques Toubon° n'évoque° pas ce problème. Non...

30 La concierge monte le courrier°. Toujours pas de nouvelles du chèque de la Sécurité sociale. Après avoir tapé° mon code confidentiel, l'état de mon compte en banque défile sur l'écran. Mon virement° est arrivé hier. Ouf! Je vais pouvoir penser aux cadeaux... En attendant, je m'attarde° sur quelques conseils de placements° recommandés par mon banquier. On peut toujours rêver...

35 Il ne me reste que quelques heures avant l'arrivée de mon père. Je lui réserve une chambre d'hôtel grâce à RIFOTEL.... Mes maux d'estomac ne me lâchent° pas. Qu'est-ce que j'ai? AK me demande de préciser mes symptômes, mon sexe, mon âge, mon poids, ma taille°. «La douleur se situe-t-elle en haut ou au centre de l'abdomen? Se prolonge-t-elle dans le dos?» Je me concentre pour dialoguer, par 40 écran interposé°, avec l'ordinateur qui finit par conclure : «Vous souffrez certainement de pancréatite.» Allons bon°! En tapant sur la touche° guide, j'apprends tout sur la pancréatite! Du calme. En attendant d'aller chez le médecin, j'essaie de repérer° sur MEDNAT les plantes qui pourraient me soulager°.

Les enfants rentrent de l'école. Zoé a eu une mauvaise note en grammaire. Une 45 petite révision sur EAO° s'impose°! Les questions défilent et chaque bonne réponse s'accompagne d'un commentaire encourageant : «Bravo, réponse exacte.» Devant tant d'application, je lui promets de la laisser jouer un moment au pendu° ou à la bataille navale sur FUNITEL...

Le soir tombe. Mon époux doit rentrer d'un voyage professionnel en province. 50 Je me rassure en consultant l'état de la circulation sur l'autoroute et pioche° quelques idées pour le dîner sur VATEL.

Tout est en route. Profitant d'une accalmie°, je calcule le montant° de mes impôts° sur CALIR et m'essaie aux° subtilités de la Bourse° en gérant° un portefeuille° fictif sur JB. Avec quelques vrais millions de centimes à gagner!

---

livrer to deliver / **les pâtes** *f* pasta / **l'huile** *f* oil / **le baril de lessive** big box of laundry detergent / **les boîtes** *f* cans of cat food / **pianoter** to key in / **Edouard Balladur** = *Ministre de l'Economie sous la première période de cohabitation, et Premier Ministre sous la deuxième* / **prendre en compte** to take into account / **le collectif budgétaire** = *le budget* / **le serveur** computer network / **Jacques Toubon** = *Maire de Nice* / **évoquer** = *mentionner* / **le courrier** mail / **taper** to type / **le virement** transfer of funds from one account to another / **s'attarder** to linger / **le placement** = *l'investissement* / **lâcher** = *quitter* / **la taille** height / **par écran interposé** interactively, using the screen / **Allons bon!** Well now! / **la touche** key / **repérer** = *trouver, découvrir* / **soulager** to soothe / **E.A.O.** = *l'Enseignement assisté par ordinateur* / **s'impose** = *est nécessaire* / **le pendu** hangman (jeu de vocabulaire) / **piocher** to dig up / **l'accalmie** *f* = *période de calme* / **le montant** = *la somme* / **l'impôt** *m* tax / **s'essayer à** to try one's luck at / **la Bourse** stock market / **gérer** to manage / **le porte-feuille** portfolio

Peu à peu, les Minitel s'implantent dans la France entière.

Cela vous concerne. Le Minitel est un nouveau moyen de communication et d'information qui vous offre de nombreux et nouveaux services. Parmi ceux-ci figurent ceux de votre banque.

Pour obtenir un Minitel (si vous ne l'avez déjà), il vous suffit d'être abonné°au téléphone. Il vous est remis°gratuitement par les P.T.T.°si vous êtes situé en zone annuaire électronique,° et moyennant°une redevance°de 85 F/mois dans le cas inverse. Mais très vite, l'ensemble du territoire en bénéficiera.

Pour plus de précisions,° interrogez votre agence commerciale des Télécommunications, ou renseignez-vous auprès de votre agence Société Générale.

Tous les services bancaires à domicile !

De chez vous, un simple numéro suffit pour être en relation avec la Société Générale. Vous composez° votre code d'accès sur votre Minitel, et aussitôt Logitel est à votre disposition.° Une gamme complète de prestations° est à portée de°votre main, rapidement chez vous, nuit et jour, 7 jours sur 7.

être abonné = *avoir le téléphone*
est remis = *est donné*
les P.T.T. = *Poste-Téléphone-Télégraphe*
en zone annuaire électronique = *dans la zone où il y a l'annuaire électronique*
moyennant = *pour*
la redevance *f* = *le prix*
les précisions *f* = *les informations*
composer to enter your number
à votre disposition at your disposal
la prestation = *le service*
à portée de votre main within your reach

55   La nuit est là. La bonne heure pour les dialogues conviviaux dans les services de messagerie°. Mais mes yeux sont rouges. Nous n'enverrons qu'un seul message ce soir... aux extraterrestres sur AL33. Il partira dans l'espace sous forme de trains d'ondes° depuis° le radiotélescope de Nançay, dans le Cher°. Albert Simon me rassure sur OBS : il ne pleuvra pas demain et GABRIEL me fournit des «incitations à
60 la prière» en attendant l'apaisement° du sommeil. La pluie frappe sur les carreaux°. Que de bruit°, après une longue journée de silence! Heureusement que j'ai bavardé avec le plombier.

Thérèse Richard, *Le Nouvel Observateur*

la messagerie electronic bulletin board   /   **l'onde** *f* wave   /   **depuis** = *à partir de*   /   **le Cher** = *département*[c] *au sud de Paris*   /   **l'apaisement** *m* = *le calme, la paix*   /   **le carreau** window pane   /   **que de bruit** what a lot of noise

Qu'en pensez-vous?

Etes-vous d'accord ou non avec les déclarations suivantes? Justifiez votre réponse.

1. Thérèse a décidé de tout faire à partir de son Minitel parce qu'elle pense que c'est moins fatigant.
2. Il y a une fuite d'eau dans la salle de bains.
3. Elle ne peut pas sortir de chez elle parce qu'elle attend le plombier.
4. Son père, qui arrive ce soir, va venir s'installer chez elle.
5. Avant de commencer à régler ses problèmes, elle consulte son horoscope sur le Minitel.
6. Ses enfants veulent aller faire du ski pendant les vacances de Noël.
7. Pour avoir les dernières nouvelles, elle se connecte sur le service du *Monde,* son journal préféré.
8. Grâce à TELEMARKET, elle peut faire ses courses par ordinateur et se faire livrer à domicile.
9. Elle utilise son Minitel pour dialoguer avec les hommes politiques.
10. Elle vérifie l'état de son compte en banque en tapant son code confidentiel.
11. Le service médical du Minitel est capable de faire un diagnostic si on lui envoie une description de ses symptômes.
12. Elle souffre de laryngite.
13. Parce qu'elle a eu une mauvaise note en grammaire à l'école, sa fille Zoé n'est pas autorisée à se servir de l'ordinateur.
14. Avec le Minitel, on peut même communiquer avec les extra-terrestres.
15. En fin de journée, elle a mal à la gorge parce qu'elle a beaucoup parlé.

Nouveau Contexte

Complétez le dialogue suivant en choisissant les termes appropriés (employez chaque terme une seule fois). Puis, jouez le dialogue.

Noms : compte en banque *m*, frigo *m*, horaires *m*, tarifs *m*
Verbes : livrer à domicile, réserver, vérifier
Adjectifs : bancaires, plein, professionnels

A l'occasion d'un sondage (*poll*) sur l'utilisation du Minitel dans la ville d'Orléans, nous avons interrogé M. et Mme Legoff.

ENQUÊTEUR :   Pouvez-vous nous dire, Monsieur, comment vous utilisez votre Minitel?

MME LEGOFF :   Moi, je suis représentant de commerce, alors je dois faire beaucoup de voyages _____*1*. Donc, j'utilise le Minitel très fréquemment pour connaître les _____*2* et les _____*3* des trains et des avions et aussi pour _____*4* une chambre d'hôtel. C'est vraiment très pratique.

ENQUÊTEUR :   Et vous, Madame?

MME LEGOFF :   Eh bien moi, j'apprécie beaucoup le service Télémarket. Je travaille à _____*5* temps et je n'ai pas toujours le temps d'aller au supermarché. Et quand le _____*6* est vide, c'est bien commode de passer sa commande sur Minitel et de se faire _____*7*.

ENQUÊTEUR :   Y a-t-il d'autres services que vous aimez?

MME LEGOFF : Oui, nous utilisons énormément les services _____*8* . Je dois dire que c'est merveilleux de pouvoir _____*9* de chez soi (*from one's home*) le montant de son _____*10* .

ENQUÊTEUR : Pourriez-vous vivre sans Minitel maintenant?

MME LEGOFF : Ça serait dur. Pour nous, ce n'est pas un gadget de plus, mais quelque chose de fonctionnel qui fait vraiment partie de notre vie.

Vocabulaire satellite

la **base de données** data base	le **clavier** keyboard
la **disquette** diskette	**taper sur une touche** to hit a key
le **disque souple** floppy disk	l' **informatisation** *f* computerization
l' **écran** *m* screen	la **souris** mouse
l' **imprimante** *f* printer	le **lecteur de disquette** disk drive
le **logiciel** software	la **puce** microchip
l' **ordinateur** *m* computer	l' **annuaire téléphonique** *m* telephone book
le **micro-ordinateur** micro computer	l' **usager** *m* user
le **réseau** network	
le **traitement de texte** word processor	

Pratique de la langue

1. Faites une liste des services offerts par le Minitel dans ce texte. Quel est le service que vous trouvez le plus intéressant? Pourquoi?
2. Travaillez en groupe et imaginez que vous allez créer votre propre serveur; quels services proposerez-vous? Pourquoi?
3. Pensez-vous que vous seriez un(e) minitéliste convaincu(e) ou réticent(e)? Dites pourquoi.
4. Vous communiquez par télécommunication avec des élèves d'une classe de français à l'autre bout du pays. Faites, en groupe, une liste de dix messages que vous aimeriez leur envoyer.

La Télévision en France

As in the United States, television in France is very popular. Though the average viewing time is not as high in France, television has, in some ways, a greater impact because a greater segment of the total population watches it. There is less fragmentation, as fewer homes receive cable television and the three major channels (TF1, France 2, and France 3) control the network. This is particularly true for the *journaux télévisés* (news broadcasts), which are a shared experience for the majority of French people.

Until the early 1980s, the French government held a complete monopoly over the monolithic ORTF (*Office de Radiodiffusion Télévision Française*). The deregulation of French television really started during the Mitterrand administration. Six channels now compete for viewers in France. TF1 is the oldest and largest of the national channels. Denationalized in 1986, it became the first privately owned television station in France. France 2 and France 3 are both state-owned channels, the latter having a more cultural bias with fewer commercials and more educational programs and movies. M6 belongs to the private sector; it shows a great deal of American TV series and has yet to define a personality of its own. Canal Plus is a pay channel that shows mainly sports and movies. ARTE is a cultural, binational, bilingual (French and German) channel still in the experimental stage. Cable television is becoming popular especially in Paris, where viewers can receive nearly twenty channels, many of which come from other European countries.

French television is, at the moment, trying to adapt to its changing structures. One recent change has been the introduction of commercials. For many years, French television was strictly non-commerical and funded, as it still is today in large part, by an annual fee (*la redevance*) paid by the viewers.

So far the new private channels have been struggling to offer high-quality programming, which is often expensive, and have had to rely on imported programs and cartoons, many of them American and Japanese. To counteract the invasion of foreign media products, private and public channels alike are trying to produce programs that reflect national tastes. But French television is also looking beyond its borders. Telecommunication satellites have been put in orbit over Europe, opening the way to international television. France is especially looking towards a unified Europe with a potential market of 300 million viewers. The 1990s are offering exciting prospects.

Orientation

Qu'est-ce que vous aimez regarder à la télévision? Indiquez ce que vous regardez et comparez vos résultats avec ceux de vos camarades de classe.

	souvent	quelquefois	jamais
le journal télévisé (*news*)			
les films			
les publicités (*commercials*)			
les documentaires			
les débats politiques			
les émissions (*programs*) sportives			
les dessins animés (*cartoons*)			
les jeux			
les feuilletons (*soaps*)			
les spectacles de variétés			
les programmes musicaux			
autres			

Les «Sans-télé»°

«Je donne ma télé à qui° en veut». L'objet en question, relégué° dans un coin du salon, modèle récent, en couleurs, est en bon état de marche°; son propriétaire, Jean-Luc, vingt-six ans, célibataire, instituteur à Paris, a bien réfléchi : «Si je ne m'en débarrasse° pas, je vais passer tout l'hiver planté devant».

5   «Une espèce en voie de disparition°». C'est ainsi que mi-sérieux°, mi-sourire°, ils se qualifient. Ils n'ont plus, n'ont pas, n'ont jamais eu la télévision. 32% des ménages° ne possédaient pas de poste° en 1970, 13% en 1977, 6% aujourd'hui (*Médiamétrie*, février 1987). Soit° 1 200 000 foyers° qui ne connaissent pas les surprises du zapping°. Un chiffre° encore supérieur à celui des foyers non équipés en°
10   réfrigérateurs. A cette différence près° qu'en 1987 pour ne pas avoir la télévision, il faut le plus souvent le vouloir. En effet, il n'est pas très coûteux d'acheter un poste d'occasion°, noir et blanc, ou d'en décharger° un ami ou parent qui vient d'en acquérir un plus moderne. En fait quatre personnes sur cinq des «sans-télé» travaillent et sont le plus souvent cadres supérieurs° ou exercent une profession libérale.

15   Une vie sans télé? C'est celle d'Odette et d'André, professeur et universitaire° maintenant à l'âge de la retraite°. Un jour, ce dernier, heureux lauréat° d'un concours° de supermarché, gagne une télévision... qu'il offre aussitôt à sa mère. Seule entorse° : lors des° Jeux olympiques, ce couple de sportifs loue° un poste.

Même chose pour Elizabeth, professeur de français dans la région parisienne :
20   «J'ai eu la télévision pendant deux mois. Mon mari restait des heures à la regarder. En son absence, un soir, je l'ai fait imploser°. Depuis j'ai divorcé et n'ai toujours pas la télévision». Elle n'a pas de mots assez durs° pour ce qui fut°, croit-elle, la cause de ses malheurs passés. «Je ne supporte° pas ce matraquage°, cette intrusion à domicile° et la passivité qu'elle entraîne°. Et contrairement à ce que l'on veut
25   nous faire croire, elle délivre un message très idéologique».

Si Catherine, directrice d'un petit salon de coiffure° à Paris, refuse d'acheter un poste de crainte que° ce ne soit chaque soir de longues batailles pour coucher les enfants, Dominique, lui, responsable° d'une discothèque, s'interroge : «Avons-nous le droit d'ôter° cette forme de consommation° et, d'une certaine manière, de
30   sociabilité à nos enfants?»

---

les «**sans-télé**» *m = les personnes qui n'ont pas de télévision* / **à qui** = *à celui qui* / **relégué** = *mis, oublié* / **en bon état de marche** in good working order / **se débarrasser de** to get rid of / **une espèce en voie de disparition** an endangered species / **mi-sérieux** half-serious / **mi-sourire** half-joking / **le ménage** household / **le poste (de télévision)** (television) set / **soit** that is / **le foyer** home / **le zapping** = *l'action de changer de chaînes constamment à distance* / **le chiffre** figure, number / **non équipé en** without / **à cette différence près** = *avec cette grande différence* / **d'occasion** = *qui n'est pas neuf* / **d'en décharger** = *d'en débarrasser* / **universitaire** = *professeur à l'université* / **la retraite** retirement / **le lauréat** winner / **le concours** contest / **l'entorse** *f* twist / **lors des** = *au moment des* / **louer** to rent / **imploser** to implode, to burst / **dur** harsh / **fut** = *a été (passé simple)* / **supporter** = *tolérer* / **le matraquage** here, brain-washing / **à domicile** = *chez soi* / **entraîner** = *causer* / **le salon de coiffure** hairdresser's salon / **de crainte que** = *de peur que* / **responsable** in charge of / **ôter** = *enlever* / **la consommation** consumption

... On constate que ces rebelles sont jeunes : en effet, on en compte deux fois plus chez les moins de trente-cinq ans, socialement plutôt aisés° et célibataires pour 40% d'entre eux. Cinéphiles°, grands lecteurs ou mélomanes°, ils n'éprouvent° pas le besoin de regarder la télévision. Ce qui ne signifie pas qu'ils ne soient
35 pas au courant de° la vie des chaînes°. Ils lisent bien souvent avec assiduité° les journaux spécialisés.[1] Et font parfois, en vacances, en famille, une «cure»° de télévision ou s'organisent pour aller voir telle ou telle émission° qu'ils jugent exceptionnelle chez des amis : «Comme pour une sortie au cinéma, au restaurant, on la prévoit°, on s'y prépare.» Il n'est pas non plus surprenant que 55% d'entre eux
40 habitent dans des villes de plus de cent mille habitants et un sur dix en Ile-de-France°, qui offrent une vie culturelle animée°.

Ces «sans-télé» ne sont pas tous pour autant° téléphobes°. Au contraire. Dans certains cas, c'est parce qu'ils en sont friands° qu'ils redoutent son emprise°. Ainsi Daniel, quarante ans, a de mauvais souvenirs. Dépressif°, il est resté seul chez lui
45 pendant deux mois devant son récepteur°. Plus que du téléviseur, c'est de lui-même, de sa faiblesse qu'il se méfie. «Il est très difficile de garder l'esprit critique; la télévision est souvent la plus forte», dit Jacques Ellul, sociologue, qui n'en possède une que depuis quatre ans. «La télévision est une source d'évasion°, reconnaît-il presque à regret, le plus grand moyen de diversion ou de divertissement° au
50 sens pascalien° du terme.»

Dès lors° le choix—celui d'avoir ou pas la télévision—relève° de la gestion° de son temps libre. Un choix rendu possible, et non nécessaire, par une situation familiale, économique, sociale et culturelle à un moment donné. Mais si demain celle-ci° devait être perturbée, la santé° plus fragile, l'entourage° moins présent,
55 peut-être alors un trône serait avancé° au pied du lit, au coin du feu ou au bout de° la table pour y poser la boîte magique. Qui peut dire «Fontaine, je ne boirai pas de ton eau°»?

Ariane Bonzon, *Le Monde*

---

aisé = *riche* / **cinéphile** = *passionné de cinéma* / **mélomane** = *grand amateur de musique* / **éprouver** = *sentir* / **être au courant de** to be aware of / **la chaîne** TV channel / **l'assiduité** *f* = *la régularité* / **faire une cure de TV** = *regarder intensivement la TV* / **l'émission** *f* program / **prévoir** to plan / **Ile-de-France** = *la région autour de Paris* / **animé** lively / **pour autant** necessarily, thereby / **téléphobe** = *qui déteste la télévision (néologisme)* / **être friand de** = *aimer beaucoup* / **redouter l'emprise** *f* **de** = *se méfier de l'influence de* / **dépressif** continually depressed / **le récepteur** = *le téléviseur* / **l'évasion** *f* escape / **le divertissement au sens pascalien** (*d'après le philosophe Blaise Pascal*) = *occupation qui détourne l'homme de penser aux problèmes essentiels* / **dès lors** = *donc* / **relever de** = *dépendre de* / **la gestion** management / **celle-ci** = *ici, la situation familiale* / **la santé** health / **l'entourage** *m* = *la famille, les amis* / **avancé** = *mis* / **au bout de** at the end of / **Fontaine, je ne boirai pas de ton eau** Never say never

[1]Journaux comme Télé-magazine, Télé-7-jours, Télérama, qui sont lus par un très grand nombre de lecteurs.

Qu'en pensez-vous?

Etes-vous d'accord ou non avec les déclarations suivantes? Justifiez votre réponse.

1. Jean-Luc veut se débarrasser de sa télévision parce qu'elle ne marche pas.
2. Aujourd'hui, 6% des ménages n'ont pas de postes de télévision.
3. Les «sans-télé» sont souvent des chômeurs ou des gens dont les revenus sont modestes.
4. Parce qu'ils n'ont pas la télévision chez eux, Odette et André louent un poste de télévision au moment des élections présidentielles.
5. Elizabeth pense que la télévision a eu une très mauvaise influence sur sa vie privée.
6. Les «sans-télé» sont en général passionnés de cinéma ou de musique et lisent beaucoup.
7. Il est intéressant de constater que ceux qui n'ont pas la télévision aiment aller voir quelques bonnes émissions chez des amis.
8. Les «sans-télé» vivent surtout à la campagne.
9. En fait, beaucoup d'entre eux adorent la télévision et ont peur de son emprise.
10. Des sociologues ont remarqué que la télévision développe l'esprit critique.
11. Il est à noter que ceux qui ont pris la décision de ne pas avoir la télévision ne changent pas d'attitude au cours de leur vie.

Nouveau Contexte

Complétez le dialogue suivant en choisissant les termes appropriés (employez chaque terme une seule fois). Puis, jouez le dialogue.

Noms : dessins animés *m*, divertissement *m*, émissions *f*, journal télévisé *m*, poste *m*, temps libre *m*

Verbes : éteindre, être au courant, n'éprouve pas le besoin, résister à son emprise

Conversation entre deux étudiants, François et Frédéric

FRANÇOIS : Qu'est-ce que tu vas faire cet après-midi?

FREDERIC : Je vais rester dans ma chambre et regarder la Coupe d'Europe de football à la télé. Et toi?

FRANÇOIS : Moi, je vais sortir parce que je n'ai pas de _____*1* de télé dans ma chambre.

FREDERIC : Ça ne te manque pas?

FRANÇOIS : Quand il y a des _____*2* exceptionnelles comme celle-là, si, mais je peux toujours les voir chez un copain. D'habitude, je _____*3* de regarder la télé à l'université. J'ai trop de devoirs et peu de _____*4*.

FREDERIC : Moi, je ne pourrais pas vivre sans télé. Je regarde le _____*5* tous les soirs. Cela me permet d'_____*6* de ce qui se passe dans le monde. Et puis, la télé, ça me détend, c'est un _____*7* formidable. Il m'arrive de regarder des _____*8*, des feuilletons juste pour me changer les idées pendant une demi-heure.

FRANÇOIS : Oui, mais moi je ne sais pas si j'aurais la force d'_____*9* la télévision au bout d'une demi-heure. J'ai du mal à _____*10*. Alors, en ce moment, je préfère ne pas l'avoir.

Vocabulaire satellite

le **petit écran**   television set
le **téléviseur**   television set
   allumer la télé   to turn the TV on
   éteindre la télé   to turn the TV off
   zapper   to go from one channel to
      the next
la **télécommande**   remote control
le **spot publicitaire**   commercial
la **publicité (la pub)**   advertising
le **parrainage**   sponsoring
l' **appel de fonds** *m*   fund-raising
le **téléspectateur**, la **téléspectatrice**
   television viewer
la **chaîne à péage**   pay channel

être abonné au cable   to subscribe to
   cable
l' **heure** *f* **de grande écoute**   prime
   time
diffuser   to broadcast
le **présentateur**, la **présentatrice**   news
   commentator
susciter la réflexion   to stimulate
   thought
divertir   to entertain
détendre   to relax
amusant   amusing
divertissant   entertaining
nuisible   harmful

Pratique de la langue

1. Comment caractérisez-vous les «sans-télé» (âge, milieu socio-culturel, lieu d'habitation, etc.)? Connaissez-vous personnellement quelqu'un qui appartient à cette espèce en voie de disparition?
2. Comment choisissez-vous les programmes que vous voulez voir? (lecture de magazines spécialisés, conseil d'un ami, hasard, etc.)
3. Quand plusieurs membres de votre famille veulent regarder des émissions différentes, comment négociez-vous généralement le choix d'un programme?
4. Vous intéressez-vous aux spots publicitaires? Quels sont ceux que vous aimez et ceux que vous détestez particulièrement? Dites pourquoi.
5. Improvisez les situations suivantes :
   a. Deux amis discutent de leurs loisirs. L'un est un citadin «sans-télé», mélomane et cinéphile, l'autre habite à la campagne et la télévision est pour lui le principal divertissement.
   b. Organisez une table ronde sur le thème de la violence à la télévision et de ses effets sur les enfants. Interrogez successivement un(e) enfant, une mère de famille, un psychiatre, un créateur de dessins animés violents, et une personne responsable de la sélection des programmes pour les jeunes.
   c. Vous travaillez pour une chaîne publique; adressez-vous aux téléspectateurs pour solliciter de l'argent afin de pouvoir continuer à leur offrir des émissions de qualité.
   d. Faites discuter deux parents qui ont des avis différents sur l'influence de la télévision sur les enfants. L'un pense que la télévision les aide à se développer intellectuellement et élargit (*broadens*) leur connaissance du monde; l'autre croit, au contraire, que la télévision tue toute créativité chez l'enfant et ne lui donne qu'une image déformée du monde.

Sujets de discussion et de composition

1. A débattre : Bien que le Minitel soit utile, c'est essentiellement un jouet très cher qui fait perdre énormément de temps et qui n'existera plus dans vingt ans.
2. A débattre : L'informatisation croissante de notre société profite-t-elle à tous ou bien ne fait-elle qu'accentuer l'écart (*gap*) entre ceux qui «savent» et ceux qui ne «savent» pas?
3. Que pensez-vous de cette affirmation : «Il est aussi important aujourd'hui d'apprendre à regarder la télévision que d'apprendre à lire»?

10

La Scène et les Lettres

Le Théâtre en France

«Il n'y a rien de plus futile, de plus faux, de plus vain, mais aussi de plus nécessaire que le théâtre.»
—Louis Jouvet

Subsidized, criticized, scrutinized, and constantly reinvented, theatre is very much alive not only in Paris but all over France. Three major currents can be discerned in modern French theatre. First, there is the commercial *théâtre de boulevard,* the Broadway of Paris, specializing in comedies designed to entertain. Second, there is the classical theatre represented by the state-supported *Comédie-Française* (also known as *La Maison de Molière*), which operates several theatres in Paris and takes its productions to the provinces and even abroad. The repertoire of the *Comédie-Française* also includes many foreign and twentieth-century plays. Finally, there is the French government's most re-markable contribution to the revival of the theatre, the new state-financed repertory companies such as the *Théâtre National de Chaillot,* the *Théâtre de la Ville,* the *Théâtre de l'Est Parisien,* and the *Théâtre des Amandiers* in Nanterre, near Paris. Not to be forgotten are the numerous *cafés-théâtres* which often present avant-garde and controversial plays.

This renaissance would not have been possible without a galaxy of dynamic and pro-gressive directors such as Jean Vilar, Roger Planchon, George Wilson, Jean-Louis Bar-rault, Roger Blin, Antoine Vitez, Patrice Chéreau and others, most of them first-rate actors as well. The late Jean Vilar, for example, was instrumental in launching major theater festivals at Avignon, in southern France. Other festivals then multiplied, includ-ing the *Festival d'automne* in Paris. As a result of Vilar's initiative, the theatre season, which traditionally opens almost everywhere else in the fall, begins in France in July under the sunny skies of Avignon.

Peter Brook, the internationally renowned British director whose company is based in *Les Bouffes du Nord* in Paris, has observed that the French language accurately renders the specific nature of the theatrical phenomenon by using *répétition* for "rehearsal," *représentation* for "performance," and *assistance* for "audience." In his view—and in the eyes of all actors and directors involved with collective experimentation in the the-atre—the audience *assiste au spectacle,* meaning that it not only attends the performance but also "assists" the actors in their encounter with the characters portrayed.

In the name of "participation," Ariane Mnouchkine and *Le Théâtre du Soleil* have been experimenting for twenty years with the dual challenge of a collective theatrical organization and a collective creation in which the spectators are directly involved. Based outside of Paris at the *Cartoucherie de Vincennes* (a converted munitions factory), the *Théâtre du Soleil* has produced stunningly creative spectacles such as *1789* and *1793,* depicting episodes of the French Revolution. These works have been presented throughout Europe with equal success, despite the language barrier. More recently, Ariane Mnouchkine and her troupe have been experimenting with the use of tech-niques borrowed from the traditional theatre forms of India (Kathakhali) and Japan

A la Comédie-Française
à partir du 6 février 1993

Mise en scène de Jean-Luc Boutté
Décor et costumes de Louis Bercut
Lumière de Franck Thévenon
Musique de Jean-Marie Sénia
Musique des danses de Daniel Pinel
Réalisation sonore de Jérôme Vicat-Blanc
Chorégraphie de Sylvie Vaudano

Les Précieuses ridicules

Comédie en un acte de Molière

Avec
Catherine Samie, *Marotte*
Yves Gasc, *Jodelet*
Claude Mathieu, *Magdelon*
Catherine Sauval, *Lucile*
Thierry Hancisse, *Mascarille*
Eric Frey, *du Croisy*
Isabelle Gardien, *Cathos*
Igor Tyczka, *Gorgibus*
Didier Bienaimé, *La Grange*

(Kabuki), which they have applied to a series of Shakespearean plays. This attempt electrified American audiences when the *Théâtre du Soleil* appeared at the 1984 cultural festival organized to coincide with the Los Angeles Summer Olympics. In her latest productions, Ariane Mnouchkine has given her own adaptation of ancient Greek plays.

Orientation

Interrogez un(e) camarade de classe sur une pièce de théâtre qu'il (elle) a vue récemment. Travaillez en groupe de deux et posez-vous mutuellement les questions suivantes :

1. Est-ce que la pièce que tu as vue était une pièce sérieuse, comique, policière ou une comédie musicale?
2. Y avait-il des acteurs ou des actrices connus?

3. Que peux-tu dire du jeu (*acting*) des acteurs?
4. Quel était le sujet de la pièce?
5. Est-ce que cette pièce t'a fait passer un bon moment, t'a fait réfléchir à certains problèmes, t'a ému(e) (*moved*), t'a fait peur, etc.?
6. Est-ce que cette pièce fait partie du répertoire classique ou est-ce qu'elle a été écrite par un auteur contemporain?
7. Peux-tu décrire le décor (*set*)? Etait-il original? surprenant?
8. Est-ce que la musique avait une place importante?
9. Quelle a été la réaction du public (*audience*) à la fin de la pièce?
10. Pourquoi te souviens-tu particulièrement de cette pièce?
11. Autres questions

Interviewée par la journaliste Catherine Degan, Ariane Mnouchkine explique pourquoi elle s'est tournée vers le théâtre de l'Orient et analyse les méthodes de travail de son équipe.

«L'Acteur est un scaphandrier° de l'âme»

ARIANE MNOUCHKINE   Ce qui m'intéresse dans la tradition orientale, c'est que l'acteur y est créateur de métaphores. Son art consiste à montrer la passion, à raconter l'intérieur de l'être humain—et aussi les histoires, bien sûr. J'ai fait un voyage au

5   Japon, un peu à la hippie. En y voyant des spectacles, je me disais : «On dirait du Shakespeare°», alors que je ne comprenais rien ni aux thèmes ni au langage. Et cela parce que les acteurs étaient fantastiques.

... Pourquoi, me suis-je demandé, un acteur de Katha-

10   kali me parle-t-il complètement? Comment se fait-il, me demande-t-on aujourd'hui, que les gens qui ne savent rien du Kabuki puissent aimer vos spectacles? La réponse est la même : parce que c'est du théâtre! C'est à dire la «traduction en» de quelque chose... Quand nous avons résolu de

15   monter° Shakespeare, le recours° à l'Orient est devenu une nécessité. Car° Shakespeare se situe dans la métaphore des vérités humaines. Nous cherchons donc à le mettre en scène° en évitant à tout prix le réalisme et le prosaïsme°.

le scaphandrier deep-sea diver / **on dirait du Shakespeare** = *on dirait que c'est du Shakespeare* / **monter (une pièce)** to stage, to produce (a play) / **le recours** resort / **car** for / **mettre en scène** to stage / **le prosaïsme** the commonplace

CATHERINE DEGAN   Pourquoi, précisément, avez-vous décidé de monter
20   Shakespeare?

ARIANE MNOUCHKINE   Pourquoi Shakespeare? Parce que, son génie et sa poésie
mis à part°, il est si simple, il prend les événements de
front°. De le côtoyer° avec tant d'obstination pendant trois
ans, j'en ai plus appris (je ne dis pas : acquis°) sur le
25   théâtre que pendant toutes les années précédentes.... Ce
qu'il y a de beau chez Shakespeare c'est qu'il ne fait rien
d'unique°. Il ne montre jamais une idée sans en montrer le
contraire, il n'a pas un éclairage° particulier. Il montre un
personnage héroïque puis le montre aussi ignoble. Shakes-
30   peare est un poète qui se permet tout, qui sonde° tout;
peut-être même qui aime tout. Bien sûr, il n'aime pas l'i-
gnominie mais il en fait entre autres la matière de son
art—sans en faire l'apologie°. Il dit : elle existe, la voilà,
connaissez-la ou plutôt reconnaissez-la, puisque vous l'avez
35   en vous comme je l'ai en moi...

CATHERINE DEGAN   Comment travaille-t-on au Théâtre du Soleil?

ARIANE MNOUCHKINE   Les cinq ou six mois de répétition° d'un spectacle se
passent à explorer, attendre, patienter°, s'impatienter, se
décourager, espérer de nouveau, rire aussi. Quand il y a un
40   projet, il y a non pas une vision préétablie mais quelques
fragments, des désirs. Peut-être la conviction que ce
chemin inconnu doit mener là—mais comment? Alors le
comédien° ou moi-même découvrons un petit bout de
chemin°. Nous disons à l'autre : viens, ce doit être par là°.
45   Il arrive que nous tombions tous les deux dans un trou°
parce que ce n'était pas par là. Puis nous repartons°... Ce
que j'attends d'un acteur, c'est qu'il soit un scaphandrier
de l'âme, prêt à voyager très loin avec moi. Même s'il n'a
jamais joué, j'attends qu'il me révèle des choses.
50   Pour *Richard II*, par exemple, je ne voyais a priori que
ce que je ne voulais pas : tomber dans la terrible banalité
du feuilleton° shakespearien antédiluvien°, noir et vert°.

---

mis à part set aside   /   **de front** head-on   /   **côtoyer** to live side by side with   /   **acquis (participe passé d'*acquérir*)** acquired   /   **unique** = *isolé*   /   **l'éclairage** *m* highlighting, emphasis   /   **sonder** to probe   /   **l'apologie** *f* praise   /   **la répétition** rehearsal   /   **patienter** = *attendre avec patience*   /   **le comédien** = *l'acteur*   /   **un petit bout de chemin** a glimpse of the right direction   /   **par là** in that direction   /   **le trou** hole   /   **repartir** = *recommencer*   /   **tomber dans la banalité du feuilleton** to vulgarize it into a serialized story   /   **antédiluvien** = *très ancien*   /   **noir et vert** macabre and crude

55

60

65

Pendant la répétition la table était pleine de livres d'images, de peintures, de photos, pour nourrir notre imaginaire° et nous donner une distance. Je voulais un *Richard II* qui flamboie° dans le texte. Rien que° le mot «trône» me bloquait°—je ne voyais pas comment résoudre ce problème. Un moment, Georges Bigot° est monté sur une table, et soudain cet éclair° : le trône était là. Je tiens toujours à° faire comprendre combien des choses qui ont l'air voulues sont venues°, arrivées. Nous avons cherché de l'intérieur ce que ce «simple» texte provoque dans un acteur quand on ne préjuge pas trop de ce qu'il veut dire. Au début, par exemple, les acteurs entraient et sortaient de manière très lente, très majestueuse. Or°, c'est faux. Mensonger°. *Richard II* commence en plein conflit; Shakespeare n'introduit pas, n'expose° rien. Nous découvrions que ces pièces

nourrir notre imaginaire to feed our imagination / **flamboyer** to burn bright / **rien que** just / **bloquer** to create a mental block / **Georges Bigot** = *un des principaux comédiens du Théâtre du Soleil* / **l'éclair** *m* flash (of inspiration) / **tenir à** to insist on / **venues** = *survenues* (happened unexpectedly) / **or** now, however / **mensonger** (*adj*) untrue / **exposer** = *expliquer, montrer*

70 sont rapides, versatiles et non progressives°. Et nous avons trouvé l'idée des entrées «au galop°», qui résolvaient aussi un problème de durée°. D'ailleurs quand un acteur ralentit°, c'est toujours mauvais signe : c'est qu'il veut «faire sérieux°» ou se retrouver° peut-être, mais qu'il quitte l'état°.

CATHERINE DEGAN Qu'est-ce que c'est pour vous que le théâtre populaire?

75 ARIANE MNOUCHKINE C'est le plus beau théâtre possible, peut-être le plus raffiné, celui où on se donne le plus de mal°. Celui qui peut être reçu par différentes strates de culture°, les jeunes chômeurs° comme les professeurs d'université... Ce qu'il y a de plus beau dans un public°, c'est son hétérogénéité. A

80 Avignon en particulier il y a, sinon beaucoup d'ouvriers°, du moins des gens de toute sorte, de toutes les cultures ou de tous les manques° de culture. Le professeur d'université y reçoit l'émotion de l'être moins cultivé qui est assis à ses côtés° et réciproquement.

85 CATHERINE DEGAN Le Théâtre du Soleil est aussi une école. On vous a appelé «accoucheuse° d'acteurs».

ARIANE MNOUCHKINE C'est le plus grand compliment qu'on puisse me faire. Souvent en effet de très jeunes acteurs demandent à entrer pour apprendre leur métier° au sein de la troupe°. Une

90 troupe est la meilleure école qui soit. Si elle n'est pas aussi une école, elle crève° très vite. J'aimerais peut-être qu'il y ait quelques acteurs plus âgés au Théâtre du Soleil, mais il ne s'en présente pas°. Car les plus anciens ont sans doute besoin de plus d'argent (nous gagnons tous six mille francs

95 par mois) et n'apprécient pas, je pense, les tâches° collectives auxquelles nous nous astreignons° tous—jusqu'à nettoyer les chiottes°. Alors, ils s'en vont.

Propos° recueillis par Catherine Degan, *Le Soir*

---

progressif = *qui avance par degrés* / **les entrées «au galop»** (stage) entrances on the run / **la durée** duration / **ralentir** to slow down / **faire sérieux** to appear ponderous / **se retrouver** to come back to oneself / **l'état** *m* involvement in a role / **se donner le plus de mal** = *faire le plus d'effort* / **les strates** *f* **de culture** cultural levels / **le chômeur** unemployed / **le public** audience / **l'ouvrier** *m* manual worker / **le manque** lack / **à ses côtés** = *à côté de lui* / **l'accoucheuse** *f* midwife / **le métier** = *la profession* / **au sein de la troupe** in the midst of the theatre company / **crever** (*fam*) = *mourir* / **il ne s'en présente pas** = *ils ne viennent pas* / **la tâche** = *le travail* / **s'astreindre** to submit willingly / **nettoyer les chiottes** (*fam*) to clean the toilet / **le propos** = *la parole*

Qu'en pensez-vous?

Etes-vous d'accord ou non avec les déclarations suivantes? Justifiez votre réponse.

1. Ariane Mnouchkine s'est intéressée au théâtre de l'Orient parce qu'elle a été fascinée par le jeu des acteurs.
2. Quand elle a monté des pièces de Shakespeare, elle a cherché à accentuer le côté réaliste et prosaïque.
3. Shakespeare l'a attirée parce que c'est un poète qui se permet tout, qui explore tout.
4. Au Théâtre du Soleil, quand on commence à répéter une pièce, on a, en général, une vision bien nette de ce que l'on va faire.
5. Dans cette troupe, il y a une étroite collaboration entre les acteurs et le metteur en scène.
6. Ce qui frappe dans sa mise en scène de *Richard II*, c'est l'impression de lenteur.
7. Ariane Mnouchkine définit le théâtre populaire comme le meilleur théâtre possible, celui qui peut satisfaire un public très varié.
8. Le public du festival d'Avignon est très homogène.
9. Le Théâtre du Soleil est aussi une école d'acteurs.
10. Dans cette troupe, chaque membre contribue également à l'élaboration des pièces et reçoit le même salaire.

Nouveau Contexte

Complétez le dialogue suivant en choisissant les termes appropriés (employez chaque terme une seule fois). Puis, jouez le dialogue.

Noms : jeu des acteurs *m*, mise en scène *f*, pièce *f*, public *m*, répétitions *f*, spectateurs *m*, tâches *f*, troupe *f*, vedettes *f*
Verbe : jouer

Nous avons interrogé pour vous un acteur du Théâtre du Soleil.

ENQUÊTEUR : Vous faites partie du Théâtre du Soleil depuis longtemps. Qu'est-ce que cela représente pour vous?

ACTEUR : J'ai commencé ma carrière d'acteur dans la _____ *1* d'Ariane Mnouchkine il y a quinze ans et je peux dire que c'est vraiment ma vie.

ENQUÊTEUR : Qu'est-ce qui différencie le Théâtre du Soleil des autres écoles de théâtre?

ACTEUR : Quand on est membre du Théâtre du Soleil, on doit s'engager (*commit oneself*) tout entier. Il faut accepter un style de vie communautaire, partager les _____ *2* collectives, mais, en échange de tout cela, on participe pleinement à la _____ *3* et à la création de superbes spectacles. C'est une expérience extraordinaire.

ENQUÊTEUR : Il n'y a pas de _____ *4* au Théâtre du Soleil. Vous-même, vous n'êtes pas connu du _____ *5* . Est-ce que cela vous dérange?

ACTEUR : Non, c'est un choix que j'ai fait et que je ne regrette pas. Faire du théâtre avec Ariane Mnouchkine ne veut pas dire seulement apprendre à _____ *6* sur scène. Au cours de chaque _____ *7* , dans de nombreuses _____ *8* , on travaille aussi à son propre changement.

ENQUÊTEUR : Qu'est-ce que les _____ *9* viennent chercher en venant au Théâtre du Soleil?

ACTEUR : L'aventure! Grâce à la musique, aux masques, aux costumes, au _____ *10* , ils pénètrent dans un autre monde d'où ils ressortent transformés.

Vocabulaire satellite

l' **acteur** *m*, l'**actrice** *f*   actor, actress
le **comédien**, la **comédienne**   actor, actress; comedian, comedienne
l' **œuvre** *f*   work (usually artistic)
le **dramaturge**   playwright
le **personnage**   character
la **scène**   stage
la **mise en scène**   (stage) direction
le **metteur en scène**   (stage) director
la **salle**   house (theatre)
l' **éclairage** *m*   (stage) lighting
la **régie**   (stage) management
le **décor**   stage set

les **coulisses** *f*   wings
le **souffleur**   prompter
le **rideau**   curtain
le **rôle**   part
le **trac**   stage fright
  avoir un trou de mémoire   to have a memory lapse
le **jeu des acteurs**   acting
les **applaudissements** *m*   applause
l' **assistance** *f*   audience
la **vedette** *f*   male or female star
les **accessoires** *m*   props

Pratique de la langue

1. Ariane Mnouchkine exprime dans ce texte des idées bien précises sur le théâtre et le rôle des comédiens. Pouvez-vous faire un résumé de son point de vue?
2. Improvisez les situations suivantes :
   a. Ariane Mnouchkine interroge un jeune homme (une jeune fille) qui désire faire du théâtre et qui rêve de faire partie de sa troupe.
   b. Vous voulez devenir acteur (actrice) mais vos parents, qui avaient d'autres ambitions pour vous, essaient de vous en dissuader.
   c. Interrogez un(e) acteur (actrice) de cinéma célèbre qui vient de jouer dans une pièce de théâtre. Demandez-lui ce qu'il (elle) préfère, le théâtre ou le cinéma, et ce qu'il (elle) trouve le plus difficile.
3. Avez-vous déjà joué dans une pièce? Dans quelle pièce? Avez-vous eu le trac? En avez-vous gardé un bon souvenir? Pourquoi? Pourquoi pas?
4. Préférez-vous aller au théâtre ou au cinéma? Qu'est-ce que le théâtre vous apporte que le cinéma ne vous apporte pas, et vice-versa?

La Vie littéraire à Paris

In France, literature has always occupied a predominant place among the arts. The French are very sensitive to the quality of written expression, which is not confined to "literature" in its narrow sense, but includes private correspondence, political writing, and the press. The same preoccupation with formal excellence applies to oral expression.

This attitude explains why the distinction between literary achievement and prominence in other fields has never been as rigid in France as in the United States. Many French politicians and scientists have been regarded—or have regarded themselves—as writers of some importance. Napoleon tried his hand at literature, with unimpressive results. On the strength of his essays, memoirs, and collected speeches, Charles de Gaulle[c] can rightfully claim a place in the history of modern French literature, and President Mitterrand[c], who has authored several books, is justifiably proud of his abilities as a writer. Conversely, two well-known French novelists, André Malraux and Maurice Druon, have served as Ministers of Culture in the Fifth Republic. The public's interest in literature is reflected in the popularity of television shows like Bernard Pivot's *Bouillon de culture,* where new and established writers introduce their most recent books.

No place in France is heavier with literary associations than Paris. Though perhaps less narrowly concentrated today than it was before World War II, Parisian literary life is still predominantly linked with the Left Bank and specifically with the Fifth, Sixth, and Seventh Arrondissements[c], where the major publishing firms are located, and where writers, critics, and journalists still meet within a relatively small circuit of cafés and restaurants, the most famous being *La Coupole, Le Café de Flore, Les Deux-Magots,* and *La Closerie des lilas.*

Some seven hundred literary prizes are awarded each year in France. The most celebrated and sought after is the *Prix Goncourt.* First awarded in 1903, it originated in a foundation set up by novelist Edmond de Goncourt. Every year since, the ten members of the *Académie Goncourt,* themselves reputable novelists, meet to make their famous award. In 1904, a competing prize, the *Fémina,* was created, to be awarded by a jury of women. Two other major awards, the *Interallié* and the *Renaudot*—named after Théophraste Renaudot, a seventeenth-century pioneer of French journalism—are purely honorary, but like the others confer prestige on the recipient and guarantee increased sales. Many French writers owe their initial fame to these prizes, but many other writers of equal importance have never had their work recognized in this way. There are other, more explicitly commercial ways of promoting the sale of books. The postwar boom of the paperback market, and the more recent development of book clubs—two innovations borrowed from the United States—are among the most notable.

Orientation

Mettez-vous en groupe de deux ou quatre et demandez à vos camarades ce qu'ils (elles) lisent pour se distraire. Communiquez vos réponses au reste de la classe et analysez les résultats finals de ce sondage.

	souvent	quelquefois	jamais
des journaux			
des magazines spécialisés			
des romans policiers (*detective novels*)			
des romans d'aventure			
des romans d'amour			
des nouvelles (*short stories*)			
des pièces de théâtre			
des poèmes			
des biographies			
des livres d'histoire			
des bandes dessinées (*comic strips*)			
autres			

Les statistiques sont un instrument bien peu adéquat pour rendre compte d'un phénomène aussi subjectif que le goût pour la lecture. Elles permettent cependant de montrer que, bien que les Français lisent davantage maintenant que dans les décennies° précédentes (en 1989, 25% d'entre eux déclaraient ne lire aucun livre, contre 30% en 1973), le nombre de livres lus diminue. Cela est dû au fait que la proportion de «grands lecteurs» (plus de 20 livres par an) est en baisse. En contrepartie, si les Français lisent moins de livres, ils sont plus nombreux que dans le passé à en acheter et aussi à s'inscrire dans les bibliothèques.

Les «Amplis°» du succès

On n'en parle jamais. Pourquoi? Grâce à eux°, de nouvelles couches sociales° se sont ouvertes à la lecture. Ils ont assuré, de Villefranche-de-Rouergue à La Châtre,[1] la célébrité d'auteurs comme Bernard Clavel ou Robert Sabatier, Marie Cardinal ou Emile Ajar[2] : ils agissent en somme comme de prodigieux amplificateurs de
5   succès. Pourtant, les éditeurs° les craignent°. Les libraires° les jalousent. Les grandes surfaces° les redoutent°. La presse les oublie. La radio et la télévision les dédaignent°. De qui s'agit-il? Ce sont les clubs—et en particulier l'un d'entre eux, le géant : France Loisirs, 2.600.000 adhérents, 575 millions de chiffre d'affaires° en 1979 (plus de 5% du marché total du livre en France!), et qui fête cette année
10   son dixième anniversaire. Anniversaire spectaculaire autour d'un gâteau de 20 millions de francs de bénéfice net° pour l'année dernière.
Ces clubs fonctionnent de cette façon. Chaque mois ou chaque trimestre, ils adressent à leurs adhérents un catalogue leur présentant les nouveautés sélectionnées et les titres encore disponibles°. Obligation est faite souvent au souscripteur°
15   d'acquérir au moins trois ou quatre ouvrages dans l'année. Moyennant quoi° il reçoit par la poste, à des prix inférieurs de 20% en moyenne° à ceux des libraires, un livre (jaquette couleur et reliure cartonnée°) paru° originellement six mois, un an ou plus avant son passage en club. Concrètement, cela veut dire, pour France Loisirs—qui possède également un réseau° de boutiques et de librairies-relais°—

---

la décennie decade / **l'ampli** *m* amplifier / **grâce à eux** thanks to them / **les couches sociales** social strata, groups / **l'éditeur** *m* publisher / **craindre** = *avoir peur de* / **le, la libraire** bookseller / **la grande surface (un magasin à grande surface)** department store / **redouter** = *craindre* / **dédaigner** to scorn / **le chiffre d'affaires** sales figure / **de bénéfice net** net profit / **disponible** available / **obligation est faite... au souscripteur** = *le souscripteur est obligé* / **moyennant quoi** in return for which / **en moyenne** on average / **la reliure cartonnée** cardboard binding / **paru** (*participe passé de* paraître) = *publié* / **le réseau** network / **la librairie-relais** affiliated bookstore

[1]Deux petites villes de province
[2]Quatre romanciers contemporains ayant gagné plusieurs prix littéraires dont le Goncourt (Sabatier, Ajar). «Emile Ajar» était, en fait, le pseudonyme du célèbre romancier Romain Gary (mort en 1981), qui avait déjà remporté le Prix Goncourt sous son propre nom.

réliés hardbound
la jaquette book cover

20   plus de dix millions de catalogues expédiés° chaque année et quinze millions de
livres vendus.

Que penser de France Loisirs et des autres? Les points positifs tout d'abord :
un élargissement de la tranche° des lecteurs, c'est incontestable. Une enquête
I.F.O.P.[1]-France Loisirs fait apparaître que 27% des adhérents du club se recrutent
25   en milieu ouvrier. Ce pourcentage augmente d'une année sur l'autre et est bien
supérieur à celui de la clientèle des libraires. Autant de gagné° par conséquent
pour la culture en général, et même pour les libraires en particulier. Car la lecture
est un virus dont il est parfois difficile de se débarrasser°. 37% des adhérents de
France Loisirs déclarent lire plus depuis leur inscription au club.

expédié = *envoyé*   /   **l'élargissement** *m* **de la tranche** broadening of the constituency   /   **autant
de gagné** so much ground won   /   **se débarrasser de** to get rid of

[1]Institut Français d'Opinion Publique

30   Ce n'est pas tout. Dans un marché difficile, avec la crise° à l'arrière-plan°, les éditeurs ont de plus en plus de mal à amortir° leurs éditions courantes. Ils vivent grâce à leurs droits annexes° : traductions, cinéma, télé, poche° et clubs. Un livre cédé°, même à bas prix, à France Loisirs, c'est un ballon d'oxygène°. C'est, pour l'auteur, une garantie ou une confirmation de popularité, une assurance-succès
35 pour ses livres à venir.

     Mais il y a le revers de la médaille°. Les clubs agissent non comme des initiateurs de culture mais comme des parasites. Ils vont droit au best-seller réel ou supposé. C'est facile : il leur suffit d'attendre les premiers résultats de la vente libraire (à l'exception toutefois du Grand Livre du Mois qui colle° de plus près à l'actualité).
40 Ce sont, en somme, les planqués° de l'édition. Modiano° «marche», Soljenitsyne «marche», tant mieux!... Mais le catalogue de France Loisirs propose au maximum 400 titres, et presqu'aucun «classique».

     Ce qui impressionne, en bref, avec les clubs, c'est leur puissance. Ils pèsent plus ou moins consciemment° sur les éditeurs. A la limite, ils risquent d'infléchir° leur
45 production. Si un livre n'a aucune chance de passer en club il a désormais moins de chance d'être édité tout court°. Et puis il y a un chiffre qui laisse rêveur° : toujours selon l'enquête I.F.O.P., 63% des lecteurs de France Loisirs achètent un livre non sur la promesse du titre, le choix du sujet ou la réputation de l'auteur mais d'abord sur la simple description qui en est faite dans le catalogue.
50 Le livre est devenu pour beaucoup un produit. Ce que l'on appelle la culture de masse. Avec ses ombres° et ses lumières.

Frédéric Vitoux, Le Nouvel Observateur

Qu'en pensez-vous?

Etes-vous d'accord ou non avec les déclarations suivantes? Justifiez votre réponse.

1. Les clubs de livres ont amené à la lecture des gens qui traditionnellement ne lisaient pas.
2. Ces clubs sont très appréciés des éditeurs et des libraires.
3. France Loisirs est une agence de voyages très importante.
4. Quand on est membre d'un club de livres, il faut acquérir au moins un livre par mois.
5. Il s'agit, en général, de livres de poche à reliure non cartonnée.

---

la crise = *la crise économique* / **l'arrière-plan** *m* background / **amortir** to recover the cost of / **les droits annexes** *m* subsidiary royalties / **le (livre de) poche** paperback / **céder** to concede, turn over / **un ballon d'oxygène** windfall (lit., oxygen balloon) / **le revers de la médaille** the other side of the coin / **coller** = *adhérer* / **le planqué** (*argot militaire*) risk avoider, one who plays it safe / **Patrick Modiano** a leading French novelist (b. 1947), winner of the Prix Goncourt (1978) / **consciemment** consciously / **infléchir** to influence, distort / **tout court** at all / **laisser rêveur** to leave one wondering / **l'ombre** *f* shadow

6. Ces livres sont offerts à des prix inférieurs de 20% en moyenne à ceux des libraires.

7. Grâce à des clubs comme France Loisirs, il y a davantage de lecteurs surtout en milieu ouvrier.

8. Les libraires profitent de cet élargissement des lecteurs car la lecture est un virus qui s'attrape.

9. Les clubs ne prennent pas de risques et choisissent de vendre des best-sellers.

10. Il y a cependant beaucoup de classiques dans le catalogue proposé par France Loisirs.

11. La puissance des clubs de livres influence les décisions des éditeurs.

12. La majorité des lecteurs des clubs de livres choisissent d'acheter un livre plutôt qu'un autre parce qu'ils s'intéressent à l'auteur.

13. Le livre reste un objet réservé à une élite.

Nouveau Contexte

Complétez le dialogue suivant en choisissant les termes appropriés (employez chaque terme une seule fois). Puis, jouez le dialogue.

Noms : best-sellers *m*, grandes surfaces *f*, librairie *f*, livres de poche *m*, nouveautés *f*, ouvrages *m*, romans *m*, titres disponibles *m*

Adjectifs : édités, parus

Monsieur Alexandre Dumas, libraire à Tours, nous parle de son métier.

UNE CLIENTE : Libraire, c'est un métier difficile?

M. DUMAS : Oui, parce que tout va très vite maintenant. Les livres de fiction, les _____ *1* surtout, ont une vie excessivement courte. Il y a constamment des _____ *2*.

CLIENTE : Quels sont les livres qui se vendent bien en ce moment dans votre _____ *3* ?

M. DUMAS : Les biographies et les livres d'histoire.

CLIENTE : Comment choisissez-vous les nouveaux livres que vous allez vendre?

M. DUMAS : Parmi les livres _____ *4* récemment, j'essaie d'avoir ceux dont les auteurs ont été présentés à la télévision et aussi ceux qui sont dans la liste des _____ *5* de magazines comme *L'Express*.

CLIENTE : Je vois que vous avez beaucoup de _____ *6*. Est-ce que c'est un peu votre spécialité?

M. DUMAS : Oui, parce que je m'adresse surtout à un public de jeunes. Il y a des centaines de _____ *7* maintenant. De nombreux _____ *8* qui étaient chers ou difficiles à trouver sont maintenant _____ *9* en poche et je trouve que c'est formidable.

CLIENTE : Craignez-vous la concurrence des _____ *10* ?

M. DUMAS : Non, je pense qu'il est normal que les gens veuillent acheter des livres au meilleur prix possible, mais ceux qui viennent ici recherchent autre chose. Ils veulent des informations, un avis et surtout ils veulent partager avec moi la même passion pour la lecture.

Vocabulaire satellite

le **chef-d'œuvre**   masterpiece
l' **écrivain** *m*, la **femme écrivain**   writer
le **romancier**, la **romancière**   novelist
le **critique littéraire**   literary critic
la **critique littéraire**   literary criticism
l' **éditeur** *m*   publisher
   éditer, faire paraître, publier   to
   publish

la **librairie**   bookstore
le, la **libraire**   bookseller
la **bibliothèque**   library
le, la **bibliothécaire**   librarian
les **classiques** *m*   classics
la **nouveauté**   latest thing
décrire   to describe
raconter   to tell, to relate

Pratique de la langue

1. Aimeriez-vous devenir membre d'un club de livres? Pourquoi? Pourquoi pas?
2. Quels livres emporteriez-vous sur une île déserte? Citez-en au moins trois et justifiez votre choix.
3. Comment choisissez-vous les livres que vous lisez pour vous distraire? (d'après les recommandations d'un ami, d'un professeur, d'un critique, d'un libraire, le hasard?)
4. Improvisez les situations suivantes :
   a. Organisez une table ronde d'auteurs connus (contemporains ou morts, français ou d'autres nationalités) et faites-les parler d'un de leurs livres.
   b. Vous venez de publier votre premier roman. Il s'agit d'une œuvre autobiographique. Répondez aux questions du reporter du journal de votre université.

Imaginez-vous, un instant, privé°d'accès à la culture, à l'information, au sport, aux loisirs : que se passerait-il ? Vous n'auriez plus l'impression de vivre, mais celle, désespérante,° de survivre. C'est toute la différence. Si le manque de culture est moins douloureux°que le manque de nourriture, lui aussi a de graves conséquences. Le sentiment d'exclusion en est une. Il faut donc réagir et surtout agir, très vite. Ce que nous avons déjà fait : nous avons aidé des jeunes à monter°des pièces de théâtre, à construire des lieux de répétition°pour la musique, à mettre en œuvre°leurs projets d'animation de quartier°... Ce qui reste à faire : tout ou presque. Et si vous avez envie de faire quelque chose, c'est le moment de passer aux actes. Nous en avons besoin. Parce qu'il y a des milliers°de livres à trouver et à distribuer, parce qu'il y a des milliers de places de cinéma à offrir. Quelqu'un a dit que les hommes pouvaient se passer de°pain pendant un jour, pas de poésie. Agissons pour que tous les hommes aient les deux, tous les jours.

AGIR POUR REAGIR.

SECOURS POPULAIRE FRANÇAIS

privé deprived   /   **désespérant** appalling   /   **douloureux** painful   /   **monter** to stage   /   **le lieu de répétition** practice areas   /   **mettre en œuvre** to put on   /   **le quartier** neighborhood   /   **des milliers** *m* thousands   /   **se passer de** to do without

5. Analysez cette annonce pour l'association caritative (*charity organization*) : Le Secours populaire français (voir page 210). Quel est son but? Quelles peuvent être les conséquences d'un «manque de culture»?

6. Que pensez-vous des bandes dessinées? Les Français les prennent très au sérieux et les considèrent comme un genre littéraire à part entière. Qu'en pensez-vous?

Sujets de discussion ou de composition

1. Faites la critique de la pièce de théâtre ou de la comédie musicale la plus populaire de la saison pour le journal de votre université.

2. Quel est le meilleur livre que vous ayez lu? Pourquoi vous a-t-il particulièrement marqué(e)?

3. Que pensez-vous de cette citation de Marguerite Yourcenar dans *Les Yeux Ouverts* : «Les écrivains véritables sont nécessaires : ils expriment ce que d'autres ressentent (*feel*) sans pouvoir lui donner forme et c'est pourquoi toutes les tyrannies les bâillonnent (*gag them*)».

4. Comment voyez-vous l'avenir du texte écrit dans un siècle? D'après vous, existera-t-il toujours des livres ou seront-ils supplantés par l'audio-visuel et l'ordinateur?

11

Chanson et Cinéma

La Parole chantée

En France, tout finit par des chansons...

In the last ten to twenty years, more and more people have been listening to music, in all forms. Popular songs have by far the greatest appeal, followed by classical music, rock, jazz, and opera. From its medieval origins to the present, the *chanson* has mirrored French society, reflecting both its history and the diversity of its local traditions.

In recent years, for instance, the revival of regionalism[c] has brought forth a new generation of popular singers whose works often express the cultural pride they take in speaking for ethnic minorities. They use words from the regional dialect and often sing with a local accent. Among many others, Alain Stivell of Britanny and Julos Beaucarne from Wallonie have achieved national success. But the largest contingent of singers with a distinctive regional flavor comes from Québec: artists such as Félix Leclerc, Gilles Vigneault, and Robert Charlebois are not only popular performers but also poets in their own right. The influence of the relatively new population of immigrant workers is being felt on the cultural scene as well. A growing number of interesting singers, like Karim Kacel and Rachid Bahri, successfully mix their North African and West Indian heritage with French traditions to appeal to the *beur* generation (second-generation Arabs born in France) and to a wider audience as well. Rap music has been implanted in France and singers like Tonton David express forcefully the problems of the young *Beurs* and young *blacks* who live in disadvantaged suburbs and experience unemployment and scholastic setbacks.

Regionalism aside, pacifism and the environment have been recurrent, if marginal, themes in modern French *chansons.* Songs and politics have long been associated in France, and some of the songs have been heard round the world. How many insurrections have been launched to the strains of *La Marseillaise*[c]? Another revolutionary classic, the *Internationale,* was composed in 1888 on a small harmonium by an obscure woodworker, Pierre Degeyter. In 1943 the novelist Maurice Druon wrote *Le Chant des partisans,* which became the song of the French Resistance as it was aired over *Radio France Libre,* a network created for those in France who refused to acknowledge defeat and occupation by the Germans. Closer to us, this tradition of political involvement was carried on by singers such as Yves Montand, Léo Ferré, Colette Magny and especially Jean Ferrat, who typifies the *chanteur engagé,* the singer whose songs express personal views on the political and social issues of the time.

The use of popular music as a vehicle for poetry is another major tradition that can be traced back to the medieval troubadours. It was revived with great success in the 1930s by Charles Trenet, who was able to translate into song the expectations and enthusiasm of young people during the period of the *Front Populaire,* the leftist coalition that governed France from 1936 to 1938.

In the post-war years Edith Piaf was at the peak of her career. This frail and pathetic woman, always clad in black, captivated large audiences with her deep, emotional voice and the universe she recreated on stage. Hers was a world of sad cafés, chance

encounters, and passing love. But it was during the 1950s and 1960s that true *chanteurs-poètes* appeared. Poems of Villon, Hugo, Verlaine, Apollinaire, Prévert, Queneau, Aragon, and others, were put to music and became commercial successes. Juliette Gréco—who started her career by singing Jean-Paul Sartre's song, *La Rue des blancs-manteaux*—Léo Ferré, and Boris Vian were all artists linked to the intellectual milieu of *Saint-Germain-des-Prés,* the Left Bank district frequented by the avant-garde of the 1950s. This poetic tradition was passed on to Georges Brassens, who won in 1967 the *Grand Prix de poésie,* then to Jacques Brel, Guy Béart, Barbara, Charles Aznavour, and others. Their songs have an enduring appeal and are considered true works of art.

Nowadays, in spite of the enormous influence of British and American rock and folk music, French popular songs live on with a new wave of performers and composers of remarkable verve. Serge Gainsbourg, Maxime Le Forestier, Alain Souchon, Michel Sardou, Claude Nougaro, to name a few, and more recently the street-wise Renaud, Catherine Ribeiro, Bernard Lavilliers, Jean-Jacques Goldman, Patricia Kaas, have rejuvenated the French *chanson* with a language and rhythm of their own.

Orientation

Quel est le rôle de la musique dans votre vie? Mettez-vous en groupe et posez-vous les questions suivantes :

1. Quel type de musique préférez-vous écouter (de la musique classique, du jazz, de la musique rock, des chansons, etc.)?

2. Où écoutez-vous de la musique en général?
3. Avez-vous un baladeur (*walkman*)? Quand l'utilisez-vous?
4. A quel moment de la journée écoutez-vous de la musique?
5. Quand vous écoutez des chansons, faites-vous plus attention à la mélodie qu'au texte ou est-ce le contraire?
6. Pouvez-vous faire vos devoirs et écouter de la musique en même temps?
7. Quel est votre chanteur (chanteuse) ou votre groupe préféré? Dites brièvement pourquoi.

Jacques Brel était le fils d'un industriel belge. Il aurait pu mener une vie confortable et facile; au lieu de cela, il s'est révolté contre son milieu bourgeois et a choisi la route difficile de la chanson. En 1953, il quitte son «plat pays°» et arrive à Paris où il essaie de se faire une place dans le monde artistique parisien. C'est très dur mais le succès arrivera en 1958 quand il passera à l'Olympia, la salle de spectacles où chantent les grandes vedettes°. Devenu lui-même une grande vedette et un remarquable auteur-compositeur, il donnera de très nombreux spectacles en France et à l'étranger° jusqu'à sa mort prématurée en 1978.

Dans ses chansons, il utilise une langue simple et forte et un humour mordant° pour combattre ce qu'il déteste comme dans «Les Bourgeois» et «Les Flamandes»[1] mais il sait aussi être tendre, vulnérable et pathétique comme dans «Madeleine», «Ne me quitte pas», «Le moribond», et «Les vieux».

Le journaliste et écrivain Olivier Todd dans ce court extrait de son livre, Jacques Brel, une vie, *nous parle du chanteur en s'appuyant sur° les témoignages° de ceux qui l'ont connu.*

Jacques Brel, l'homme et ses chansons

Brel chanteur, c'est d'abord un prodigieux interprète, ensuite un parolier°, et ce mot n'est pas péjoratif. Enfin, un musicien autodidacte° aux sensibilités° multiples.

On ne peut pas comprendre la formidable présence de Jacques Brel et son succès, si on ne l'a pas vu en scène... Aucun interprète ne lutte en scène comme Brel,
5   sinon Edith Piaf. Sa voix mal placée° (au début de sa carrière) acquiert ampleur° et puissance et devient chaude et convaincante. Il l'a travaillée seul, au fil des tournées°, refusant de prendre des leçons... Avant d'entrer en scène°, même s'il plaisante° avec les musiciens, même si la salle est pleine et la critique acquise°, Jacques

---

le plat pays flat country (*titre d'une chanson de Jacques Brel sur la Belgique*)   /   **la vedette** star   /   **à l'étranger** abroad   /   **mordant** biting   /   **en s'appuyant sur** relying on   /   **le témoignage** testimony   /   **le parolier** writer of lyrics   /   **autodidacte** self-taught   /   **les sensibilités** *f* sensitivities   /   **mal placé** limited in range   /   **l'ampleur** *f* volume   /   **au fil des tournées** while on the road   /   **en scène** on the stage   /   **plaisanter** to joke   /   **la critique acquise** the reviewers won over

[1]La Belgique est divisée en deux communautés : les Wallons qui parlent français et les Flamands qui parlent flamand (*Flemish*).

a peur. Chaque soir il livre un combat°... Il échauffe° son corps en coulisse° comme
10 un danseur. Avant de franchir° les quelques mètres qui le séparent de son public, il
gesticule et saute sur place°. A un moment que lui seul connaît, il inspire° une
dernière fois et surgit en courant°... Au contraire de Brassens, il utilise tout son
corps. Il exprime sa fougue° et sa passion de la vie... Avec Brel, on croit assister
à° une re-création quotidienne° tant° son travail en scène paraît spontané... Les
15 gens du métier° disent : «Quel professionnalisme!» Les spectateurs répondent :
«Quelle sincérité!»

Au sommet de sa carrière, Brel ne cesse de dire que l'important pour lui c'est
d'écrire, pas de chanter. Il déclare à ses amis : «Si j'avais le temps ou la capacité
d'écrire un roman, je pourrais être plus nuancé°. En quatre minutes (le temps
20 d'une chanson), on n'a pas le temps d'être nuancé. Si on veut que les gens retien-
nent une idée, il faut frapper fort.»[2]

---

livrer un combat to struggle / **échauffer** to warm up / **en coulisse** in the wings / **franchir**
here, to cover / **sauter sur place** to run in place / **inspirer** to breathe in / **surgit en courant**
dashes forth / **la fougue** = *l'enthousiasme* / **assister à** = *être présent à* / **quotidien** = *de chaque
jour* / **tant** = *tellement* / **du métier** = *de la même profession* / **nuancé** = *subtil*

[2]Jacques Brel, *Poésie et chansons*

Brel met en scène ses textes... Il fait vivre des personnages comme Jef, Marieke, le grand Jacques, Madeleine... Sa chanson-théâtre s'adresse à tous les gens qui ont vécu ou voudraient vivre une expérience intense...

25   Les thèmes de Brel sont l'amour—divin ou humain—la mort, l'amitié, l'anti-militarisme, la dénonciation du conformisme, des hypocrisies, de la médiocrité...

Comme malgré lui, l'homme Brel s'ancre° dans son époque. Plus joyeux qu'heu-reux, convaincu de l'absurdité de la vie, il ne cessa de vouloir lui donner un sens°. Là, Jacques Brel est homme du XXe siècle.

Olivier Todd, *Jacques Brel, une vie*

Qu'en pensez-vous?

Etes-vous d'accord ou non avec les déclarations suivantes? Justifiez votre réponse.

1. Jacques Brel n'a pas écrit lui-même les paroles de ses chansons.
2. En scène, il avait une présence formidable.
3. Il a beaucoup travaillé sa voix en prenant des leçons de chant.
4. Avant d'entrer en scène, il était très à l'aise.
5. Quand il chantait, il utilisait tout son corps.
6. Pour lui, chanter était ce qu'il y avait de plus important.
7. Il pensait qu'il était difficile de dire des choses très nuancées dans la période très courte d'une chanson.
8. Ses chansons font vivre des personnages et sont comme de petites pièces de théâtre.
9. Jacques Brel était pessimiste et pensait que la vie n'avait pas de sens.

Nouveau Contexte

Complétez le dialogue suivant en choisissant les termes appropriés (employez chaque terme une seule fois). Puis, jouez le dialogue.

Noms : auteurs-compositeurs *m*, chanteurs-poètes *m*, orchestration *f*, paroles *f*, parolier *m*, sensibilité *f*, tubes *m*, vedettes *f*
Verbe : divertir
Adjectif : engagées

Le chanteur n'est pas responsable du succès de telle ou telle chanson. Il y a souvent, au départ, des hommes comme Pierre D.

JOURNALISTE : Pierre D., vous écrivez des chansons depuis longtemps, n'est-ce pas?
PIERRE D. :   Oui, je suis _____*1* depuis vingt-cinq ans. J'écris des textes pour les nombreux chanteurs qui ne sont pas _____*2* . J'ai écrit environ 1 500 chansons. Bien sûr, toutes ne sont pas devenues de grands succès, des

s'ancrer to be anchored   /   **le sens** meaning

_____ *3* , comme on dit, mais à peu près 200 font partie du répertoire des grandes _____ *4* de la chanson.

JOURNALISTE : Avez-vous un style particulier que l'on peut reconnaître?

PIERRE D. :   Oui, je le pense. J'ai une préférence pour les chansons _____ *5* . La chanson doit _____ *6* , bien sûr, mais elle doit aussi exprimer la _____ *7* d'une époque, ses préoccupations, ses désirs.

JOURNALISTE : Les chansons que l'on entend à l'heure actuelle à la radio ne ressemblent plus à celles de Brassens ou de Brel, par exemple?

PIERRE D. :   Oui, c'est vrai. L' _____ *8* est devenue extrêmement importante et puissante et il est quelquefois difficile de comprendre les _____ *9* , mais je crois que le public apprécie toujours les _____ *10* .

Vocabulaire satellite

les **paroles** *f* words, lyrics
le **parolier** lyricist
l' **air** *m*, la **mélodie** tune, melody
   fredonner un air de musique to hum a tune
le **compositeur,** la **compositrice** composer
le **chanteur,** la **chanteuse** singer
le **thème** theme
le **répertoire** repertory
s' **inspirer de** to draw inspiration from
   chanter en chœur to sing in chorus
l' **interprète** *m, f* interpreter
le **tube** (*fam*) hit record
le **bide** (*fam*) flop
le **palmarès (de la chanson)** hit parade
la **voix** voice
s' **accompagner à la guitare** to accompany oneself on the guitar

l' **auditeur** *m*, l' **auditrice** *f* listener
le **disque** record
l' **enregistrement** *m* recording
le **disque compact** CD
   enregistrer to record
l' **électrophone** *m* record player
le **lecteur de disque compact** CD player
le **magnétophone** tape recorder
le **magnétoscope** video-cassette recorder
le **son** sound
   diffuser (une chanson) to broadcast (a song)
la **chaîne haute-fidélité (hi-fi)** high-fidelity system (hi fi)
le **baladeur** walkman

Pratique de la langue

1. Imaginez que vous travaillez à la station de radio de votre université. Présentez Jacques Brel et une de ses chansons aux auditeurs.
2. Improvisez les situations suivantes :
   a. Vous faites très attention aux textes des chansons et vous pensez que les paroles sont plus importantes que la mélodie. Vous discutez avec un(e) ami(e) qui pense qu'au contraire la musique est plus importante que le texte.

b. Votre jeune frère a formé un petit orchestre de rock avec des copains et ils jouent tous les soirs dans le sous-sol (*basement*) de votre maison. Vous ne pouvez plus travailler à cause du bruit. Mettez en scène la discussion que vous allez avoir avec votre frère et ses copains.

3. Existe-t-il des chanteurs-poètes américains? Les aimez-vous? Pourquoi ou pourquoi pas?
4. Si vous deviez animer une station de radio locale, quelles chansons choisiriez-vous de diffuser? Pourquoi? Quel serait le style de votre émission?

Le Cinéma d'auteur

Cinema has always been considered an art in France, on a par with theatre, painting, and music. It is known as the seventh art. In magazines and newspapers, film critics judge and analyze films just as seriously and in as much detail as literary critics analyze books. Just as literature devotees boast of a literary culture, a good number of cinema enthusiasts possess a genuine cinematographic culture, that is, an in-depth knowledge of the great film classics and of the various directors and their styles. These movie buffs are found primarily in the great metropolitan centers, particularly in Paris, which is one of the cities with the greatest number of movie houses in the world.

Despite this national interest for the cinema, the French film industry is not well. The French are seeing more and more films, but they are not going to the movie theatres; they are watching them on their television screens. Moreover, young people, who make up the majority of the movie-going public, are drawn more to American films, which feature action and special effects, than to French films, which are often less dynamic, more internal, more literary. In fact, in France, literature and filmmaking have long been related forms of creative expression. The writer and film director Jean Cocteau once commented that: "For the public, films are just a pastime, a form of entertainment which they have been accustomed, alas, to view out of the corners of their eyes. Whereas for me the image-making machine has been a means of saying certain things in visual terms instead of saying them with ink on paper." Cocteau has not been the only writer attracted by the cinema: André Malraux, Marcel Pagnol, Marguerite Duras, Alain Robbe-Grillet, and many others have involved themselves in cinematic creation. Conversely, avant-garde director Jean-Luc Godard, while exclusively a filmmaker, insists that his movies should be viewed as novels, or rather as essays which he chooses to film rather than write.

The French filmmaker's claim to be an author and not just a director is reflected in the expression *cinéma d'auteur,* used to designate films strongly stamped by their creator's aesthetic and philosophical views (or, disparagingly, by his or her ego). Movie stars and their fans are also part of the system, but in France the filmmaker's name and style are a major box-office consideration; by and large, French moviegoers are more inclined than their American counterparts to select (and remember) a film by the name of the director rather than by the names of the stars. The average Frenchman today is quite familiar with the work of major filmmakers such as François Truffaut, Louis Malle, Robert Bresson, Claude Chabrol, Eric Rohmer, Maurice Pialat, Bertrand Blier, and Bernard Tavernier.

Most of the important contemporary filmmakers were influenced by the experimental group known as *La Nouvelle Vague,* The New Wave (1958–1968). Though it never emerged as a coherent school, the New Wave contributed fresh approaches and innovative techniques. Documentaries and shorts played an important part in the crystallization of this style. Most directors of the postwar generation began their careers through this type of work and derived from it a sense of film structure different from that of commercial filmmakers. Using hand-held cameras, shooting most of the footage on location, shunning the traditional "arty" style of cutting and editing in favor of a crisp succession of short, self-contained scenes, these young directors achieved a more versatile, more candidly realistic narrative style that can be traced through most of their production, from Godard's social documentaries to the highly intellectualized works of Eric Rohmer or Jacques Rivette.

The French filmmaker best-known to American moviegoers undoubtedly is François Truffaut (1932–1984), whose works regularly met with commercial as well as critical success. After riding the crest of the New Wave with *Les 400 Coups, Tirez sur le pianiste* and *Jules et Jim,* Truffaut gradually altered his style to incorporate many traditional techniques of commercial filmmaking as seen in his last films, *Adèle H., Le dernier métro, La femme d'à côté* and *Vivement Dimanche!.*

In his first movie, *Les Mistons* (The Mischief Makers), in 1957, he employed the services of children and in so doing realized that he would like to make a film about childhood. This came about in 1959 with *Les 400 Coups* and in 1976 with *L'Argent de poche,* a collage of sketches on the difficult transition from childhood to adolescence.

Orientation

Aimez-vous aller au cinéma? Quels films aimez-vous voir? Mettez-vous en groupe de deux ou plus et faites le sondage suivant dans votre classe.

1. Combien de films avez-vous vus dans les trois derniers mois?
2. Les avez-vous vus dans des salles de cinéma ou à la télévision?
3. Préférez-vous voir un film au cinéma ou chez vous sur votre écran de télévision?
4. Quel genre de films aimez-vous?
   les films policiers
   les films d'aventure
   les films comiques
   les films de science-fiction
   les films à thèse (*with a message*)
   les comédies musicales
   les vieux films
   les dessins animés
   autres

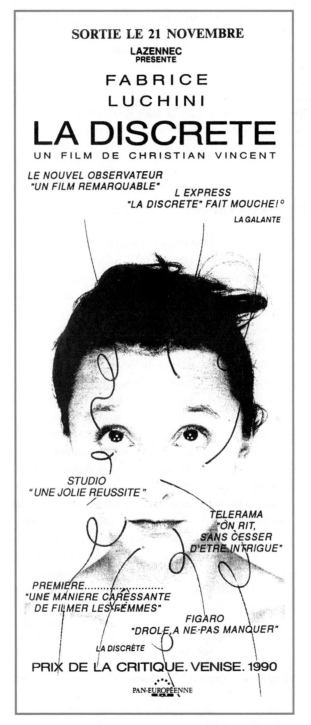

faire mouche to score a bull's eye, to be a hit

5. Est-ce que vous voyez souvent des films étrangers? Si oui, préférez-vous les voir en version originale avec des sous-titres (*subtitles*) ou doublés (*dubbed*)?

6. Comment choisissez-vous les films que vous allez voir?

à cause du metteur en scène

parce que vous aimez beaucoup les acteurs, les actrices qui jouent dans ce film

parce que vous avez lu de bonnes critiques

parce que des ami(e)s vous ont conseillé d'aller voir ce film

parce que vous avez été attiré(e) par la publicité faite pour ce film

parce que c'est un film dont tout le monde parle

autres raisons

Entretien avec François Truffaut

Philippe Goldman a été acteur dans le film de François Truffaut *L'Argent de poche*. Il jouait le rôle du petit Julien Leclou, l'enfant martyr°, battu par sa mère. Lors du tournage° du film en 1976, il a réalisé pour lui-même un entretien avec le metteur en scène° sur le cinéma. A la mort de Truffaut en 1984, cet entretien a été publié dans la revue *Les*
5 *Cahiers du cinéma.*[1]

QUESTION Quand, comment et pourquoi es-tu devenu cinéaste°?

F. TRUFFAUT Ça s'est fait en plusieurs fois. D'abord j'étais amateur° de cinéma; j'aimais voir beaucoup de films. La deuxième étape° ç'a été d'aimer voir souvent les mêmes films. La troisième étape, de chercher à
10 savoir ce qu'il y a derrière le film; il y a un moment à partir duquel je notais° le nom du metteur en scène en sortant d'un film qui m'avait plu°, je faisais des dossiers chez moi. Ensuite j'ai commencé à écrire sur les films, à publier les articles ici et là; puis, après mon service militaire, je suis devenu critique de cinéma dans les *Cahiers*
15 *du cinéma* et *Arts et spectacles°*.

Dans un hebdomadaire°, il faut raconter le film qu'on a vu, il ne suffit pas° de dire «c'est très beau» ou «c'est très moche»°, il faut raconter l'histoire, et c'est très difficile de résumer° le scénario° en dix lignes; ensuite, il faut vraiment trouver les arguments pour et
20 contre. A cette période-là, j'ai l'impression que j'ai bien appris le... comment dirais-je? tout ce qui concerne la construction du scénario.

---

l'enfant martyr *m* battered child / **le tournage** shooting / **le metteur en scène** director / **le cinéaste** filmmaker / **l'amateur** *m* fan / **l'étape** *f* step / **il y a...notais** there came a time when I took note of / **plu** = *participe passé de plaire* / *les Cahiers du cinéma* et *Arts et spectacles* well-known film magazines / **l'hebdomadaire** *m* weekly newspaper / **il ne suffit pas** = *ce n'est pas assez* / **moche** (*fam*) = *mauvais* / **résumer** to summarize / **le scénario** script

[1] En 1954, Truffaut a écrit dans cette revue un article très controversé intitulé : «Une certaine tendance du cinéma français».

Pour la mise en scène° c'était un peu plus difficile, mais en voyant plusieurs fois un film, comme on en connaît déjà l'histoire, on peut regarder le travail de la mise en scène. Ensuite j'ai fait un ou deux films en muet° en 16mm°, mais qui racontaient quand même une petite histoire. Parce que je n'ai jamais aimé les documentaires, j'ai toujours aimé raconter une histoire. J'ai fait, après, un court métrage° en 35mm, c'est-à-dire le format professionnel. Ce film, c'était *Les Mistons.* Il a eu pas mal de succès pour un court métrage et a reçu une prime° de 5 millions du Centre du Cinéma.

QUESTION Tu as voulu travailler très tôt dans le cinéma?

F. TRUFFAUT A partir de 11–12 ans quand je suis allé voir des films français pendant la guerre°, mais je n'osais pas penser que je serais metteur en scène. A l'époque il y avait très peu de metteurs en scène jeunes. Je pensais que je serais probablement critique de cinéma ou alors, si je pouvais faire plus, je serais scénariste°, surtout que j'écrirais des

25

30

35

la mise en scène direction / **le film (en) muet** silent film / **16mm** = *16 millimètres* / **le court métrage** short subject / **la prime** = *le prix* / **la guerre** = *la deuxième guerre mondiale* / **le scénariste** = *la personne qui écrit le scénario*

histoires, que j'aiderais d'autres à faire leurs films—et puis à partir de la Nouvelle Vague, finalement, on s'est tous mis à faire des films.

QUESTION   Comment prépares-tu tes scénarios? Est-ce que tu y penses
40   longtemps avant?

F. TRUFFAUT   J'y pense longtemps avant. Il y a d'abord la première idée : ce serait bien de faire un film comme ça, avec tel personnage° ou dans telle ambiance. J'y pense de plus en plus et il y a un moment où j'y pense de façon assez active pour prendre des notes que je mets dans un
45   dossier avec un titre provisoire°. Et un jour, j'ouvre le dossier avec Suzanne Schiffman[1] et on commence à construire une intrigue°. Je suis sûr de faire un film quand je suis sûr du dernier quart d'heure. J'ai toujours très peur des fins.

QUESTION   En général, il te faut beaucoup de temps pour trouver la fin d'un
50   film?

F. TRUFFAUT   Quelquefois ça va très vite, quelquefois ça prend beaucoup de temps. Et puis il y a certains sujets qui me font peur parce qu'ils sont nouveaux pour moi, ou difficiles, alors je les garde facilement quatre ans, comme *L'Enfant sauvage*°.

55   QUESTION   Comment choisis-tu tes acteurs?

F. TRUFFAUT   C'est quand on projette° les essais°, on dit «Tiens, lui, il serait pas mal pour Julien», ça se précise° peu à peu. C'est à la projection° qu'on fait le choix. Pendant qu'on tourne° l'essai, quelqu'un peut paraître très mauvais et après, sur l'écran°, on dit : «Ah, mais celui-
60   là est mieux». C'est drôle, on a besoin de vérifier sur l'écran. On connaît mieux un acteur pendant qu'on fait le montage° parce que le tournage se passe trop vite.

QUESTION   Changes-tu souvent de scénario en cours de tournage?

F. TRUFFAUT   Beaucoup oui, beaucoup. Surtout *L'Argent de poche. Adèle H.*[2] n'a pas
65   changé parce qu'on a mis quatre ans à écrire le scénario et il était très serré°, très rigoureux. Mais dans *L'Argent de poche,* tu as vu que les dialogues étaient improvisés, donc il y a eu beaucoup de change-ments.

QUESTION   Quels sont tes cinéastes préférés?

---

le personnage character / **provisoire** = *temporaire* / **l'intrigue** *f* plot / **L'Enfant sauvage** = *titre d'un film de Truffaut* / **projeter** to screen / **l'essai** *m* rushes (in films, a first print) / **ça se précise** = *les choses deviennent plus précises* / **la projection** screening / **tourner** to shoot / **l'écran** *m* screen / **le montage** editing / **serré** tight

[1]Assistante de Truffaut et aussi maintenant metteur en scène
[2]Film de Truffaut basé sur la vie de la fille du poète Victor Hugo

70 F. TRUFFAUT   ... J'aime les cinéastes qui font des films presque comme des romans, c'est-à-dire qui font eux-mêmes l'histoire, dont les films se ressemblent mais ne sont pas des films de commande°.

Interview recueillie par Philippe Goldmann, Les Cahiers du cinéma

Qu'en pensez-vous?

Etes-vous d'accord ou non avec les déclarations suivantes? Justifiez votre réponse.

1. François Truffaut est devenu cinéaste par hasard.
2. Il a été critique de cinéma dans les *Cahiers du cinéma.*
3. C'est en faisant ce travail de critique qu'il a appris tout ce qui concerne la construction d'un scénario.
4. Il a commencé par faire des documentaires.
5. Ce qui l'intéressait avant tout, c'était de raconter une histoire.
6. Son premier court métrage a été primé au Festival de Cannes.
7. François Truffaut a toujours pensé qu'il deviendrait metteur en scène.
8. Truffaut pensait longtemps à ses scénarios avant de les écrire.
9. Il avait quelquefois du mal à trouver la fin d'un film.
10. Il choisissait toujours ses acteurs avant le tournage.
11. Dans le film *L'Argent de poche,* les dialogues ont été improvisés.
12. François Truffaut nous dit qu'il aime les cinéastes qui font des films presque comme des romans.

Nouveau Contexte

Complétez le dialogue suivant en choisissant les termes appropriés (employez chaque terme une seule fois). Puis, jouez le dialogue.

Noms : intrigue *f,* metteur en scène *m,* montage *m,* scénariste *m,* tournage *m*
Verbes : apprendre par cœur, improviser, jouions un rôle, projetait
Adjectif : naturels

JOURNALISTE : Daniel, quand tu avais treize ans, tu as joué dans le film *L'Argent de poche.* Quels souvenirs as-tu du _____*1* ?

DANIEL : J'en ai gardé un excellent souvenir. François Truffaut était très gentil avec nous. Il était évident qu'il aimait et comprenait les enfants. Il ne voulait pas que nous _____*2* . Il désirait avant tout que nous restions _____*3* .

JOURNALISTE : Vous n'aviez donc rien à _____*4* ?

DANIEL : Non, au commencement de chaque scène, on nous donnait un petit bout de papier avec des informations et nous devions _____*5* .

---

le film de commande a commissioned film

JOURNALISTE : Le scénario a dû beaucoup changer au cours du film.

DANIEL : Oh oui, tous les soirs on _____6 les essais et c'est à ce moment-là que le _____7 et son équipe décidaient de faire tel ou tel changement.

JOURNALISTE : Est-ce que cette expérience a eu une grande influence dans ta vie?

DANIEL : Une influence énorme. C'est à cause de cela que je travaille dans le cinéma. Au début, je voulais devenir _____8 parce que j'ai toujours aimé raconter une histoire, construire une _____9 . Et puis, finalement, je me suis intéressé au côté technique de la production, plus précisément au _____10 . C'est ce que je fais depuis dix ans et cela me passionne.

Vocabulaire satellite

le **dessin animé**   cartoon
la **vedette (de cinéma)**   movie star (male or female)
  tourner (un film)   to shoot (a film)
les **effets spéciaux**   special effects
la **musique de fond**   background music
le **sous-titre**   subtitle
  doubler   to dub
l' **industrie cinématographique** *f*   film industry
le **ciné-club**   film club
le **cinéma de quartier**   neighborhood theatre
  passer un film (sur l'écran)   to show a film

l' **écran** *m*   screen
effrayant   terrifying
amusant   amusing
drôle   funny
émouvant   touching
nul (*fam*)   very bad
ennuyeux   boring
lent   slow
sans intérêt   uninteresting
génial (*fam*)   excellent
le **succès**   success
l' **échec** *m*   flop

Pratique de la langue

1. D'après l'entretien que vous venez de lire, dans quelle mesure le cinéma de François Truffaut est-il un cinéma d'auteur?

2. Pensez-vous, comme les Français, que le cinéma est «un art noble» comparable à la littérature, à la peinture, à la musique?

3. Quel est le meilleur film que vous ayez jamais vu? L'avez-vous vu une ou plusieurs fois? Pourquoi vous a-t-il particulièrement marqué(e)?

4. Interviewez votre acteur ou votre actrice préféré(e). Demandez-lui quand il (elle) est devenu(e) célèbre, avec quel metteur en scène il (elle) a préféré travailler, quels sont ses projets d'avenir, etc.

5. Vous voulez créer un ciné-club dans votre université avec d'autres ami(e)s cinéphiles. Comment allez-vous attirer les spectateurs? Quels types de films allez-vous choisir : des classiques, des films étrangers, des films à thèse, des comédies, etc.? Quel sera le prix des billets?

Y aura-t-il une discussion après le film? Travaillez en groupe et échangez des suggestions pour bien faire fonctionner votre ciné-club.

Sujets de discussion ou de composition

1. On dit que la musique adoucit les mœurs. Est-ce toujours le cas? Comment peut-on expliquer l'ambiance de certains concerts de musique rock et le comportement (*behavior*) des spectateurs?
2. Faites la critique d'un film que vous avez vu récemment pour le journal de votre université.
3. Vous habitez une petite ville où l'on a décidé de fermer la dernière salle de cinéma. Vous écrivez au maire pour le convaincre de changer d'avis. Quels arguments utiliserez-vous?

Index culturel

Allocations familiales An important part of the French social security system. They consist of monthly benefits paid by the government to all families with dependent minors. These benefits are based on the number of children in the family and are extended to all families irrespective of need. The system was initiated in 1940 and was designed to stimulate France's sagging birthrate. Other benefits for families with children include the *prime de naissance,* paid at the birth of each child, and the *prime de salaire unique,* paid as compensation to mothers of low- and middle-income families who stay home to take care of their children, and so are unable to work.

Apéritif An alcoholic beverage such as a pastis, martini, or whiskey taken as an appetizer before dinner.

Arrondissements A few big cities in France are divided into administrative units called *arrondissements.* Paris, for example, is divided into twenty *arrondissements,* each with a distinctive character. They are commonly referred to by number (for example, "le seizième," a prestigious residential area). Until 1977 each *arrondissement* in Paris had a mayor, but these *maires* had only limited administrative duties. Since 1977 Paris has had its own mayor—Jacques Chirac—like other French cities and towns.

Assemblée Nationale The lower house of the French parliament (whose upper house is called the *Sénat*). It has a membership of 577, including 22 from the *départements d'outre-mer* (D.O.M.) and the *territoires d'outre-mer* (T.O.M.). The members, called *députés,* are directly elected for five-year terms.

Baccalauréat The nationally administered examination—popularly known as *le bac* or *le bachot*—that comes at the end of *la terminale,* the last year of studies at the *lycée.* The *bac* tests both the students' general knowledge and their grasp of a chosen field of specialization. *Baccalauréat* degrees are awarded in: letters (*Bac A*), social sciences (*Bac B*), mathematics and physics (*Bac C*), natural sciences (*Bac D*), accounting and secretarial skills (*Bac G*), computer science (*Bac H*), and various other technical fields (*Bac E, F*). Upon passing the exam, the student, now a *bachelier,* will be declared admissible to a university.

Cadre A middle or top executive. The *cadres* embody the dynamic, managerial spirit. Their public image, however, has been marred by unemployment and economic crises.

C.E.C.A. The European Coal and Steel Community (*Communauté Européenne du charbon et de l'acier*) was created in 1951. It involved at the time six countries: France, Germany, Italy, Belgium, The Netherlands, and Luxembourg. It gave momentum to the European Community and the Common Market.

Cités See *Grands Ensembles.*

Collège d'enseignement secondaire (C.E.S.) The lower section of the French secondary school cycle between the elementary school and the *lycée*—roughly, the equivalent of the American junior high school and the first two years of high school. The secondary school cycle consists normally of four grades numbered in reverse order, from the *sixième* to the *troisième.* At the end of the *troisième,* students take an examination in order to receive the *brevet d'enseignement du premier cycle* (B.E.P.C.), the highest diploma that most young people in France obtain. Thereafter, many leave school to start work, while others continue on to a *lycée professionnel* (L.E.P.) or a traditional *lycée*.

Communiste, Parti The *Parti Communiste Français (P.C.F.)* came into existence in 1921, after a majority of the militants of the *Parti Socialiste (S.F.I.O.)* had voted to join the newly formed Communist International. The Communists were active in the Resistance during World War II, and emerged in 1945 as the largest party on the Left, with most of the votes of the workers, and considerable support from intellectuals. They consistently polled 20–25 percent of the vote in elections. In 1972 the P.C.F. concluded an alliance with the *Parti Socialiste*. In February 1976 the French Communist Party formally renounced some basic tenets in its official Marxist creed. Despite losing much of its strength to the Socialists in 1981, the P.C.F. was nevertheless included, as a junior partner, in the ruling coalition but pulled out after three years. Since then, its influence has been waning. In the presidential election of 1988, the Communist candidate, André Lajoinie, got 6.76 percent of the vote in the first round of balloting.

de Gaulle   General Charles de Gaulle (1890–1970) was a World War II hero and the chief architect of the Fifth Republic. When France collapsed before the German attack in 1940, he organized the Free French movement and continued the struggle abroad. Returning after the war, he served as President of the provisional government in 1945–46, then resigned. Contemptuous of the unstable party-dominated Fourth Republic, for some time he led the Gaullist opposition of the Right, then retired from politics, but was finally summoned to power in the crisis of 1958. Elected President of the new Fifth Republic, he gave Algeria and other colonies their independence, and survived the plots and assassination attempts of die-hard supporters of *l'Algérie française.* He ruled France with an authoritarian hand, bolstered by popular support confirmed periodically through referendums. A French traditionalist deeply suspicious of "Anglo-Saxon" influences, he sought to restore French prestige and independence through a foreign policy that diverged ostensibly from that

of the United States. He survived the student/worker revolt of May 1968, but resigned in 1969. Aristocratic and aloof, idolizing France's past glory and often scornful of her present, he was a complex phenomenon, a figure of international inportance, and, among Frenchmen, the most powerful personality of his time.

Départements   The major administrative divisions of France, introduced at the time of the Revolution. The central government is represented in each *département* by a *préfet* who supervises and coordinates the administrative services. There are 101 *départements,* including five *départements d'outre-mer* (D.O.M.): Martinique, Guadeloupe, French Guiana, Réunion, and Saint-Pierre-et-Miquelon. Artificially created for purely administrative purposes, the *départements* usually lack the cultural and historical associations of the old provinces (Normandy, Brittany, Burgundy, etc.). One of the reforms inaugurated by the Mitterrand administration was to give the regions greater autonomy and enlarge the decision-making powers of the mayors (*loi sur la décentralisation* of 1992).

E.C.U.   European currency unit. It is the equivalent of approximately seven French francs or two Deutschemarks.

Facultés   Schools within a university, as for instance the *Faculté des Lettres* (School of Liberal Arts), *Faculté de Droit* (Law School), *Faculté de Médecine* (Medical School). Although they belong to the same university, the different facultés may be located in different parts of the city, or even in different cities (e.g., Aix-en-Provence and Marseilles). Thus, French students will say "Je vais à la Fac" to indicate that they are off to class.

Front National   This extreme-right-wing party was founded in 1972 but it gained real importance and visibility in the 1980s as the economy worsened and unemployment soared. It garnered 14 percent of the votes in the legislative elections of 1993, after obtaining 12 percent in the European elections of 1989. Its leader, Jean-Marie Le Pen, whose platform is ultra-nationalist and opposes immigration and European unity, finds most of his supporters among people hit by a stagnant economy and afraid or unable to cope with our rapidly changing times.

Grandes Ecoles Institutions of higher education other than the universities. Unlike the universities, each *grande école* has its own very restrictive admissions policy. Admission is determined by fiercely competitive exams *(concours)* that may require two or three years of special preparation after the *baccalauréat*. Since the number of places is limited, being admitted to a *grande école* is a real achievement. The most famous of the *grandes écoles* are the *Ecole Normale Supérieure* (familiarly known as *Normale Sup*), where students specialize in humanities or sciences, usually to pursue an academic career; the *Ecole Polytechnique* (nicknamed "L'X"); the *Hautes Etudes commerciales* (HEC); and the *Ecole Nationale d'Administration* or ENA, whose graduates, *"les énarques,"* usually become top civil servants.

Grands Ensembles (or **Cités**) Large-scale housing projects, generally located in the suburbs and consisting of high-rise apartment buildings with their own shopping centers, schools, etc. Many were designed for low-income housing (H.L.M.).

H.L.M. Habitations à Loyers Modérés Low-income housing units financed by the French government to alleviate the postwar housing shortage. Most H.L.M.'s are in the form of multiple-story apartment buildings, usually massed in *grands ensembles*.

Légion d'honneur Order created by Napoleon Bonaparte in 1802 to reward exceptional civil or military achievements.

Lycée The upper section of the French secondary school cycle, to which students who have successfully completed four years in the *collège d'enseignement secondaire* may proceed. At the lycée, students concentrate on a chosen field of specialized studies like philosophy, mathematics and physics, or natural sciences. After three years, in *terminale*, students take the *baccalauréat* exam; if they pass it, they can attend the university. The system exists nationwide. Students who cannot commute daily board at the school,

and are called *internes* (as opposed to *externes*) or *pensionnaires*.

Mai 1968 In May 1968 French university students staged violent antigovernment demonstrations. Initially directed against the antiquated university system, their revolt spread to the *lycées*, became nationwide, and sparked, in turn, the most massive labor strikes in French history. General de Gaulle promised reforms, then called for new elections: in a conservative backlash his supporters—Gaullists and Independents—won a landslide majority in the National Assembly. But his authoritarian regime had been severely shaken, and he resigned the following year.

Maisons de la culture Major regional centers for the visual and performing arts. Launched by de Gaulle's Minister of Culture André Malraux, they were meant to disseminate culture outside Paris. Usually they combine a theater, artists' workshops, rooms for art exhibits, music rooms, a film library, etc. Half the cost is borne by the government, and half by the city where the *maison* is located.

Marseillaise, La The stirring marching song of the Revolution that became the French national anthem. It was written in 1792 by a young Army officer, Rouget de Lisle, to rally patriots against the invading forces of Europe's absolute monarchs. It was first sung in Paris by the volunteers from Marseilles, whence its name.

Mitterrand, François (b. 1917) President of the Republic, elected in 1981. Born to a middle-class Catholic family, he was completing his law degree when World War II broke out. After escaping from a German POW camp, he joined the Resistance, then entered politics in 1946. As a member of a small Centrist party strategically positioned between Left and Right, he held a variety of cabinet posts throughout the Fourth Republic (1946–58). Declining to support the Fifth Republic, he ran as the opposition candidate against de Gaulle in the 1965 election, but failed to get the nomination to run against de Gaulle's successor, Georges Pompidou, in 1969. In 1971 Mitterrand joined the ailing Socialist Party and over the next ten years rebuilt it as a major force. He narrowly lost to Valéry Giscard d'Estaing in 1974, but defeated him decisively in 1981. In 1986, however, the Left lost popular support in parliamentary elections and Mitterrand had to cope with a non-Socialist majority in the legislature. For two years France experienced "cohabitation": a conservative legislature with a Socialist president. In 1988, Mitterrand was reelected for a second term. This time, there was no alliance with the Communist party but instead a new significant move toward the center. In 1993, the Socialist party lost heavily in the parliamentary elections and a much weakened Mitterrand had to experience a second period of "cohabitation" with a conservative legislature.

Pieds Noirs   A nickname applied to European settlers in North Africa (especially Algeria), who had to return to France when French rule ended. The settler community included many people of Spanish and Italian descent, many from Alsace-Lorraine who refused to live under German rule after 1870, and the local Jewish community as well. Bitterly opposed to Algerian independence, many of the *Pieds Noirs* supported attempts to overthrow successive French governments on this issue. After 1962, when Algeria became independent, most of them resettled in France, especially in the South.

P.M.U.   *Pari Mutuel Urbain*   Off-track betting. Betting on horse races is under government control and provides an important source of income for the state. Only the duly franchised branches of the P.M.U. are qualified to accept bets. Other forms of legalized gambling in France include the casinos and the *Loterie Nationale*.

P.T.T.   *Postes, Télégraphes, Téléphones*   The French postal and telecommunication service is a state monopoly. Although it has been recently renamed *Postes et Télécommunications*, the French people still refer to it as *les P.T.T.*

R.P.R.   *Le Rassemblement pour la République*   This party was founded in 1976 by Jacques Chirac, mayor of Paris and former Prime Minister. It perpetuates in a milder form the ideas of General de Gaulle. In the Gaullist tradition, it stresses independence, security, and nationalism, reinforcing the concept of a French identity.

Régionalisme   Regional movements reacting against what is perceived as the excessive centralization of the French state—a centralization dating from the Revolutionary and Napoleonic periods. Regionalist demands extend from simple decentralization to regional autonomy and even, in a few extreme cases, outright secession. Regionalist militancy has been most pronounced in areas that have preserved a distinct linguistic and cultural heritage: Occitanie (covering some thirty *départements* in the southern half of France); Brittany (especially in its western portion, where Breton is still spoken); Corsica; French Catalonia and the Basque region (both of them spillovers of ethnic monorities based primarily in Spain); and the two Germanic language areas of Alsace-Lorraine and French Flanders. Since 1951, limited teaching of the minority languages has been gradually introduced into the French school system.

R.M.I.   *Le Revenu Minimum d'Insertion*   It was created in 1988 to help people who are unemployed, homeless or in poor health, and who are not eligible for regular unemployment benefits or health care. They receive a minimum wage from the government (2,110 F per month for one person without children, as of July 1990) in order to facilitate their "re-insertion" into society.

S.M.I.C.   *Salaire Minimum Interprofessionnel de Croissance*   The minimum hourly wage, as determined by the government (5,756 F per month, as of July 1992). Popularly, *"un smicard"* refers to the lowest-paid blue-collar worker.

S.N.C.F.   *Société Nationale des Chemins de Fer Français*   The French national railroad, nationalized since 1937.

Socialiste, Parti   France's present Socialist party (P.S.) was created only in 1971, but the tradition of French socialism predates Karl Marx. In 1905 two independent Socialist groups merged to form a new party affiliated with the (Second) Socialist International: *Section Française de l'Internationale Ouvrière* (S.F.I.O.). The S.F.I.O. was split when a majority of its militants joined the Communist International in 1920, giving birth to the *Parti Communiste Français* (P.C.F.). The S.F.I.O. Socialists remained the largest party on the Left until World War II. From 1945 on, however, the S.F.I.O. was consistently outpolled by the P.C.F. In 1971 the old S.F.I.O. and a number of smaller left-wing groups merged under the name of *Parti Socialiste* (P.S.). Led by François Mitterrand, the P.S. decisively surpassed the P.C.F. and, in 1981, went on to capture an absolute majority of seats in the National Assembly for the first time in the party's history. Under Mitterrand's leadership, the Socialist party has greatly evolved. It has lost its militant, class-war edge and has come to look very much like a party of the center. Shaken by internal dissensions and a blurred ideology, the Socialist party was severely defeated by the Right in the parliamentary elections of 1993.

Syndicats Membership in unions *(syndicats)*—less than 10 percent—tends to be lower in France than in other Western European countries. Unionized wage earners belong, for the most part, to one of the five major unions: the leftist *Confédération Générale du Travail* (C.G.T.); the largest of all unions: the C.G.T.-F.O. *(Force Ouvrière)*, which split off from the C.G.T. in 1947; the *Confédération Française Démocratique du Travail* (C.F.D.T.) and the *Confédération Française des Travailleurs Chrétiens* (C.F.T.C.), both of which grew out of the same Christian labor movement; and the *Confédération Générale des Cadres* (C.G.C.). Teachers, businessmen, and farmers also have their own organizations, which are legally regarded as *syndicats*.

Traité de Maastricht This treaty was signed by the European Community member states in December 1991 in Maastricht, The Netherlands, with a view to providing a blueprint for progress toward European unity. It outlined a plan for monetary union, the creation of a single currency, and a closer coordination of EC foreign and defense policies.

U.D.F. *Union pour la Démocratie Française* This party, founded in 1978, is in the tradition of the moderate right. Its president, Valéry Giscard d'Estaing, was a former Président de la République. In the presidential and legislative elections of 1988 and 1993, it joined forces with the R.D.P. to become the U.P.F. *(Union pour la France)*, thus gaining the majority of the vote.

Verts, Les This political party, embracing the protection of the environment as its platform, was created in 1984. It wants to remain independent, and has not formed any alliance with the parties of the Left or Right. Though it has great appeal among young educated voters, it is not yet considered by many as a viable alternative. In the European elections of 1989 and in the parliamentary elections of 1993, it gained no more than 10 percent of the vote. Recently it had to compete for ecologist voters with another party, *Génération Ecologie,* founded by Brice Lalonde.

Réponses au Nouveau Contexte

CHAPITRE 1

La Kid génération, p. 7
1. armer   2. avis   3. argent   4. économise   5. vêtements   6. pubs   7. épargner   8. gérer
9. maturité   10. vulnérables

L'Enseignement secondaire, p. 13
1. bourrage de crâne   2. matières   3. filière   4. culture générale   5. nul   6. raterai
7. métier   8. avenir   9. trouver du travail   10. chômage

L'Angoisse des élèves de «prépas», p. 19
1. boulot   2. cours   3. interros écrites   4. découragé   5. concours   6. grande école
7. salaire   8. motive   9. décevoir   10. lutteur

Les Distractions des étudiants, p. 23
1. garçon   2. ambiance   3. refuge   4. bibliothèque   5. chauffée   6. solitude   7. perdent
8. endroit   9. rencontrer   10. films   11. vous distraire

CHAPITRE 2

Interview avec Hélène Strohl, p. 30
1. banlieue   2. trajet   3. gamin   4. mère de famille   5. exercer   6. s'occuper   7. travailler
8. horaires   9. salaire

Un Enfant pour elles toutes seules, p. 36
1. dérange   2. élève   3. divorcée   4. mère célibataire   5. fais des ménages   6. ai du mal
7. enceinte   8. n'a jamais reconnu   9. avis   10. est au ban de

Pitié pour les garçons, p. 41
1. élevez   2. agressif   3. violent   4. éliminer   5. prendre des risques   6. débrouillarde
7. responsabilités   8. résultats   9. viser haut   10. carrière

CHAPITRE 3

Transformation de la famille traditionelle, p. 48
1. boulot   2. études   3. libéraux   4. petite amie   5. fonder un foyer   6. concubinage
7. divorcée   8. me marierai   9. demi-frères/demi-sœurs   10. demi-sœurs/demi-frères

Parents/Enfants, p. 53
1. discipline   2. jeu   3. adulte   4. se développent   5. quitter la maison   6. nourrie   7. inquiète   8. besoins   9. liberté   10. usages

Naître ou ne pas naître, p. 60
1. devoirs   2. m'occupe de   3. aînée   4. jumeaux   5. commissions   6. rendre service
7. nombreuse   8. naissance   9. salaire   10. peine

CHAPITRE 4

Les Jeunes et les banlieues, p. 74
1. immeuble   2. quartier   3. loyer   4. étage   5. verdure   6. vélo   7. grand ensemble
8. traînaient   9. se bagarraient   10. centre commercial

Le Chouette Bol d'air, p. 82
1. rentrer   2. détente   3. cuisinière   4. maison de campagne   5. copains   6. pelouses
7. cueillir   8. chouette   9. embouteillages   10. mûres   11. citadins

CHAPITRE 5

Vendeuses, p. 91
1. magasin   2. rayon   3. rose   4. promotion   5. répit   6. contact   7. essayer   8. aimable
9. tombais de sommeil   10. ai gagné

Portraits de BCBG : Charles-Henri et Isabelle, p. 99
1. faire-part   2. mari   3. particule   4. polytechnicien   5. diplômé,   6. avenir   7. situation   8. soignée   9. se sont rencontrés   10. jardin d'enfants

Histoire d'un travailleur immigré, p. 107
1. chantier   2. camions   3. embaucher   4. contremaître   5. exploité   6. partage   7. vin
8. bagarres   9. gosses   10. logement

CHAPITRE 6

Tendances de la société française, p. 120
1. émission   2. manifestations   3. sympathise avec   4. bloquer   5. circulation   6. mécontents   7. corporatisme   8. affaibli   9. défendre   10. chacun pour soi   11. parti
12. déçoivent   13. ferai preuve de

Entretien avec Elisabeth Guigou, p. 127
1. frontières   2. compétitifs   3. changements   4. traditions   5. endroits   6. rencontrer   7. stage   8. échanges   9. bourse   10. études   11. diplômes

Chef d'entreprise à vingt ans, p. 135
1. P.D.G.   2. ordinateurs   3. métier   4. copains   5. logiciel   6. passionnés   7. ai échoué   8. perdre   9. prix   10. fonder ta propre boîte

CHAPITRE 7

Les Premières Choses qui vous viennent à l'esprit, p. 143
1. hospitaliers   2. accueillant   3. idées toutes faites   4. casanier   5. ailleurs   6. chauvin   7. bons vivants   8. nourriture   9. beaux parleurs   10. conversation

Elle disait..., p. 150
1. me mettre sur le dos   2. apprentie   3. goût   4. élégance   5. dessiner   6. ont réussi professionnellement   7. étoffes   8. soignés   9. durent   10. clef

Jean-Pierre Xiradakis, ou l'homme qui a réinventé la saveur, p. 156
1. berceau   2. foie gras   3. haricots   4. goût   5. cultivent   6. élèvent   7. saveur   8. s'est bien régalé   9. aseptisée   10. embaument

CHAPITRE 8

Gloire et ignominie du débarqué, p. 164
1. ramène   2. originaire   3. gendarme   4. s'expatrier   5. métropole   6. compatriotes   7. créole   8. se comporte   9. coutumes   10. natale

Mon Père écrit à ma mère, p. 169
1. épouse   2. reléguée   3. musulmanes   4. pudeur   5. n'aurait jamais osé   6. gênée   7. cartes postales   8. rapportait   9. destinataire   10. signature

Comment mon âme canadienne est morte, p. 175
1. vous sentez-vous   2. fier   3. ne m'en porte pas plus mal   4. carte   5. s'est établie   6. ont trimé   7. pénible   8. langue   9. tiens   10. souveraineté

CHAPITRE 9

Journal d'une branchée, p. 187
1. professionnels   2. horaires/tarifs   3. tarifs/horaires   4. réserver   5. plein   6. frigo   7. livrer à domicile   8. bancaires   9. vérifier   10. compte en banque

Les «Sans-télé», p. 192
1. poste   2. émissions   3. n'éprouve pas le besoin   4. temps libre   5. journal télévisé
6. être au courant   7. divertissement   8. dessins animés   9. éteindre   10. résister à son
emprise

CHAPITRE 10

L'Acteur est un scaphandrier de l'âme, p. 202
1. troupe   2. tâches   3. mise en scène   4. vedettes   5. public   6. jouer   7. pièce   8. répétitions   9. spectateurs   10. jeu des acteurs

Les «Amplis» du succès, p. 209
1. romans   2. nouveautés   3. librairie   4. parus   5. best-sellers   6. livres de poche   7. titres disponibles   8. ouvrages   9. édités   10. grandes surfaces

CHAPITRE 11

Jacques Brel, l'homme et ses chansons, p. 217
1. parolier   2. auteurs-compositeurs   3. tubes   4. vedettes   5. engagées   6. divertir
7. sensibilité   8. orchestration   9. paroles   10. chanteurs-poètes

Entretien avec François Truffaut, p. 225
1. tournage   2. jouions un rôle   3. naturels   4. apprendre par cœur   5. improviser   6. projetait   7. metteur en scène   8. scénariste   9. intrigue   10. montage

Vocabulaire

This vocabulary contains all words and expressions that appear in the text except articles and identical cognates. Irregular verbs are included, as are some feminine forms of adjectives and nouns.

Abbreviations

adj	adjective	*fig*	figurative	*pres part*	present participle
adv	adverb	*impers*	impersonal	*pl*	plural
esp	especially	*invar*	invariable	*ps*	passé simple
fam	familiar	*m*	masculine	*subj*	subjunctive
f	feminine	*pp*	past participle		

An asterisk (*) indicates a word beginning with an aspirate *h*.

A

abattre   to knock down
abolir   to abolish
l' **abonnement** *m*   subscription
l' **abord** *m*   access; **d'___** at first, in the first place, primarily
aborder   to land, to approach, to tackle
abriter   to shelter
abrutissant   stupefying
absolu   absolute
s' **abstenir**   to abstain
l' **abstentionnisme** *m*   practice of abstaining from voting
accablant   overwhelming
l' **accalmie** *f*   lull, (period of) calm
accéder   to accede to, have access to
accentuer   to stress, to increase

l' **accessoire** *m*   accessory; **les ___s** props
s' **accommoder**   to be satisfied, to make oneself comfortable, at home
accompagner   to accompany, to see (someone) off
accomplir   to perform, to complete
l' **accord** *m*   agreement; **être, se trouver d'___** to agree; **d'___!** OK! **en ___ avec** in close relationship with
s' **accorder**   to agree
accoster   to accost, come up to
accoucher   to give birth
l' **accoucheuse** *f*   midwife
accrocher   to hang up, to hook
l' **accroissement** *m*   increase
accroître   to increase, to enhance; **s'___** to increase
l' **accueil** *m*   reception, welcome

accueillant gracious, hospitable
accueillir to greet, to welcome, to accept
accuser to accuse, to charge
l' **achat** *m* purchase; **le pouvoir d'___** purchasing power
acheter to buy
l' **acier** *m* steel
acquérir to acquire, to get (**j'acquiers, nous acquérons;** *pp* **acquis**)
l' **acte** *m* deed, act
l' **acteur (actrice)** *m, f* actor, actress
actif (active) active; **l'actif** *m* worker
l' **action** *f* action, deed, effect; share (of stock)
l' **actionnaire** *m, f* shareholder
les **actualités** *f* current events
actuel (actuelle) current, present; **à l'heure ___e** nowadays
actuellement now
s' **adapter** to adapt, to adjust oneself
l' **addition** *f* bill, check (in a café or restaurant)
l' **adhérent** *m* subscriber, member
l' **administration** *f* public service
admirer to admire
adoucir to soften, to alleviate
adresser to address, to direct, to aim; **s'___ à** to apply to, to speak to
affaibli weakened
l' **affaiblissement** *m* weakening
l' **affaire** *f* business, affair, concern, bargain; **l' ___ Dreyfus** the Dreyfus affair; **les ___s** business, trade; **le sens des ___s** business acumen; **faire des ___s** to do business
affectif (affective) sentimental
l' **affichage** *m* placarding
l' **affiche** *f* poster
afficher to post, to display, to make a show of
affirmer to state, to claim; **s'___ to** assert oneself
s' **affliger** to lament

l' **affluence** *f* crowd, abundance
affluer to abound, to flock (to a place)
l' **afflux** *m* massive flow
affreux (affreuse) frightful, ghastly
affronter to face, to confront
afin que so that, in order that
l' **âge** *m* age; **la tranche d'___** age group
âgé old, aged
l' **agence** *f* agency; **___ d'intérim** temporary help agency; **___ de voyages** travel agency; **___ immobilière** real estate agency; **___ matrimoniale** dating service
l' **agent** *m* agent, representative, constable
l' **agglomération** *f* urban center
agir to act; **s'___ de** to be a matter of, to be imperative to; **de quoi s'agit-il?** what is it about?
l' **agneau** *m* lamb
agréable pleasant
agresser to assault
l' **agriculteur (agricultrice)** *m, f* farmer
l' **aide** *f* help
aider to help
l' **aïeule** *f* grandmother
aigu(ë) acute, extreme
l' **ail** *m* garlic
ailleurs elsewhere; **d'___** besides
aimable kind, nice, amiable
aimer to love, to like
aîné elder, eldest, senior
ainsi thus, in this fashion
l' **air** *m* tune, melody; **le grand ___** the great outdoors
l' **aise** *f* ease; **à l'___** at ease
aisé well-off
aisément readily, easily
ajouter to add
s' **alarmer** to worry
l' **alcool** *m* alcohol, spirits
s' **aliéner** to become estranged

l' **alimentation** *f* food, food section (in a store)

l' **allée** *f* aisle, alley, walk

allégé light, diet

allégrement lightly

allemand German

aller to go (**je vais, il va, nous allons;** *pp* **allé**); ___ **à quelqu'un** to suit someone; **s'en** ___ to go away

l' **allocation** *f* benefit, allowance

alloué allocated

allumer to light up, to strike up; ___ **la télé** to turn on the TV

l' **allure** *f* appearance

alors then, at that time, in that case; ___ **que** when, even though, whereas

amasser to pile up

l' **amateur** *m* fan, lover (of something)

l' **ambiance** *f* atmosphere

l' **âme** *f* soul

améliorer to improve

l' **aménagement** *m* arrangement

amener to bring, to lead; ___ **à** to persuade

l' **ameublement** *m* furnishing

l' **ami(e)** *m, f* friend; **petit(e) ami(e)** boyfriend, girlfriend

amical friendly

amicalement in a friendly way

l' **amitié** *f* friendship

amortir to recover the cost, to pay off

l' **amour** *m* love

les **amourettes** *f* flirtations

amoureux (amoureuse) in love

l' **ampleur** *f* volume

l' **amputation** *f* truncation

amusant amusing

s' **amuser** to have a good time

l' **an** *m* year

ancien (ancienne) old, former, ancient

s' **ancrer** to be anchored, to be rooted

anglais English

l' **angoisse** *f* anguish, anxiety

l' **animateur** *m* social director, host (on a radio or television show)

animé lively

animer to activate, to enliven

l' **année** *f* year; **(dans) les** ___**s 40** (in) the forties

l' **anniversaire** *m* birthday

l' **annonce** *f* announcement; **l'** ___ **publicitaire** commercial; **les petites** ___**s** classified advertisements

annoncer to announce; **s'** ___ to begin

l' **annonceur** *m* announcer

l' **annuaire** *m* directory

annuel(le) yearly

l' **antenne** *f* antenna, aerial, channel; **sur l'** ___ on the air

antillais Caribbean, West Indian

les **antiquités** *f* antiques

août August

l' **apaisement** *m* peace, calm, appeasement

apercevoir to see, to catch sight of, to perceive (**j'aperçois, nous apercevons, ils aperçoivent;** *pp* **aperçu**); **s'** ___ **de** to notice, to realize, to become aware of

l' **aperçu** *m* glimpse, outline, summary

aphone voiceless

apitoyer to cause (someone) to feel pity, to move, to touch

apparaître to appear, to become evident

l' **apparition** *f* advent

l' **appartement** *m* apartment

appartenir to belong

l' **appel** *m* appeal, call; ___ **de fonds** fund-raising

appeler to call, to call to; **s'** ___ to be called, to be named

les **applaudissements** *m* applause

appliqué studious

appliquer to apply

apporter to bring, to supply

apprécier to appreciate, to appraise

apprendre to learn, to teach
l' **apprentissage** *m* training, learning, apprenticeship
l' **apprêt** *m* dressing, trimming
approuver to approve
approximatif (approximative) approximate
l' **appui** *m* support, backing
appuyer to support; **s'___ sur** to rely on, to lean on
après after
l' **après-midi** *m, f* afternoon
aratoire agricultural, farming
l' **arbre** *m* tree
l' **arcade sourcilière** *f* ridge of the eyebrow
ardemment ardently, passionately
l' **ardoise** *f* slate
l' **argent** *m* money; **___ de poche** pocket money, small change
l' **argot** *m* slang
l' **argument** *m* point (in a discussion)
l' **arme** *f* weapon
l' **armée** *f* army
armer to equip, to arm
arracher to pull out
arranger to arrange, to accommodate; **s'___** to get by, to manage
l' **arrêt** *m* stop, interruption
l' **arrêté** *m* executive order, decree
arrêter to stop, to arrest; **s'___** to come to a stop
l' **arrière-plan** *m* background
l' **arrivant** *m* newcomer
l' **arrivée** *f* arrival, finishing line (in a race)
arriver to arrive, to happen, to succeed
l' **arriviste** *m, f* social climber
l' **arrondissement** *m* subdivision of big cities
l' **artifice** *m* artificial means
l' **artisanat** *m* arts and crafts industry
l' **ascenseur** *m* elevator
aseptisé sterile

l' **aspirateur** *m* vacuum cleaner
assaisonner to season
s' **asseoir** to sit down
assez enough, somewhat, fairly
l' **assiduité** *f* regularity
l' **assiette** *f* plate
assimiler to assimilate, to treat as similar
l' **assistance** *f* audience
l' **assistante sociale** *f* social worker
assister à to witness, to attend
l' **associé(e)** *m, f* partner
l' **assurance** *f* insurance, self-confidence
assurer to insist, to assure, to guarantee
l' **astrakan** *m* lambskin fur (coat)
l' **astre** *m* star
s' **astreindre** to submit willingly
l' **atelier** *m* workshop
attablé seated at table
attacher to tie; **être attaché** to be attached
attaquer to attack; **être attaqué** to be mugged
s' **attarder** to linger
atteindre to reach
l' **atteinte** *f* blow; **porter ___ à** to interfere with
attendre to wait, to expect; **s'___ à** to expect, to anticipate
l' **attente** *f* expectation
attentif (attentive) attentive, heedful
l' **attention** *f* attention, care; **faire ___** to watch out
attirer to attract
attraper to catch
attribuer to give
l' **auberge** *f* **de campagne** country inn
aucun none, no *(adj)*
au-delà de beyond
au-dessus above
l' **audience** *f* hearing, court session
l' **auditeur (auditrice)** *m, f* listener
augmenter to increase

aujourd'hui today
auparavant beforehand, previously
auprès de close to, at, by
ausculter to examine
aussi too, also, as; ___... **que** as . . . as
aussitôt immediately; ___ **que** as soon as
autant as much, so much, as (so) many; ___ **que** as much as, as well as; **d'**___ **que** especially since
l' **auteur** *m* author
autochtone native
autodidacte self-taught
l' **auto(mobile)** *f* car
autonome autonomous, self-governing
l' **auto-portrait** *m* self-portrait
autoriser to permit, to authorize
l' **autoroute** *f* expressway, super-highway
autour (de) round, about
autre other; *adv* otherwise
autrefois in the past; **d'**___ of yesterday
autrement in another way
l' **avance** *f* advance; **en** ___ early, ahead
avancer to move forward
avant before, earlier; ___ **tout** above all; **d'**___ previous
avec with
l' **avenir** *m* future
l' **aventurier (aventurière)** *m, f* adventurer
aveugle blind
aveuglette: à l'___ blindly
l' **avion** *m* airplane
l' **aviron** *m* rowing
l' **avis** *m* opinion, advice, view; **changer d'**___ to change one's mind; **à votre (mon)** ___ in your (my) opinion
l' **avocat(e)** *m, f* barrister, lawyer
avoir to have
l' **avortement** *m* abortion
avorter to have an abortion

avouer to confess
avril April
axé sur focusing on

B

le **bac (le bachot)** baccalauréat
le, la **bachelier (bachelière)** student who has passed the bac
la **baffe** *fam* slap
le, la **bâfreur (bâfreuse)** *fam* glutton
la **bagarre** fight, brawl
se **bagarrer** to fight
la **baguette** narrow stick of French bread
se **baigner** to take a bath, to go swimming
bâillonner to gag
le **bain** bath; **la salle de** ___s bathroom
la **baisse** fall, drop
la **balade** stroll, walk; **faire une** ___ to go for a walk
le **baladeur** walkman
le **ban** banishment; **au** ___ **de** banned from
banal trivial
se **banaliser** to become normal, ordinary
le **banc** bench
la **bande** gang, peer group; tape; ___ **dessinée** comic strip
la **banlieue** suburb(s)
le, la **banlieusard(e)** suburbanite
le **banquier** banker
le **baril** barrel
la **barre** rod
la **barrière** barrier
bas (basse) low
le **bas** lower part; **en** ___ (down) below
la **base** base, basis; ___ **de données** data base; **de** ___ basic
les **baskets** *m* high-top sneakers
la **basse-cour** farmyard

la **bataille**   battle, fight

le **bateau**   boat

le **bâtiment**   building

   bâtir   to build

le **bâtisseur**   builder

   battre   to beat; **se ___** to fight

   bavard   talkative

   bavarder   to talk

   beau (belle)   handsome, beautiful;

     avoir beau faire (quelque chose) to

     do (something) in vain

   beaucoup (de)   much, many

le **beau-frère**   brother-in-law

le **bébé**   baby

   belge   Belgian

la **belle-fille**   daughter-in-law

la **belle-mère**   mother-in-law

la **belle-sœur**   sister-in-law

la **bénédiction**   blessing

le **bénéfice**   profits

   bénéficier   to benefit

le **berceau**   cradle

le **besoin**   need; **avoir ___ de** to need

   bête   stupid, foolish

la **bêtise**   stupidity; **faire des ___s** to

     goof; **dire des ___s** to talk nonsense

le **béton**   concrete

   beur *adj*   second-generation North

     African

le **biais**   indirect manner; **par le ___** in a

     roundabout way

le, la **bibliothécaire**   librarian

la **bibliothèque**   library; **le rat de ___**

     bookworm

le **bide** *fam*   flop

   bien   well, adequately; **___ des** many;

     ___ que although

le **bien**   good; **les ___s** goods, property

   bienfaisant   beneficial

la **bière**   bier

   biffer   to cross out

le **bilan**   assessment, evaluation

le **billet**   ticket, note

   blanc (blanche)   white

   blanchi   laundered; **être ___** to have

     one's laundry done

le **blé**   wheat

   blesser   to wound

la **blessure**   wound

   bloquer   to block, to stymie

la **bobineuse**   textile worker

   boire   to drink

le **bois**   wood

la **boîte**   box; *fam* outfit, company,

     school

le **bol d'air**   breath of air

   bon (bonne)   good

le **bonheur**   happiness

le **bonhomme**   simple, good-natured

     man

   bon marché   cheap

le **bord**   side

   bosser *fam*   to work hard, to cram

la **bouche**   mouth

   bouder   to pout, to snub

la **boue**   mud

la **bouée**   floating tube, buoy

la **bouffe** *fam*   grub, food

   bouffer *fam*   to eat

   bouger   to move, to stir

   bouillir   to boil

la **boulangerie**   bakery

   bouleverser   to upset

le **boulot** *fam*   work

la **boum** *fam*   party

le **bourg**   market town

la **bourse**   pocketbook; scholarship;

     stock exchange

   bousculer   to knock over, to jostle

le **bout**   end, extremity, part; **au ___ de**

     at the end of, after

la **bouteille**   bottle

la **boutique**   small shop

le **bouton**   button

   boutonner   to button (up)

   boutonneux (boutonneuse)

     pimpled

   brader   to discount, to sell short

branché   hooked (on something), trendy

le **bras**   arm

brasser   to turn over, to handle

brave   brave, gallant; **un ___ homme** a decent man, good old so and so

bredouiller   to stammer

bref (brève)   short; *adv* in short

la **brillantine**   hair oil

la **brique**   brick

briser   to break

bronzer   to tan

brouiller   to mix up, to confuse; **se ___ avec** to quarrel with

le **bruissement**   rustling

le **bruit**   noise

brûler   to burn

brusquement   suddenly, curtly

brut   raw, gross, undiluted

bruyant   noisy

le, la **bûcheur (bûcheuse)**   grind, hard-working student

le **bureau**   office, study, desk; **___ de poste** post office

le **burlesque**   slapstick

le **but**   aim, goal

C

ça (cela)   this, that, it

la **cabine téléphonique**   telephone booth

cacher   to conceal; **se ___** to hide

le **cadavre**   corpse

le **cadeau**   gift

le **cadre**   frame(work), surroundings, environment; executive (middle, top)

cafard: avoir le ___   to have the blues

le **café**   café, coffee

la **cage d'escalier**   stairway

le **cahier**   notebook

le **caillou**   pebble

la **caisse**   box, cash register

le, la **caissier (caissière)**   cashier

le **calcul**   arithmetic

le **calme**   peace and quiet

le, la **camarade**   pal, friend; **___ de chambre** roommate

le **camion**   truck

le, la **campagnard(e)**   country folk

la **campagne**   countryside

campé   placed

canaliser   to channel

le **canard**   duck; *fig* newspaper

la **cantine**   cafeteria

capable   competent; **___ de** able to, capable of

la **capacité**   ability, capability

captivant   captivating

car   for, because

caractériser   to characterize

la **carcasse**   hulk

le **carreau**   windowpane

le **carrefour**   intersection, crossroads

la **carte**   map, menu; **___ de séjour** resident card

le **carton**   cardboard

le **cas**   case, affair; **le ___ échéant** if necessary

casanier (casanière)   homebody

casser   to break

le **casseur** *fam*   hoodlum

catégorique   blunt

la **cause**   cause; **à ___ de** because of

causer   to talk, to chat; to cause

la **caution**   security deposit

céder   to concede, to turn over, to yield

la **ceinture**   belt

célèbre   famous

le **célibat**   bachelorhood

le, la **célibataire**   bachelor, single

la **cellule**   cell

la **censure**   censorship

cent   (one) hundred

le **centre commercial**   shopping mall

le **centre de loisirs**   recreation area

le **centre-ville**   downtown

le **cèpe**   wild mushroom

cependant   however, meanwhile; ___
que while, although

le **cercle**   circle, club

cerné: les yeux ___s   with rings around
one's eyes

certain   certain; some; definite; ___**s**
some (of them)

certainement   certainly

certes   of course

cesser   to stop, to cease

chacun   each, every one, each one,
everybody

la **chaîne**   (TV) channel; ___ **à péage** pay
channel

la **chaise longue**   deckchair

la **chaleur**   heat, warmth

chaleureux (chaleureuse)   warm,
cordial

la **chambre**   room

le **champ**   field

la **chance**   luck, opportunity; **avoir de la**
___ to be lucky

le **changement**   change

changer   to change; ___ **d'avis** to
change one's mind

la **chanson**   song

le **chant**   song, hymn

chanter   to sing

le, la **chanteur (chanteuse)**   singer

le **chantier**   work site

le **chapeau**   hat

le **chapon**   capon

chaque   each, every

le **char**   army tank

le **charbon**   coal

la **charcuterie**   cold cuts; deli

la **charge**   load, burden; **prendre en ___**
to assume responsibility for

charger   to load; ___ **de** to entrust with

la **chasse**   hunting ground

le **chasseur**   hunter

le **chat**   cat

chatouiller   to tickle

chaud   hot

chauffé   heated

chauffer   to heat; **faire ___** to
heat up

le **chauffeur de taxi**   cab driver

le **chauffeur routier**   truck driver

chauvin   superpatriotic

le **chef**   leader, head, chief; ___ **de ser-**
vice bureau chief, division chief; ___
de famille head of household; ___
d'entreprise manager of a company

le **chef-d'œuvre**   masterpiece

le **chemin**   way, road; ___ **de fer** railway

la **cheminée**   fireplace

la **chemise**   shirt

le **chemisier**   blouse

cher (chère)   dear, expensive

chercher   to fetch, to look for

le **chercheur**   researcher

cheval   horse

la **chevelure**   head of hair

le **cheveu**   (strand of) hair

chez   at (someone's place), among,
with; ___ **soi** at home

le **chiffre**   number, figure; ___ **d'affaires**
sales figure

les **chiottes** *f, fam*   latrines

le **choc**   shock; **tenir le ___** to bear the
brunt of the attack

le **chœur**   chorus

choisir   to choose

le **choix**   choice

le **chômage**   unemployment

chômer   to be unemployed

le, la **chômeur (chômeuse)**   unemployed
person

choquer   to shock

la **chose**   thing

chouette *fam*   super

ci-dessous   down below

le **ciel**   sky, heaven

le **ciment**   cement

le **cimetière**   cemetery

le, la **cinéaste**   director, filmmaker

le **cinéma**   cinema, movie theater; **la salle**
de ___ movie theater

le, la **cinéphile**   film enthusiast
    cinq   five
la **circulation**   traffic
le, la **citadin(e)**   city dweller
la **cité**   housing project
    citer   to quote
le, la **citoyen (citoyenne)**   citizen
le **civisme**   good citizenship, public-spiritedness
    clair   clear
    clairement   clearly
    clandestin   underground, illicit
la **classe**   class; ___ **ouvrière** working class
le **classement**   grades by order of rank
    classer   to classify
le **clavier**   keyboard
la **clé**   key; ___ **de voute** keystone
le, la **client(e)**   customer, patron
le **cœur**   heart; **de** ___ at heart; **un coup de** ___ love story
    cohabiter   to live with, to coexist
    coiffé   with one's hair well done
la **coiffure**   hairstyle
le **coin**   corner, neighborhood
    coincé   stuck
le **col**   collar
la **colère**   anger; **se mettre en** ___ to get angry
le **collant**   tights
la **collectivité**   community; public sector
le **collège**   secondary school
le, la **collègue**   colleague
la **colline**   hill
le **colon**   colonist, settler
le **combat**   battle, fight
    combattre   to fight
    combien   how many, how much
le **comble**   acme, summit
    comblé   filled, laden with
le, la **comédien (comédienne)**   actor, actress; comedian, comedienne
la **commande**   order
    commander   to order

    comme   like, as, such as
    commencer   to begin, to start
    comment   how
le, la **commerçant(e)**   shopkeeper, tradesman
le **commerce**   trade, small store
    commettre   to commit
les **commissions** *f*   errands; **faire les** ___ to go shopping
    commode   convenient
    commun   commonplace
la **communauté**   community
la **compagnie**   company, firm; **en** ___ **de** together with
le, la **compagnon (compagne)**   companion, mate
la **compétence**   ability, skill
    complaisant   accommodating, obliging
    compliqué   complicated
le **comportement**   behavior
    comporter   to include; **se** ___ to behave
    composer   to compose; ___ **un numéro** to dial
le **compositeur**   composer
    compréhensif (compréhensive)   understanding
    comprendre   to understand, to include
    compris: *pp* **comprendre; y** ___ including; **tout** ___ all inclusive
le **comptable**   accountant
le **compte**   account; ___ **en banque** bank account; **faire son** ___ *fam* to succeed, to manage; **tenir** ___ **de** to take into consideration; **en fin de** ___ all things considered
    compter   to count
    concerner   to concern, to affect
la **concession**   plot
    concevoir   to conceive (**je conçois, nous concevons, ils conçoivent;** *pp* **conçu**)
    conclure   to conclude

le **concours**   competitive exam, contest
concrétiser   to take place
le **concubinage**   cohabitation of an unmarried couple
la **concurrence**   competition
condamner   to condemn
condescendant   condescending
la **condition**   situation, state; **à ___ que**
provided that
conditionné   packaged, conditioned
conduire   to lead, to drive; **se ___** to
behave
la **conduite**   behavior
la **confection**   making (of an object)
la **conférence**   lecture
la **confiance**   trust; **faire ___ à** to trust
confiant   confident
la **confidence**   secret; **faire une ___** to
tell (someone) a secret
confier   to entrust, to confide
le **conflit**   conflict
confondre   to merge, to mix up
conforme   consistent, in harmony
le **congé**   holiday, leave; **___ de maternité** maternity leave; **___s payés**
paid holidays
congédier   to fire
le **congélateur**   freezer
conjointement   jointly
les **conjoints** *m*   husband and wife
conjugué   conjugated
la **connaissance**   knowledge, acquain-
tance; **faire ___** to become acquainted
connaître   to know
se **consacrer**   to devote oneself
la **conscience**   consciousness; **prendre
___** to realize
conscient   conscious
le **conseil**   advice, council
le **conseiller d'orientation**   student
adviser
la **conséquence**   outcome, consequence
conserver   to keep, to retain, to
preserve

les **conserves** *f*   canned food
la **considération**   regard, esteem
considérer   to consider, to regard
le, la **consommateur (consommatrice)**
consumer
la **consommation**   consumption;
prendre une ___ to drink or eat
something in a café
le, la **conspirateur (conspiratrice)**
conspirator
la **constatation**   claim
constater   to notice, to observe, to
recognize
constituer   to represent
la **construction**   building, construction
construire   to build
consulter   to see, to consult, to take
the advice of
le **conte**   tale, short story; **___ de fée**
fairy tale
le **contenu**   content
la **contestation**   challenge, questioning
continuer   to go on, to continue
le **contradicteur**   contradictor,
opponent
la **contrainte**   compulsion, constraint,
restraint
le **contraire**   opposite
contre   against; **par ___** by contrast
le **contremaître**   foreman
le, la **contribuable**   taxpayer
convaincre   to convince
(*pp* **convaincu**)
convenir   to agree, to concur, to
admit
la **convivialité**   conviviality, sense of
community
le, la **copain (copine)**   pal, buddy
le **corps**   body
correspondant   corresponding
le **costume**   suit (of clothes)
le **côté**   side, aspect; **à ___ de** next to,
side by side with
côte à côte   side by side
la **cotisation**   membership dues

côtoyer   to border on, to skirt; to live side by side

coucher   to lie down, to sleep

le **coucher de soleil** *f*   sunset

les **couches sociales** *f*   social strata

le **coude**   elbow; **se tenir les ___s** to stand shoulder to shoulder

la **couette**   quilt

la **couleur**   color

les **coulisses** *f*   wings, sidelines

le **couloir**   passageway, hallway

le **coup**   blow, shot; **___ de foudre** love at first sight; **faire les 400 ___s** to play havoc; **du ___** therefore

coupable   guilty

le **coup d'œil**   glance

la **coupe de cheveux**   haircut

couper   to cut

la **cour**   yard, court

couramment   regularly, commonly

courant   current; **être au ___ de** to be aware of

la **courbature**   stiffness, muscular ache

courir   to run

le **courrier**   mail

le **cours**   class, course; **au ___ de** during

la **course**   running; **les ___s** errands

court   short; **le ___ métrage** short (film)

le **coût**   cost; **___ de la vie** cost of living

le **couteau**   knife

coûter   to cost

coûteux (coûteuse)   costly

la **coutume**   custom, habit

le **couturier**   fashion designer

couvert de   covered with

craindre   to fear

la **crainte**   fear

le **crâne**   skull; **le bourrage de ___** cramming of the brain

craquer   to split

la **cravate**   tie

le **crayon**   pencil

le, la **créateur (créatrice) de mode**   stylist

la **crèche**   day-care center

créer   to create

la **crème**   cream; **___ pâtissière** pastry cream

crétin *fam*   imp

crever *fam*   to die; **être crevé** to be exhausted

crier   to shout

la **crise**   (economic) crisis; **en ___** in a slump

le **critère**   criterion, yardstick

la **critique**   criticism, review (of a book, play)

le **critique**   critic

croire   to believe

la **croisade**   crusade

croiser   to cross, to run across

la **croissance**   growth

croustillant   crispy

la **croyance**   belief

les **crudités** *f*   raw vegetables served as hors d'oeuvres

les **crustacés** *m*   shellfish

cueillir   to pick (up)

la **cuisine**   cooking, kitchen; **faire la ___** to cook

cuisiner   to cook

le, la **cuisinier (cuisinière)**   cook

la **cuisinière**   kitchen range

la **cuisson**   cooking procedure, cooking time

cuite: prendre une bonne ___ *fam* to get drunk, plastered

cultivé   educated, cultured

cultiver   to farm, to till; **se ___** to broaden one's mind

la **culture**   crop, cultivation, culture

la **cure**   treatment, therapy

le **curé**   local priest

le **curriculum vitæ**   résumé

D

d'abord   at first, in the first place, primarily

le, la **dactylo**   typist

la **dame**   lady

dans   in, into

d'après   according to

davantage   more

le **débarqué**   returnee

débarquer   to disembark, to land

débarrasser   to disencumber; **se ___ de** to get rid of

le **débat**   debate

déborder   to overflow

le **débouché**   (job) opening

déboussolé   confused

debout   standing up, on one's feet

déboutonner   to unbutton

débrouillard   resourceful

la **débrouillardise**   resourcefulness

se **débrouiller**   to manage, to fend for oneself

le **début**   beginning

décevoir (*pp* **déçu**)   to disappoint, to deceive

décharger   to unload

déchirant   agonizing

déchiré   torn, torn apart

décidé   determined

se **décider**   to make up one's mind

déclarer   to register, to declare

déclencher   to trigger, to set off, to unleash

décliner   to decline, to wane

déconseiller   not to recommend, to advise (someone) against something

décontracté   relaxed

le **décor**   stage set, scenery, setting

le **découpage**   cutting, editing

le **découragement**   discouragement

décourager   discourage

la **découverte**   discovery

découvrir   to discover

décrire   to describe

le **décrochage scolaire**   dropping out of school

décrocher *fam*   to obtain, to get

décroître   to decrease

dédaigner   to disdain

dedans   inside, within

défaire   to undo

le **défaut**   lack; **à ___ de** for lack of

défavorisé   underprivileged

défendre   to forbid

le **défenseur**   defender

défiguré   distorted, disfigured

le **défilé (de mode)**   (fashion) show

définir   to define

défricher   to clear

dégager   to clear

dégoûter   to disgust

dégrader   to dilapidate

déguerpir *fam*   to clear out

dehors   outside; **en ___ de** outside of, except for

déjà   already

déjeuner   to have breakfast, to lunch

délabré   dilapidated

délaisser   to forsake, to neglect

se **délecter de**   to take delight in

le **délire**   madness

délivrer   to deliver

demain   tomorrow

la **demande**   application; **faire une ___** to apply

demander   to ask, to ask for; **se ___** to wonder

la **démarche**   approach, policy

démarrer (la voiture)   to start (the car)

déménager   to move (one's household)

demeurer   to remain, to stay, to reside

le **demi-frère**   step-brother

la **demi-sœur**   step-sister

la **démission**   resignation

démodé   old-fashioned

se **démoder**   to become outmoded

démographique   demographic

la **demoiselle**   single woman, young lady

démolir   to demolish

dénaturé distorted

la **dent** tooth

dénudé bare, denuded

le **départ** departure

dépasser to pass, to exceed

dépaysé uprooted, out of one's element

dépendre de to depend upon

dépenser to spend

dépeuplé depopulated

dépit: en ___ de in spite of

le **déplacement** trip

déposer to leave, to drop off

dépouillé laid bare, exposed

dépourvu de devoid of; **au ___** off guard, unaware

dépressif (dépressive) depressed, dejected

déprimé depressed

depuis since, for (time)

le, la **député** legislator

déraciné uprooted

déranger to disturb, to bother

dérisoire paltry

la **dérive** drift; **à la ___** drifting

le **dérivé** derivative

dernier (dernière) last, latest

déroutant surprising, confusing

derrière behind

dès from, as early as; **___ que** as soon as; **___ lors** from then on, in that case

le **désarroi** distress

désastreux (désastreuse) disastrous

descendre to go down, to get out of (vehicle)

la **descente** coming down, going down

désespérer to despair

déshérité underprivileged

désigner to designate, to name

le **désir** wish, desire, aspiration

désirer to wish for

désobéir (à) to disobey

désormais henceforth, from now on

le **dessein** plan, project

le **dessin** drawing; **___ animé** animated cartoon film

dessiner to draw

dessous below; **en ___ de** under; **ci-___** below, hereafter

dessus above, on top; **au ___ de** on top of, over

le **destin** destiny

le **destinataire** addressee

détaché free, detached

détendre to slacken; **se ___** to relax

détenir to hold, to withhold

la **détente** relaxation

le **détour** deviation, detour

détriment: au ___ de at the expense of

détruire to destroy

la **dette** debt

deux two

deuxième second

devant in front of

devenir to become, to turn (into)

déverser to pour out

deviner to guess

devoir must, to owe (**je dois, nous devons, ils doivent;** *pp* **dû**)

le **devoir** duty; **les ___s** homework

dévorer to devour; **___ des livres, des journaux** to be an avid reader

dévoué devoted

la **dictée** dictation

le **dieu** god

difficilement with difficulty

diffuser (une chanson à la radio) to broadcast (a song)

la **diffusion** promotion

le **dimanche** Sunday

le **diplôme** diploma, degree

le, la **diplômé(e)** graduate

dire to say (**je dis, nous disons, vous dites;** *pp* **dit**); **se ___** to think to oneself; **à vrai ___** in all honesty

le, la **directeur (directrice)** manager, director, headmaster, headmistress

la **direction** management

dires: aux ___ de according to

dirigeant directing, ruling; **les ___s** *m* rulers, directors

diriger to be at the head, to rule, to administer; **se ___ vers** to move in the direction of

discerner to notice

le **discours** speech, talk, verbal rationalization

discret (discrète) discreet, able to keep a secret

discuter to discuss

disparaître to disappear

dispenser to exempt

se **disperser** to disperse, to scatter

disponible available, adaptable

disposer de to have at one's disposal

la **disposition** disposition, bent, aptitude

se **disputer** to fight

le **disque** record; **___ souple** floppy disk; **___ compact** compact disk (CD)

la **disquette** diskette

disséminer to disseminate

la **dissertation** composition, paper

dissimuler to conceal

distinguer to distinguish; **se ___ de** to be distinguished from

la **distraction** diversion, relaxation

distraire to entertain; **se ___** to amuse oneself

divers varied; **les faits ___** *m* minor, often sensational, news items

divertir to entertain

divertissant entertaining

le **divertissement** entertainment

divin divine

diviser to divide

divorcer to divorce

dix ten

la **dizaine** (about) ten

le **documentaire** documentary

le **domicile** home; **à ___** at home

dominer to tower over, to dominate

dompter to tame

le **don** gift, talent

donc then, consequently

les **données** *f* data

donner to give

dont of which, whose

doré golden

dormir to sleep (**je dors, nous dormons**)

le **dortoir** dormitory

le **dos** back

le **dossier** dossier, file

la **douane** customs; **passer la ___** to go through customs

doubler (un film) to dub (a movie)

doucement softly, gently, slowly

la **douceur** sweetness

la **douche** shower

doué (de) capable (of); **___ pour** gifted for

la **douleur** pain

le **doute** doubt; **sans ___** no doubt

doux (douce) soft

le **dramaturge** playwright

le **drap (de lit)** sheet

dresser to put up, to set up; **se ___** to stand up, to rise

droit right, straight; **tout ___** straight on

le **droit** law, right; **les ___s de l'Homme** civil rights; **avoir ___ à** to be entitled to; **de ___** obvious, unquestionable

drôle funny

dûment duly

dur hard, tough

durant during, for

la **durée** duration

durement harshly

durer to last

E

l' **eau** *f* water

ébaucher to sketch, to outline

l' **éboulement** *m*   collapse

l' **écart** *m*   gap

l' **échalote** *f*   shallot

échanger   to exchange

l' **échantillon** *m*   sample

échapper à   to escape; **s'___ (de)** to escape (from)

échauffer   to warm, to warm up

l' **échec** *m*   failure, flop

l' **échelle** *f*   ladder

l' **échelon** *m*   step

échouer   to fail; to be stranded

l' **éclair** *m*   flash of lightning

l' **éclairage** *m*   lighting; emphasis

éclairer   to light, to illuminate

éclatant   dazzling, striking

éclater   to explode, to break out

l' **écluse** *f*   floodgate

écœuré   fed up, disheartened, sickened

l' **école** *f*   school; **___ maternelle** nursery school; **___ libre** private school

l' **économie** *f*   economy, economics

économiser   to save

écouter   to listen (to)

l' **écran** *m*   screen; **le petit ___** television

écraser   to crush, to flatten out

s' **écrier**   to exclaim

écrire   to write (**j'écris, nous écrivons;** *pp* **écrit**)

l' **écrit** *m*   written form

l' **écriture** *f*   handwriting, writing

l' **écrivain** *m*   (professional) writer

édifier   to build (an edifice)

l' **éditeur** *m*   publisher

l' **éducation** *f*   bringing up (children)

éduquer   to train, to educate

effacé   unobtrusive

effacer   to erase

effarouché   frightened

effectivement   in fact, as a matter of fact

effectuer   to execute, to carry out

l' **effet** *m*   effect; **en ___** as a matter of fact; **faire de l'___** to make a good impression

efficace   efficient

effleuré   touched lightly

l' **effondrement** *m*   collapse

effrayant   terrifying

égal   equal

également   also, equally

l' **égalité** *f*   equality

l' **égard** *m*   consideration; **à l'___ de** with regard to; **à cet ___** in this respect

l' **église** *f*   church

égoïste   selfish, self-centered

élaborer   to concoct

élargir   to broaden

l' **élargissement** *m*   broadening

l' **électeur (électrice)** *m, f*   voter

l' **élection** *f*   election

l' **électrophone** *m*   record player

l' **élevage** *m*   raising of livestock

l' **élève** *m, f*   pupil; **anciens ___s** alumni

élevé   high; brought up; **bien (mal) ___** well (badly) brought up

élever   to raise, to bring up (children); **s'___** to rise (up); **s'___ contre** to raise objections to

l' **éleveur** *m*   breeder

élire   to elect (**j'élis, nous élisons;** *pp* **élu**)

éloigné   distant

émancipé   liberated

emballer   to pack, to wrap up; *fam* to pick up (a girl)

embarquer   to launch, to get on board

embarrassant   embarrassing

s' **embarrasser**   to be concerned (about something)

embaucher   to hire

embaumer   to give a fragrance to

l' **embouteillage** *m*   traffic jam

l' **embrasement** *m*   flare-up

s' **embrouiller**   to get mixed up

émerveillé   amazed

l' **émeute** *f*   riot

l' **émigré(e)** *m, f*   exile, emigrant

l' **émission** *f*   TV program

emménager   to move in

emmener   to take away, to lead away

l' **émotion** *f*   shock

émouvant   moving

émouvoir   to move (emotionally) (*pp* ému)

empêcher   to prevent

l' **emploi** *m*   job, employment; ___ **du temps** schedule

l' **employé(e)** *m, f*   clerk, white-collar worker, employee

employer   to use, to employ

l' **employeur** *m*   employer

empocher   to pocket

empreint de   tinged with

s' **empresser de**   to be eager to

l' **emprise** *f*   hold, grasp

emprunter   to borrow

en   in, into

enceinte   pregnant

enclin à   inclined to

encore   again, still, yet

l' **encre** *f*   ink

s' **endetter**   to go into debt

endommager   to damage

s' **endormir**   to fall asleep; ___ **sur ses lauriers** to rest on one's laurels

l' **endroit** *m*   place

l' **enfance** *f*   childhood

l' **enfant** *m, f*   child; ___ **martyr** battered child

enfantin   childish

enfermer   to lock up, to enclose

enfin   finally, at last, in short

enflé   swollen

enfoncé   deep set

s' **enfuir**   to flee, to run away

engagé   committed; hired

s' **engager**   to get involved, to become committed

engendrer   to create

l' **engin** *m*   device, tool

engueuler *fam*   to bawl out

l' **enjeu** *m*   stake, issue

enlever   to take away, to remove

l' **ennemi** *m*   enemy

l' **ennui** *m*   boredom; **les ___ s** troubles

s' **ennuyer**   to be bored

ennuyeux (ennuyeuse)   boring

l' **enquête** *f*   survey; ___ **de marché** market research

enraciné   implanted

l' **enregistrement** *m*   recording

enregistrer   to record, to tape, to register

s' **enrichir**   to get rich

l' **enseignant(e)** *m, f*   member of the teaching profession

l' **enseigne** *f*   sign

l' **enseignement** *m*   education, teaching

ensemble   together; **un ___** an aggregate; **les grands ___ s** clusters of high-rise apartment buildings

ensuite   after, afterwards, then

entasser   to pile up, to crowd together

entendre   to hear, to listen to, to understand; to wish; **s'___** to reach an understanding, to get along

l' **entente** *f*   relationship, agreement

l' **enthousiasme** *m*   enthusiasm

entier (entière)   whole

entonner   to strike up (a song)

l' **entorse** *f*   twist

l' **entourage** *m*   neighbors, surroundings, relatives

entourer   to surround

entraîner   to train; to entail; **s'___** to train

l' **entrave** *f*   obstacle

entre   between, among

l' **entrée** *f*   entrance, admission

entreprendre   to undertake

l' **entreprise** *f*   undertaking, business concern

entrer   to go in(to), to enter

entretenir to keep; to support (someone)

l' **entretien** *m* interview, meeting, discussion; upkeep; ___ **d'embauche** job interview

l' **entrevue** *f* interview

envers towards, in regard to

l' **envie** *f* craving, envy; **avoir** ___ **de** to have a craving for, to want, to feel like

environ around, about, approximately; **les** ___**s** *m* surrounding area

envisager to contemplate

l' **envoûtement** *m* spell

s' **épanouir** to find fulfillment, to blossom

l' **épargne** *f* savings

épargner to save, to spare

éphémère ephemeral

l' **épicerie** *f* grocery store

l' **épingle** *f* pin; **tirer son** ___ **du jeu** to get out of a predicament

l' **époque** *f* time, time period, era

épouser to marry (someone), to espouse

épouvantable terrible

l' **époux (épouse)** *m, f* spouse

l' **épreuve** *f* test, proof, trial; ___ **sportive** sporting event

éprouver to feel

épuisant tiring

équilibrer to balance

l' **équipe** *f* team; **le travail en** ___ teamwork

l' **équipement** *m* facility

l' **érable** *m* maple

s' **ériger (en)** to pose (as)

l' **esclavage** *m* slavery

l' **esclave** *m, f* slave

s' **escrimer à** to struggle (to do something)

l' **espace** *m* space; ___**s verts** parks, green areas; **en l'** ___ **de** within

s' **espacer** to become less frequent

espagnol Spanish

l' **espèce** *f* kind, species

l' **espoir** *m* hope

l' **esprit** *m* mind; ___ **d'entreprise** entrepreneurship; ___ **de clocher** parochialism

l' **essai** *m* try, attempt; rushes (films)

essayer to try, to try on; **s'** ___ **à** to try one's hand at

l' **essence** *f* gasoline

esseulé solitary, lonely

essoufflé out of breath

l' **est** *m* east

estimer to estimate, to be of the opinion (that)

l' **estomac** *m* stomach

estomper to blur

estudiantin concerning students

et and

établir to set up

l' **établissement** *m* firm, premises

l' **étage** *m* floor, story

l' **étape** *f* step, stage (of a journey)

l' **état** *m* condition; **l'Etat** the Government

l' **été** *m* summer

éteindre to switch off, to turn off

s' **étendre** to stretch out

l' **étiquette** *f* label

l' **étoffe** *f* fabric

étonné surprised

étouffer to smother, to stifle

étrange strange

l' **étranger (étrangère)** *m, f* foreigner; **à l'** ___ abroad

l' **être** *m* being; **le bien-** ___ well-being

étroit narrow

l' **étude** *f* study; **faire des** ___**s** to get a higher education

l' **étudiant(e)** *m, f* student

étudier to study

l' **évasion** *f* escape, escapism

éveiller to awaken

l' **événement** *m* event

l' **éventail** *m* fan; range, choice

éventuellement if needed, as needed

évidemment   of course, obviously

l' **évidence** *f*   obviousness; **mettre en ___** to show up, to reveal

évident   obvious

éviter   to avoid

évoluer   to evolve

évoquer   to mention

l' **examen** *m*   examination

examiner   to inspect, to examine

exclure   to exclude

l' **excursion** *f*   trip, tour

exécuter   to execute, to perform; **s'___** to bring oneself to do something

exercer (un métier, une activité)   to carry on (a trade, an activity)

exhiber   to show off

exigeant   demanding

exiger   to demand

exigu(ë)   small, confining

expatrier   to expatriate

expédier   to send

l' **expérience** *f*   experience, experiment

expliquer   to explain

exploiter   to exploit, to make the most of

exposer   to exhibit

l' **exposition** *f*   exhibition, exhibit

exprimer   to express

expulsé   deported

extérieur   external, peripheral; **l'___** *m* outside; **à l'___** on the outside

l' **externe** *m, f*   day student

l' **extrait** *m*   extract

l' **extrémité** *f*   extremity, far end

F

la **fabrique**   factory

fabriquer   to manufacture, to make

la **façade**   façade, front (of a house)

fâcher   to anger; **se ___** to get angry

facile   easy

la **façon**   fashion, way; **de cette ___** in this way; **de toute ___** in any case

le **facteur**   factor; mail carrier

la **faculté**   school, department of a university

faible   weak

la **faiblesse**   weakness

faillir   to fail

la **faillite**   bankruptcy

la **faim**   hunger; **avoir ___** to be hungry

faire   to do, to make (**je fais, nous faisons, vous faites, ils font;** *pp* **fait); ___ exprès** to do on purpose

le **faire-part**   announcement (of birth, wedding, etc.)

le **fait**   fact; **en ___** in fact; **tout à ___** quite, completely; **de ___** actually

falloir   *impers* used only in 3rd person (**il faut, il faudra, il a fallu)** one must, it is necessary to

familial   of, relative to the family

familier (familière)   familiar

la **famille**   family; **___ monoparentale** single-parent family

fatigant   exhausting

se **fatiguer**   to get tired

le **faubourg**   outskirts of a town

faut: (see **falloir); comme il ___** proper

la **faute**   mistake; **___ de** for lack of

faux (fausse)   false, fake

favori (favorite)   favorite

favoriser   to facilitate, to favor, to encourage

fécond   fertile, full

la **fée**   fairy

féliciter   to congratulate

la **femme**   woman, wife; **___ au foyer** housewife

la **fenêtre**   window

le **fer**   iron

la **ferme**   farm

fermer   to shut, to close

la **fermeture**   closing

le, la **fermier (fermière)**   farmer

la **fessée**   spanking; **donner une ___ à** to
   spank
la **fête**   feast
   fêter   to celebrate
le **feu**   fire; ___ **rouge** red light
la **feuille**   sheet, leaf
le **feuilleton**   TV serial, soap
   février   February
le **fichier**   catalogue
   fidèle   faithful
   fier (fière)   proud
se **fier à**   to trust, to rely on
la **fierté**   (justified) pride
   figurer   to appear
le **fil**   thread; **au ___ de** throughout the
   course of
la **filière**   track
la **fille**   girl, daughter; **jeune ___** girl,
   young woman; ___**-mère** unwed
   mother
la **fillette**   little girl
   filmer   to shoot, to film
le **film muet**   silent film
le **fils**   son; **petit-___** grandson; **un ___ à
   papa** rich man's son; ___ **unique**
   only son
la **fin**   end, ending; *adj* fine,
   refined
   finalement   finally
   financier (financière)   financial
   finir   to finish, to end
se **fixer**   to settle permanently
   flamand   Flemish
   flamboyer   to burn bright
   flâner   to stroll about, to browse
   flatté   flattered
le **flic** *fam*   cop
   flotter   to float
   flou   vague, hazy
la **foi**   faith
le **foie gras**   goose-liver pâté
la **fois**   time, occasion; **une ___** once;
   quatre ___ par jour four times a
   day; **des ___** sometimes
la **folie**   madness
   foncé   dark (color)

foncièrement   fundamentally,
   basically
la **fonction**   function, duty, office
le **fonctionnaire**   official, civil servant
   fonctionner   to function, to operate
le **fond**   bottom; **au ___** fundamentally
le, la **fondateur (fondatrice)**   founder
le **fondement**   foundation
   fonder   to found, to create
la **fontaine**   fountain
le **football**   soccer
la **force**   strength; **à ___ de** by dint of
le **for intérieur**   conscience; **dans son
   ___** in one's innermost heart
les **formalités** *f*   formalities
la **formation**   training, education
la **forme**   outward appearance, shape,
   form, formalism
   formidable   wonderful, marvelous
   fort   strong; *adv* very strongly
   fou (folle)   crazy, mad, extravagant;
   faire les ___s to be silly
la **fougue**   enthusiasm, spirit, passion
la **foule**   crowd
le **four**   oven
la **fourmi**   ant; **un travail de ___** a labo-
   rious job
   fourmiller   to swarm
   fournir   to furnish, to provide; ___
   l'effort to make the effort
s'en **foutre** *fam*   not to give a damn
le **foyer**   home, hearth, family, social
   center, boarding house; **fonder un
   ___** to get married, to set up a
   household
les **frais** *m*   expenses
   franc (franche)   frank, free
   français   French
   franchir   to reach, to overcome
la **franchise**   frankness
   franciser   to Frenchify
   frappant   surprising, striking
   frapper   to hit, to strike, to stun
   frayé   cleared
   fredonner   to hum
le **frein**   brake, curb

la **fréquentation** attendance
fréquenter to associate with
le **frère** brother
friand fond of
le **fric** *fam* money, "bread," "dough"
le **frigo** *fam* refrigerator, fridge
les **frites** *f* French fried potatoes
froid cold; **avoir** ___ to be cold
la **froideur** coldness
le **fromage** cheese
frondeur critical, irreverent
la **frontière** border
la **fugue** flight, escape; **faire une** ___ to run away from home
fuir to flee, to shun
la **fuite** flight; leak; avoidance
fumer to smoke
fumiste *fam* frivolous, idle
futile futile, trivial
le, la **futur(e)** bridegroom-to-be, bride-to-be

G

gagner to win, to earn, to gain, to reach; ___ **sa vie** to earn one's living
gai merry, cheerful
la **gaine** girdle
la **galanterie** politeness
la **galère** *fam* hard life
le, la **gamin(e)** *fam* kid
la **gamme** range, series
garantir to guarantee
le **garçon** boy; ___ **de café** waiter
la **garde (des enfants)** custody (of children)
le **garde** watchman, guard
garder to keep, to retain, to take care of
la **garderie** day-care center
la **garde-robe** wardrobe
garer (sa voiture) to park (one's car)
le **gars** *fam* boy, lad, guy
gaspiller to waste (away)

le **gâteau** cake
gâter to spoil
gauche left
géant gigantic
le **gel** frost
le **gendarme** police officer
le **gendre** son-in-law
gêné embarrassed
gêner to hinder, to embarrass
le **général** general
génial *fam* wonderful, awesome
le **génie** genius
le **genou** knee; **à** ___ on one's knees
le **genre** kind; gender; **ce** ___ **de** that kind of; **du** ___ like; **avoir bon (mauvais)** ___ to be distinguished (vulgar)
les **gens** *m, f* people
la **gent** race, brood
gentil (gentille) nice
le **gérant (de société)** manager (of a company)
gérer to manage
le **geste** gesture
gesticuler to gesticulate
la **gestion** management
la **gifle** slap
glisser to glide, to slip
la **gloire** glory
la **gorge** throat
le, la **gosse** *fam* kid
le **goût** taste, preference
goûter to taste, to appreciate
gouverner to rule, to govern
la **grâce** charm, grace; **de mauvaise** ___ unwillingly; ___ **à** thanks to
la **graisse** fat
grand big, large, great; **pas grand-chose** not much
grandir to grow up
gras (grasse) fat, greasy
le **gratte-ciel** skyscraper
gratuit free of charge
grave serious
graver to engrave
gravir to climb

le **gré**   liking, taste; **contre son ___** against one's will

grégaire   social, gregarious

grelotter   to shiver

le **grenier**   attic

la **grève**   (labor) strike

grignoter   to nibble away

la **grimace**   grimace; **faire la ___** to make faces

grimper   to climb

grogner   to grumble

gronder   to scold

gros (grosse)   big, stout, heavy; **le ___ de** the majority of

la **grossesse**   pregnancy

grossir   to put on weight

guère   hardly, not very, not much, hardly any

la **guerre**   war

le **guerrier**   warrior

le **gueulard** *fam*   loud-mouthed person, loudmouth

la **gueule** *fam*   mouth, face; **casser la ___ de quelqu'un** to bust someone in the jaw

le **guichet**   window (of a bank, post office, box office), counter

guider   to guide

les **guillemets** *m*   quotation marks

la **guitare**   guitar

la **gymnastique**   gymnastics, exercise; **faire de la ___** to exercise

H

habiller   to dress (someone); **s'___** to get dressed

l' **habit** *m*   article of clothing, garment

l' **habitant(e)** *m, f*   inhabitant, resident

l' **habitation** *f*   residence

habiter   to reside, to populate

l' **habitude** *f*   habit, custom

habitué   used, accustomed; **l' ___** regular visitor or customer

habituel (habituelle)   usual, customary

s' **habituer**   to become accustomed

*la **haine**   hatred

 * **haïr**   to hate (**je hais, nous haïssons;** *pp* **haï**)

*la **hanche**   hip

*le **harcèlement sexuel**   sexual harassment

*le **haricot**   bean

l' **harmonium** *m*   harmonium

*le **hasard**   chance, accident; **au ___** at random; **par ___** by chance; **à tout ___** by any chance

*la **hâte**   haste; **avoir ___ de** to be eager to

*la **hausse**   rise, increase

 * **haut**   high, loud; **en ___** up (on top), upstairs; **le ___** the top, the upper part

*la **hauteur**   height, level; **être à la ___ de** to be equal to

*le **haut-parleur**   loudspeaker

*le **havre**   haven

hebdomadaire   weekly; **l'___** *m* weekly paper or magazine

l' **hectare** *m*   10,000 square meters (2.47 acres)

l' **herbe** *f*   grass; **les mauvaises ___s** weeds

l' **héritage** *m*   inheritance

hériter de   to inherit from

l' **héritier (héritière)** *m, f*   heir

l' **héroïne** *f*   heroine

*le **héros**   hero

l' **hésitation** *f*   hesitation

hésiter   to hesitate

l' **heure** *f*   hour; **___ de grande écoute** peak time, prime time; **de bonne ___** early

heureux (heureuse)   happy

heurter   to strike, to collide with

hier   yesterday

*la **hiérarchie**   hierarchy

l' **histoire** *f*   story, history

l' **hiver** *m* winter

l' **homme** *m* man

*la **honte** shame; **avoir** ___ to be ashamed; **faire** ___ **à** to put to shame; **la fausse** ___ self-consciousness

l' **horaire** *m* (train, plane, etc.) schedule

l' **horreur** *f* horror; **avoir** ___ **de** to detest

* **hors de** out of; ___ **saison** out of season

hospitalier (hospitalière) hospitable

l' **huile** *f* oil

humain human; **l'**___ *m* essence of humanity

humaniser to humanize

humide damp

humoristique humorous

l' **humour** *m* humor

l' **hypermarché** *m* giant supermarket

I

ici here

l' **idée** *f* idea; **avoir des** ___**s noires** to be depressed; ___**s toutes faites** set ideas; ___ **reçues** conventional ideas, accepted ideas

ignoble awful

l' **ignominie** *f* ignominy, disgrace

ignorer to be ignorant of

illettré illiterate

l' **îlot** *m* small island, isle

l' **image** *f* picture, image; **à l'**___ **de** in the same way as

imagé vivid, picturesque

l' **imaginaire** *m* make-believe world, imagination

l' **immatriculation** *f* registration, enrollment

immédiat: dans l'___ for the present, as a first priority

l' **immeuble** *m* apartment building

l' **immigré(e)** *m, f* immigrant

l' **imperméable** *m* raincoat

implanter to plant, to graft; **s'**___ to take root

impliquer to implicate, to imply, to involve

imploser to implode, to burst

importer to matter, to be important; **il importe peu** it doesn't matter; **n'importe quel** any (at all)

imposer to prescribe, to impose; **s'**___ to be called for, to be required

l' **impôt** *m* tax, taxation

l' **impression** *f* impression; **avoir l'**___ **que** to seem, to fancy, to feel

impressionnant impressive

impressionner to impress

imprévu unexpected, unforeseen

l' **imprimante** *f* printer (for a computer)

imprimer to print, to impress, to impart

impuissant powerless

l' **inaptitude** *f* incapacity

inattendu unexpected

l' **incendiaire** *m* arsonist

l' **incertitude** *f* uncertainty

inciter to incite, to urge

inclus included

inconnu unknown

incontestable undeniable

l' **inconvénient** *m* drawback, disadvantage

incroyable incredible

l' **indice** *m* index, indication

l' **indigène** *m, f* native (of a country)

indigne unworthy

indiquer to indicate, to point to, to point out

indiscutable unquestionable

indulgent lenient, lax

l' **industrie** *f* industry, industrial plant

l' **industriel** *m* industrialist, factory owner

inégal   unequal
l' **inégalité** *f*   inequality
infamant   dishonorable
infirmer   to invalidate
l' **infirmier (infirmière)** *m, f*   nurse
infléchir   to influence, to distort
influer   to influence
les **informations** *f*   news
l' **informatique** *f*   computer science
l' **informatisation** *f*   computerization
l' **ingénieur** *m*   engineer
innombrable   countless
l' **inondation** *f*   flood
inquiet (inquiète)   anxious
inquiétant   disturbing
inquiéter   to disturb; **s'___** to worry
l' **inquiétude** *f*   anxiety, concern
s' **inscrire**   to register; **___ dans** to be a
   part of
l' **insigne** *m*   sign, badge
insoupçonné   unthought of
insoutenable   unbearable
inspirer   to inspire; to breathe in;
   s'___ de to draw inspiration from
installé   settled
installer   to set up, to install; **s'___** to
   settle down
l' **instant** *m*   instant; **pour l'___** for the
   moment, at this point
instaurer   to establish
l' **institut** *m* **de beauté**   beauty salon
l' **instituteur (institutrice)** *m, f*   secondary school teacher
l' **instruction** *f*   education
instruire   to educate
insu: à mon, ton, etc. ___   without
   my, your, etc., being aware of it
intégrer   to integrate, to be accepted
   by (a school); **s'___ à** to become a
   part of
intenable   unbearable, impossible
interdire   to forbid
l' **interdit** *m*   interdiction, prohibition
intéressant   interesting

intéresser   to interest; **s'___ à** to be
   interested in
l' **intérêt** *m*   interest
l' **intérieur** *m*   inner part; **à l'___ de** inside of; *adj* **intérieur** inner
intérieurement   inwardly
interloqué   taken aback
l' **internat** *m*   residence hall, dorm
l' **interne** *m, f*   boarder
l' **interprète** *m, f*   interpreter
interroger   to ask, to question, to
   poll, to quiz
interrompre   to interrupt
intervenir   to interfere
intitulé   entitled
intraduisible   untranslatable
l' **intrigue** *f*   plot (of a play, film, novel)
inutile   useless
inversé   reversed
investir   to invest
l' **investissement** *m*   investment
irréductible   obstinate, intractable
irremplaçable   irreplaceable
l' **isolement** *m*   isolation
isoler   to isolate
issu de   born of, emanating from
l' **itinéraire** *m*   itinerary, way
l' **ivresse** *f*   intoxication; ecstasy
l' **ivrogne** *m, f*   drunkard

J

jadis   formerly, in the old days
jamais   ever; **ne... ___** never; **à ___**
   forever
la **jambe**   leg
le **jardin**   garden, yard; **___ d'enfants**
   kindergarten
le **jardinage**   gardening
jardiner   to garden
le, la **jardinier (jardinière)**   gardener
jaunir   to turn yellow
jeter   to cast, to throw

le **jeu** game; ___ **des acteurs** acting

jeune young; **les** ___**s** young people

la **jeunesse** youth

joindre to get in touch with

joli pretty

jongler to juggle

jouer to play; ___ **le rôle** to play the part

jouir de to enjoy

le, la **jouisseur (jouisseuse)** pleasure-seeker

le **jour** day; **de tous les** ___**s** everyday

le **journal** newspaper; ___ **intime** diary; ___ **télévisé** television news

la **journée** day, daytime

joyeux (joyeuse) happy

le **jugement** judgment, trial

juger to judge, to try, to believe

le, la **jumeau (jumelle)** twin

la **jupe** skirt; **la mini-**___ miniskirt

jurer to swear

juridique legal, judicial

le **jus** juice

jusque, jusqu'à as far as, until, even; **jusqu'à ce que** until (+ clause)

juste right, to the point, well founded; *adv* rightly, precisely

K

le **kid** kid, adolescent

le **kilo (= kilogramme)** kilogram (2.2 pounds)

le **kilomètre** kilometer (.62136 mile)

le **kiosque** newspaper stand

le **krach (pétrolier)** oil crisis

L

là there; ___**-bas** over there

laborieux (laborieuse) hardworking

lâche cowardly

lâché let loose

lâcher to let loose, to give up

laïc (laïque) lay, secular

laid ugly

la **laideur** ugliness

laisser to let, to leave, to lead; **le** ___**-aller** carelessness, lack of control, free-and-easiness

le **lait** milk

lambin *fam* slow, a dawdler

lancer to launch, to throw

le **langage** speech, language

la **langue** language, tongue

le **lapin** rabbit

large broad, wide, big

la **lassitude** tedium

le **lauréat** winner, laureate

laver to wash

le, la **lecteur (lectrice)** reader; **le** ___ **de disque compact** CD player; **le** ___ **de disquette** disk drive

la **lecture** reading

léger (légère) light

la **légitimité** legitimacy

léguer to transmit, to bequeath

le **légume** vegetable

le **lendemain** next day

lent slow

la **lessive** laundry, laundry detergent

la **lettre** letter; **les** ___**s** literature; ___ **de motivation** cover letter

lettré lettered, well educated

lever to lift, to raise; **se** ___ to rise

la **liaison** linkage, connection

libéral liberal, radical

se **libérer** to free oneself

la **liberté** freedom

le, la **libraire** bookseller

la **librairie** bookstore

libre free

le **libre-échange** free-trade

licencier to lay off

le **lien** tie, link, bond

lier to bind

le **lieu** place, location; **au ___ de** instead of; **avoir ___** to take place; **en premier ___** in the first place; **il y a ___ de** it is timely to

la **ligne** line

la **limite** limit; **à la ___** in the most extreme case

lire to read (**je lis, nous lisons;** *pp* **lu**)

le **lit** bed

le **litron** *fam* bottle of wine

la **littérature** literature

le **livre** book; **___ de poche** paperback

livrer to deliver

le, la **locataire** tenant

la **location** rental, rent

la **loge (d'un acteur, d'une actrice)** (actor's) dressing-room

le **logement** housing, lodging

loger to accommodate

le **logiciel** software

la **loi** law, act (of legislature), rule

loin far

lointain far away

le **loisir** leisure, free time; **le centre de ___** recreation area

long (longue) long; **le ___ de** alongside; **au ___ de** during the whole course of (time)

longtemps a long time

le **look** appearance

lors then, at that time; **___ de** at the time of

lorsque when

louer to rent; to praise

louper *fam* to miss

lourd heavy

lourdement ponderously

le **loyer** rent, rental

ludique relating to games, liking games

luisant shining, glowing

la **lumière** light

le **lundi** Monday

la **lutte** struggle

lutter to struggle

le **lutteur** fighter

le **luxe** luxury

le, la **lycéen (lycéenne)** student at a lycée

M

la **machine à laver** washing machine; **___ la vaisselle** dishwasher

le **magasin** store; **grand ___** department store; **___ à grande surface** big department store

maghrébin North African

magique magical

le **magnétophone** tape recorder

le **magnétoscope** video-cassette recorder

maigre thin, skinny

le **maillot de bain** bathing suit

la **main** hand

la **main-d'œuvre** manpower, labor force

maint many

maintenant now

maintenir to uphold, to hold back

le **maire** mayor

la **mairie** town hall

mais but

la **maison** house, establishment, **à la ___** at home

le, la **maître (maîtresse)** master, teacher; **être ___ de** to master, to control

la **maîtrise** mastery

maîtriser to master

majeur major, of age (legal)

le **mal** evil, harm, ailment; **faire du ___** to hurt, to harm; **avoir du ___ à faire quelque chose** to have a hard time doing something; **dire du ___ de quelqu'un** to speak ill of someone; **___ du pays** homesickness

mal *adv* badly, ill; **___ à l'aise** ill at ease

le, la **malade**   sick person
la **maladie**   illness, disease
le **malaise**   discomfort, uneasiness
le **malentendu**   misunderstanding
le **malfaiteur**   criminal
malgré   in spite of
le **malheur**   misfortune
malheureusement   unfortunately
la **malle**   trunk
la **mallette**   attaché case
malmené   mistreated
maltraité   ill-treated
manger   to eat
manier   to handle
la **manière**   way
la **manifestation**   street demonstration; ___ **culturelle** cultural event
manifeste   obvious; **le** ___ manifesto
manifestement   obviously
manifester   to exhibit; to take part in a demonstration; to appear
le **mannequin**   model
le **manque**   lack
manquer   to miss; ___ **de** to lack
le **manteau**   coat
manuscrit   handwritten
maquillé   made up
maraîcher (maraîchère)   market-gardening
marchander   to bargain
la **marchandise**   goods, merchandise
la **marche**   step (of stairs); act of walking; **se mettre en** ___ to start
le **marché**   market, deal; ___ **du travail** labor market; **bon** ___ cheap, inexpensive; ___ **aux puces** flea market
marcher   to walk; to work; **ça marche** it works
le **mari**   husband
le **mariage**   marriage, wedding
se **marier**   to get married
la **marmite**   stew pan
marquant   important
la **marque**   stamp, mark, brand

marqué   indicated
marrant *fam*   funny
la **masse**   mass; **mouvement de** ___ mass movement; **comme une** ___ like a log
le **massif**   side, aspect
le **matelas**   mattress
la **maternelle**   nursery school
les **maths** *fam* (= **mathématiques**) *f*   math(ematics)
la **matière**   subject matter, content of a course; ___**s grasses** fat; **en** ___ **de** concerning
le **matraquage**   beating, brainwashing
mauvais   bad, wrong, poor (quality, taste)
la **maxime**   motto
le **mécontentement**   dissatisfaction
le **médecin**   physician
la **méfiance**   suspicion
méfiant   suspicious
se **méfier**   to distrust, to suspect
meilleur   better; **le, la** ___**(e)** the better (of two), the best
le **mélange**   mixture
se **mélanger**   to mingle
se **mêler de**   to interfere with, to meddle in
la **mélodie**   tune
le, la **mélomane**   music lover
le **membre**   member
même   same, self, very; *adv* even; **tout de** ___ even so; ___ **si** even if
la **mémoire**   memory
le **ménage**   household, housekeeping; **faire des** ___**s** to work as a housekeeper; **faire le** ___ to do the cleaning; **la scène de** ___ family quarrel
mener   to lead (**je mène, nous menons**)
mensonger (mensongère)   lying, deceptive
le **mensuel**   monthly magazine
la **mentalité**   turn of mind

mentir to lie (**je mens, nous mentons**)

le **mépris** scorn; **au ___ de** in defiance of, at the cost of

méprisé disregarded

la **merci** mercy

le **mercredi** Wednesday

la **mère** mother; ___ **porteuse** surrogate mother

mériter to deserve

merveille: à ___ splendidly

merveilleux (merveilleuse) wonderful, marvelous

la **messagerie** electronic bulletin board

la **mesure** measure; **à ___ que** as, in proportion as, even as

mesurer to measure

se **métamorphoser (en)** to change completely (into)

la **météo(rologie)** weather report

le **métier** trade, craft, skill

le **métis** half-breed, of mixed racial descent

le **mètre** meter

le **métro** subway

la **métropole** mother country

le **mets** dish (food)

le **metteur en scène** (stage) director

mettre to put, to set, to place, to wear (**je mets, nous mettons;** *pp* **mis); se ___ à** to start doing something; **___ en scène** to stage

le **midi** noon; south; **le Midi** the south of France

mieux *adv* better; **le ___** best

le **milieu** middle, milieu, environment

militaire military

le, la **militant(e)** supporter

militer to be active (in a political party)

mille thousand

le **milliard** billion

un **millier de** a thousand or so

la **minceur** slimness, scantiness

le **mineur** minor (age); miner

le **ministre** minister, secretary of state

minuté timed; **un emploi du temps ___** tight schedule

la **mise en place** setting, installation

la **mise en scène** staging, direction

la **misère** poverty

mi-sérieux half-serious

le **mi-sourire** half-smile

mi-temps: à ___ part-time

mitonner to simmer

mixte mixed, coed

le **mocassin** loafer

moche *fam* bad-looking, ugly

la **mode** fashion (clothes), trend

le **modèle** model

modéré moderate

le **modernisme** modernity

modeste modest, unpretentious, mediocre

les **mœurs** *f, pl* mores, customs

moindre lesser; **le ___** the slightest

moins less; **___ de** less than; **le ___** least; **au ___** at least; **tout au ___** at the very least; **à ___ que** unless

le **mois** month

la **moitié** half; **à ___** halfway

le, la **môme** *fam* kid

le **moment** moment; **en ce ___** now

le **monde** world, people; **tout le ___** everybody; **du ___** people, company; **mettre au ___** to bring into the world

mondial worldwide, universal

la **monnaie** change (cash)

le **montage** editing

le **montant** sum

la **montée** rise

monter to go up, to walk up; **___ à Paris** to come to Paris (from the provinces); **___ un spectacle** to stage, to produce a show; **___ une entreprise** to launch a business

la **montre** watch

montrer   to show

se **moquer de**   to laugh at, to make fun of

la **morale**   ethics; **faire la ___** to moralize

le **morceau**   piece

mordant   caustic

moribond   moribund

morne   monotonous

la **mort**   death

mort   dead

le **mot**   word

motiver   to motivate

la **moule**   mussel

le **moule**   mold

mourir   to die (**je meurs, nous mourons, ils meurent;** *pp* **mort**)

la **moutarde**   mustard

se **mouvoir**   to move, to stir

moyen (moyenne)   average, medium

le **moyen**   means; **les ___s de transport** means of transportation

muet (muette)   mute

municipal   local, of the town

le **mur**   wall

mûr   ripe

le, la **musicien (musicienne)**   musician

la **musique**   music; **___ de fond** background music

musulman   Moslem

N

nager   to swim

naguère   lately

la **naissance**   birth

naître   to be born (**je nais, nous naissons;** *pp* **né**)

la **natation**   swimming

naturel (naturelle)   illegitimate (of a child)

nauséabond   stinking

le **navire**   ship

navrant   sad, heartbreaking

né   born (*pp* of **naître**)

néanmoins   nevertheless

le **néant**   nothingness

nécessaire   necessary

la **nécessité**   need, necessity

négligé   careless, unkempt

négligeable   insignificant, negligible

négliger   to neglect

négocier   to negotiate

le **néologisme**   neologism

nettoyer   to clean

neuf (neuve)   new

neutre   neutral

nier   to deny

n'importe quel(le)   any

n'importe qui   anybody

n'importe quoi   anything

le **niveau**   level; **___ de vie** standard of living

la **noblesse**   nobility

les **noces** *f*   wedding

le **nœud-papillon**   bow tie

noir   black

le **nom**   name; **au ___ de** in the name of; **___ d'état civil** last name; **___ de famille** last name

le **nombre**   number

nombreux (nombreuse)   numerous

nommer   to name, to appoint; **se ___** to be named, to be called

le **nord**   north

notamment   especially, among others

la **note**   grade; bill

noter   to observe, to note

la **notoriété**   notoriety, repute

nouer   to tie (a knot); **___ des connaissances** to make acquaintances

la **nouille**   noodle

nourrir   to feed

la **nourriture**   food

nouveau (nouvel, nouvelle)   new; **de ___** again

la **nouveauté**   latest thing

la **nouvelle**   short story; **les ___s** news
  noyer   to drown; **se ___** to drown
    (oneself)
le **nuage**   cloud
  nuancé   with different shades of opin-
    ion, shaded, nuanced, subtle
  nuisible   harmful
la **nuit**   night
  nul (nulle) *fam*   very bad
  nullement   not at all
le **numéro**   number

O

  obéir (à)   to obey
l' **obéissance** *f*   obedience
l' **objet** *m*   object
l' **obligation scolaire** *f*   compulsory
    school attendance
  obligatoire   compulsory
  observer   to observe
  obtenir   to obtain, to get, to secure;
    ___ un diplôme to graduate
l' **occasion** *f*   opportunity; **d'___**
    second-hand
l' **occident** *m*   West
  occidental   Western
  occupé   busy, employed, occupied
s' **occuper de**   to take care of
  octroyer   to grant
l' **odeur** *f*   smell
l' **œil** *m* **(les yeux)**   eye
l' **œuvre** *f*   work (*esp* creative work)
  offenser   to offend
  officier   to officiate
l' **offre** *f*   offer
  offrir   to offer
l' **ombre** *f*   shadow
  omettre   to omit
l' **onde** *f*   wave
  onéreux (onéreuse)   costly
l' **opérette** *f*   light opera
  opiniâtre   obstinate

  opposé   opposite, contrary, com-
    pletely different
  opposer à   to pitch against, to con-
    trast with
  or   now, but, whereas
l' **or** *m*   gold
  oralement   orally
l' **orchestre** *m*   orchestra
  ordinaire   ordinary, common
l' **ordinateur** *m*   computer
l' **ordre** *m*   order; **dans cet ___ d'idées**
    in that line of thinking
l' **oreille** *f*   ear
l' **orientation scolaire** *f*   tracking
  orienter   to direct, to track
l' **orifice** *m*   opening, aperture
l' **origan** *m*   marjoram
l' **orthographe** *f*   spelling
  oser   to dare, to venture
l' **otage** *m*   hostage
  ôter   to suppress, to remove
  ou   or
  où   where; **d'___** whence
l' **oubli** *m*   oblivion
  oublier   to forget
l' **ouest** *m*   west
  outre   beyond; **en ___** besides, fur-
    thermore; **territoire d'___-mer** over-
    seas territory
l' **ouverture** *f*   opening, gap
l' **ouvrage** *m*   work
l' **ouvrier (ouvrière)** *m, f*   manual
    worker, blue-collar worker; **la classe**
    ouvrière working class
  ouvrir   to open (*pp* **ouvert**)

P

le **pain**   bread
  paisible   peaceful
la **paix**   peace
le **palier**   landing
le **palmarès**   hit-parade, honors list

la **pancarte**   sign
le **panneau**   board
le **pantalon**   trousers
la **pantoufle**   slipper
le **papier**   paper
le **paquebot**   steamer
par   by, through; ___ **ailleurs** in other respects
le **paradis**   paradise
paraître   to seem, to appear (**je parais, il paraît, nous paraissons;** *pp* **paru**)
le **parapluie**   umbrella
le **parc**   park
parce que   because
parcourir   to travel through
le **parcours**   course
pardonner   to forgive
pareil (pareille)   similar
le **parent**   parent, relative
la **parenté**   kinship
parfois   sometimes
le **pari**   gamble, bet
parisien (parisienne)   Parisian
parlementaire   parliamentary, congressional
parler   to speak, to talk
le **parleur**   talker; **beau** ___ glib talker; **haut-**___ loudspeaker
parmi   among
la **parole**   spoken word, speech; **les** ___**s** lyrics (of a song); **donner la** ___ **à** to give (someone) a chance to speak
le **parolier**   writer of lyrics
parquer   to put together
le **parrainage**   sponsorship
la **part**   share, part; **d'une** ___ **... d'autre** ___ on the one hand . . . on the other hand; **à** ___ except for, aside from, apart from
partager   to share, to divide
le, la **partenaire**   partner
le **participe**   participle
particulièrement   particularly

la **partie**   part, game; **faire** ___ **de** to belong to
partir   to leave, to be off; **à** ___ **de** beginning with
partout   everywhere; ___ **ailleurs** anywhere else
parvenir à   to succeed at
le, la **passant(e)**   passerby
le **passé**   past, time past
passer   to pass, to spend (time), to accept; ___ **un examen** to take an exam; **se** ___ to occur, to happen, to take place; **Qu'est-ce qui se passe?** What's going on?
passionnant   thrilling, interesting
passionné   passionate, enthusiastic
se **passionner pour**   to become passionate about
le **pastis**   anis-flavored aperitif
les **pâtes** *f*   pasta
patienter   to be patient
le **patin à roulettes**   roller skates
la **pâtisserie**   pastry, pastry shop
le **patois**   regional dialect
patraque *fam*   in bad health, worn out
la **patrie**   homeland, motherland
le **patrimoine**   heritage
le, la **patron (patronne)**   boss, employer
la **patrouille**   patrol
la **pause**   break
pauvre   poor
la **pauvreté**   poverty, scarcity
le **pavé**   paving stone
le **pavillon**   small house (generally in the suburbs)
payer   to pay
le **pays**   country
le **paysage**   landscape
le, la **paysan (paysanne)**   peasant
le **péage**   toll, charge
la **peau**   skin
pêcher   to fish
pédant   pedantic
la **peine**   penalty, sorrow, difficulty; **à**

___ barely, hardly; **valoir la** ___ to be worth the trouble

la **peinture**   painting

péjoratif (péjorative)   derogatory, depreciatory

le **pèlerinage**   pilgrimage, retreat

la **pelouse**   lawn, grass

pendant   during

pendre   to hang

le **pendu**   person hanged

pénétrer   to enter, to penetrate

pénible   hard, unpleasant

la **pensée**   thought

penser   to think

la **pension alimentaire**   alimony

le, la **pensionnaire**   boarder

percer   to reach the top

perdre   to lose; **se** ___ to get lost

le **père**   father

le **péril**   peril, danger

la **période**   period

la **périphérie**   outskirts (of town)

périphérique   peripheral

permanent   ceaseless, continuing

permettre   to permit, to allow, to make possible

le **permis de conduire**   driver's license

permissif (permissive)   permissive

le **personnage**   character, personality

la **personne du troisième âge**   senior citizen

le **personnel**   staff, personnel

la **perte**   loss, waste

perturber   to disturb

peser   to weigh

la **pétanque**   game of bowls

petit   small, little; **le** ___ **écran** television

le **pétrole**   oil

un **peu de**   a little (bit of); **à** ___ **près** approximately

le **peuple**   people, nation, masses

peupler   to populate

la **peur**   fear; **avoir** ___ **de** to be afraid of

peut-être   perhaps

la **phrase**   sentence

la **physique**   physics

pianoter   to key in (on a computer)

la **pièce**   piece; room; play (theater); **un deux-**___ a two-room apartment

le **pied**   foot

le **piège**   trap

la **pierre**   stone

le **pilier**   mainstay

piller   to loot

le **pilleur**   looter

le **pilori**   pillory

la **pilule**   pill

piocher   to pick, to take, to draw

la **piscine**   swimming pool

la **piste**   track

le **pistolet**   gun

le **piston**   string-pulling; **utiliser le** ___ to pull strings; **avoir du** ___ to have friends in the right places

la **place**   space, place, room; position, job; public square

le **placement**   investment

la **plage**   beach

plaindre   to pity; **se** ___ to complain

plaire   to please, to be agreeable; **ça me plaît** I like it

plaisanter   to joke

la **plaisanterie**   joke

le **plaisir**   pleasure

le **planqué** *fam*   risk-avoider

planté   placed

le **plat**   dish, plate, course (of a meal)

plat   boring; flat

plein   full; **en** ___ in the middle of

pleurer   to cry

pleuvoir   to rain

se **plier à**   to conform to

le **plombier**   plumber

la **pluie**   rain

la **plupart**   most, the greatest part

plus   more; **le** ___ most; **ne...** ___ no more, no longer; **non** ___ (not)

either; **jamais** ___ never again; **de**
___ furthermore

plusieurs several, many

plutôt rather

la **poche** pocket

la **poêle** frying pan

la **poésie** poetry

le **poète** poet

le **poids** weight

la **poignée** handful; ___ **de main**
handshake

le **point** point; ___ **de vue** point of view;
faire le ___ to get oriented; **mettre**
au___ to perfect

pointer to punch in

la **pointure** shoe size

le **poireau** leek; **faire le** ___ *fam* to be
kept waiting

le **poisson** fish

la **poitrine** chest

poli polite

le **policier** police officer

la **politique** politics, policy

pollué polluted

la **pomme de terre** potato

le **pompier** fire fighter

ponctuel (ponctuelle) topical,
relevant

pondre to lay, to produce

le **pont** bridge

la **porte** door

la **portée** reach; **à la** ___ **de** within
reach of

le **porte-parole** spokesperson

porter to carry, to wear, to bear; **s'en**
___ **plus mal** to fare the worse for it

porté sur prone to

la **portion** part

poser to put, to set down, to place; to
ask (a question); ___ **sa candidature**
to apply (for a job)

posséder to own

le **possesseur** owner

la **poste** post office

le **poste** job, position; ___ **de télévision**
television set

le **pot** pot; ___-**de-vin** bribe

le **potager** vegetable garden

le **potentat** potentate, magnate

la **poubelle** garbage can

le **poulet** chicken

la **poulie** pulley

le **pouls** pulse

pour for

le **pourboire** tip

pourquoi why

pourri rotten

poursuivre to pursue, to go on, to
chase, to follow

pourtant however, though

pourvoir to provide

le **pourvoyeur** provider

pousser to push, to grow; **faire** ___
to grow

pouvoir to be able to, can (**je peux,**
nous pouvons, ils peuvent; *pp* **pu**)

le **pouvoir** power

le, la **pratiquant(e)** church-goer

pratique practical

la **pratique** practice; **en** ___ in practice,
practically speaking

pratiquer to practice, to be familiar
with

précédent preceding

préciser to specify; **se** ___ to take
shape

préférer to prefer

le **préjugé** prejudice

premier (première) first

prendre to take (**je prends, nous**
prenons, ils prennent; *pp* **pris**); ___
un pot, un verre to go out for a
drink; ___ **sa retraite** to retire; ___
au sérieux to take seriously

le **prénom** first name

la **préoccupation** concern

près (de) near, close (to)

présent present; **à** ___ now

le, la **présentateur (présentatrice)**   news commentator

présenter   to offer, to present; **se ___** to show up; to run for office

presque   almost, nearly

la **presse**   press

se **presser**   to hurry

la **pression**   pressure; **faire ___ sur** to influence, to intimidate

les **prestations sociales** *f*   national insurance benefits

prêt   ready

le **prêt-à-porter**   ready-made clothes

prétendre   to claim

la **prétention**   pretentiousness, claim

prêter   to lend; **se ___ à** to lend oneself to

la **preuve**   evidence, proof; **faire ___ de** to give proof of, to show

prévenir   to warn

prévoir   to foresee, to plan

prier   to pray

la **prière**   prayer

la **prime**   bonus, prize

le **principe**   principle

le **printemps**   spring

la **prise**   hold, grasp; **être en ___ avec** to be at grips with; **___ de position** stand (on an issue); **___ de bec** *fam* dispute, fight

privé   private; **___ de** deprived of; **le ___** private sector

privilégié   privileged

le **prix**   price, prize, award

le **problème**   problem, issue

le **procédé**   procedure

le **processus**   course, process

prochain   next, neighboring

proche (de)   near

proclamer   to proclaim, announce

le **producteur**   producer

produire   to produce; **se ___** to happen

le **produit**   product, produce

les **professions libérales** *f*   the professions

profiter   to take advantage of, to benefit, to thrive

profond   deep

profondément   deeply

la **programmation**   choice (of TV) programs

le **programme**   (school) curriculum; **___ électoral** political platform

le **progrès**   progress

la **progression**   advancement

la **projection**   screening

le **projet**   plan

projeter   to plan; to screen

prolixe   talkative, productive

prolonger   to prolong

la **promenade**   walk, stroll

se **promener**   to go for a walk

promettre   to promise

la **promotion**   raise; graduating class; **en ___** on special (sale)

propager   to propagate

le **propos**   remark, words; **à ___ de** in connection with, concerning

propre   clean; own; **___ à** peculiar to, characteristic of

le, la **propriétaire**   owner, landlord, landlady

la **propriété**   property, ownership

le **prosaïsme**   commonplace

protéger   to protect

prouver   to prove

provençal   of Provence

provenir   to come from

la **province**   the provinces

provisoire   temporary

la **proximité**   proximity; **à ___ de** in the vicinity of

la **prune**   plum

le **pseudonyme**   pseudonym, assumed name

le **psychiatre**   psychiatrist

le **psychologue**   psychologist

le **public**   audience, public
publicitaire   pertaining to advertising
la **publicité**   advertising, commercials
publier   to publish
la **puce**   microchip
la **pudeur**   modesty
puis   then, afterwards, next
puisque   since, seeing that
la **puissance**   power, strength
puissant   powerful
le **pull**   pullover
punir   to punish
pur   pure
la **pureté**   purity, clearness

Q

la **qualité**   quality, good point
quand   when
quant à   as for
quarante   forty
le **quart**   quarter, one-fourth
le **quartier**   section of a town, quarter, ward
quasiment   almost
quatre   four
quel(le)   what, which; ___ **que soit** whatever (whichever, whoever) . . . may be
quelconque   any (whatever); ordinary, commonplace
quelque   some, any
quelquefois   sometimes, occasionally
quelqu'un   someone, somebody
la **querelle**   quarrel
la **question**   question, issue; **il est ___ de** the issue is to, there is some talk of; **Pas ___!** Out of the question!
la **quête**   search, quest
la **queue**   waiting line; **faire la ___** to wait in line
la **quinzaine**   approximately fifteen
quitter   to leave

quoi que (+ subj)   what(ever) . . . may
quoique   although, though, albeit
quotidien (quotidienne)   daily; **le ___** daily paper

R

le **rabais**   discount
se **raccrocher à**   to hang on to
la **racine**   root
raconter   to tell, to narrate
raffiné   refined, polished
rafistolé   patched up
le **ragoût**   stew
le **rail**   track
la **raison**   reason, motive, justification; **avoir ___** to be right, to be justified
rajeunir   rejuvenate
rajouter   to add
ralentir   to slow down
le, la **râleur (râleuse)** *fam*   grumbler
ramasser   to pick up
ramener   to bring (someone) back; to repatriate
la **rancœur**   resentment
le **rang**   status, rank
rangé   orderly, well-ordered
ranger   to arrange, to put away, to rank, to tidy up
rapide   swift
se **rappeler**   to remember
le **rapport**   report, relationship; **par ___ à** with respect to, compared to
rapporter   to bring back, to fetch, to yield, to bring in; **se ___ à** to refer to
le **rapprochement**   reconciliation, bringing together
rarement   rarely, seldom
rassembler   to gather, to round up
rassuré   reassured
rater   to miss; **un raté** a failure (person)
se **rattacher à**   to be linked to

rattraper to catch up
ravaler to plaster
ravi delighted
le **rayon** department (in a store)
réagir to react
le **réalisateur d'un film** filmmaker
réaliser to carry out, to make
la **réalité** reality; **en ___** actually
se **rebeller contre** to rebel against
rebours: à ___ in reverse
récemment recently
le **récepteur** (receiving) set (radio or TV)
la **recette** recipe; box-office receipts, returns
recevoir to receive, to get, to welcome, to entertain (**je reçois, nous recevons, ils reçoivent;** *pp* **reçu**)
la **recherche** research, search; **à la ___ de** in search of
le **récit** narrative, account
réclamer to demand, to claim, to complain
récolter to harvest
la **récompense** reward
récompenser to reward
reconnaissable recognizable
la **reconnaissance** recognition, acknowledgment
reconnaissant grateful, thankful
reconnaître to recognize, to acknowledge
le **recours** resort
recruter to recruit; **se ___** to be recruited
recueillir to gather, to shelter
recul: avec le ___ in retrospect
reculer to move back, to decline
récupérer to fetch
se **recycler** to retrain oneself
le, la **rédacteur (rédactrice)** editor (newspaper)
la **redevance** tax (for television)
redevenir to become again

redoubler to double, to repeat (a year at school)
redouter to fear
la **réduction** discount
réduire to reduce
réellement actually, in reality, truly
refaire to remake, to do over again
réfléchi serious, thoughtful, careful
réfléchir to reflect, to think, to ponder
refléter to reflect, to mirror
le **refus** refusal
refuser to refuse
régaler to entertain; **se ___ de** to feast on
le **regard** look, glance, stare
regarder to look at, to watch
la **régie** stage management
le **régime** diet; **être au ___** to be on a diet
la **règle** rule
le **règlement** regulation
régler to regulate, to plan; to settle (bill, account)
le **règne** reign; *fig* incumbency, administration
le **regroupement** regrouping
rejeter to reject, to turn down
rejoindre to rejoin, to join, to catch up
se **réjouir** to be pleased
relancer to propose anew
les **relations** *f* connections, friends
relégué exiled, confined
relever to pick up; **___ de** to be dependent on
relié linked to
la **reliure** (book) binding
remarquer to observe, to notice, to remark
rembourser to reimburse, to pay back
remédier to remedy
le **rempart** rampart, protection

remplacer   to replace
remplir   to fill
la **rémunération**   payment, salary
renchérir   to add
la **rencontre**   encounter, meeting; **à la
___ de** in search of
rencontrer   to meet, to run across
le **rendement**   output, productivity
rendre   to give back, to return, to
render (justice); **se ___ compte de**
to realize
renforcer   to reinforce
renier   to deny, to disclaim, to reject
le **renoncement**   sacrifice
le **renouveau**   revival
le **renouvellement**   renewal
le **renseignement**   information,
directions
renseigner   to inform; **se ___** to make
inquiries
rentable   profitable
la **rente**   (unearned) income
la **rentrée**   start of the term
rentrer   to go home
renverser   to upset; **être renversé par
une voiture** to be run over by a car
renvoyer   to send back, to throw
back, to dismiss
répandre   to spread out
réparer   to repair
le **repas**   meal
repasser   to iron
le **repère**   reference
repérer   to locate, to spot
le **répertoire**   repertory
répéter   to repeat
la **répétition**   rehearsal
le **répit**   respite
répondre (à)   to answer, to respond
la **réponse**   answer, response
se **reporter sur**   to transfer, to shift
reposant   restful
reposer   to set down; **se ___** to rest
repousser   to push away

représentant   representing
la **représentation**   performance, show
réprimer   to repress, to suppress
la **reprise**   resumption, return
**reprocher (quelque chose à
quelqu'un)**   to blame (someone
for something)
le **réseau**   network
réservé   reserved
réserver   to book
la **résidence**   building, construction,
housing development
résister à   to withstand
résoudre (*pp* **résolu**)   to solve, to re-
solve; **se ___ à** to bring oneself to
respirer   to breathe
la **responsabilité**   responsibility, liability
responsable   responsible; **le, la ___**
the person responsible for, the person in charge
ressembler à   to look like
ressentir   to feel, to experience
resserrer   to tighten
ressortir   to go (come) out again; to
stand out; to dig up
le **reste**   remainder, rest
rester   to stay, to remain, to be left
le **resto** *fam*   restaurant
les **restrictions** *f*   limitations, reservations
le **résultat**   result, outcome
résumer   to summarize
le **retard**   delay; **en ___** late, delayed
retenir   to retain, to remember
réticent   reticent, hesitant
se **retirer**   to withdraw
retomber   to fall back, to fall down
again
le **retour**   return
retourner   to return, to go back
la **retraite**   retirement, pension
rétrécir   to shrink
retrouver   to meet, to find (again), to
rediscover; **se ___ d'accord** to find
oneself in agreement

la **réunion** meeting, gathering
réunir to gather; **se ___** to congregate
réussir to succeed; to pass (an exam)
la **réussite** success
la **revalorisation** revaluation
revaloriser to give a new value to
la **revanche** revenge; **prendre sa ___** to get even with someone; **en ___** on the other hand
le **rêve** dream
le **réveil** (re-)awakening
révélateur (révélatrice) revealing
se **révéler** to reveal oneself as
la **revendication** demand
revendiquer to justify, to claim, to lay claim to
revenir to come back
le **revenu** income
rêver to dream
le **revers** reverse; **___ de la médaille** other side of the coin
la **révolte** rebellion
se **révolter** to revolt
révolu gone by
la **revue** review; **passer en ___** to review
le **rez-de-chaussée** ground floor
la **richesse** wealth
le **rideau** curtain
ridicule ridiculous
rien nothing; **___ que** merely, just
rigoler *fam* to laugh
la **rigueur** rigor, harshness; **à la ___** if it comes to the worst
rire to laugh; **le ___** laughter
risquer to take a chance
le **rite** ritual
la **rive** bank (of a river)
la **robe** woman's dress, gown
le **rocher** rock
le **roi** king
le **rôle** role
le **roman** novel; **___ policier** detective story; *adj* Romanesque (architecture)

le, la **romancier (romancière)** novelist
rompre (*pp* **rompu**) to break
rond round
la **ronde** round
rosi flushed
le **rossignol** nightingale
le **rôti** roast beef
rôtir to roast
le **rouget** mullet
rouler to drive (along)
la **route** road; **faire fausse ___** to go in the wrong direction
la **rue** street
ruiner to ruin

S

le **sable** sand
le **sac** handbag, purse
saccager to destroy
sage wise, good
la **sagesse** wisdom
sain healthy, wholesome
saisir to seize, to get hold of, to grasp
la **saison** season
le **salaire** wages, salary
sale dirty
salé salted
salir to soil, to get dirty
la **salle** hall, (large) room; **___ de bains** bathroom; **___ de séjour** living room; **___ à manger** dining room
le **salon** living room
le **samedi** Saturday
le **sang** blood
sangloter to sob
sans without
le **sans-abri** homeless person
la **santé** health
satané devilish, confounded
satisfaire to satisfy
sauf except
la **sauge** sage
sauté stir-fried

sauter   to jump; **faire ___** to blow up
sauvage   savage, wild
la **sauvegarde**   protection
sauver   to save
savant   learned, professional; **le ___** scientist
la **saveur**   flavor
savoir   to know
le **savoir**   knowledge, culture
le **savoir-faire**   know-how
le **savoir-vivre**   good manners, social conventions, good living
savonner   to soap
savoureux (savoureuse)   flavorful
le **scaphandrier**   deep-sea diver
le **scénario**   script
le **scénariste**   script writer
la **scène**   stage; scene; **___ de ménage** family squabble; **mettre en ___** to stage; **monter sur ___** to step on stage
le **schéma**   outline, blueprint
scolaire   (of or relative to) school, schoolish
scolariser   to provide education
le **scrutin**   ballot
sécher (un cours) *fam*   to cut a class
la **sécheresse**   drought
secouer   to shake
le **secteur**   sector, area
séduire   to captivate, to seduce
sein: au ___ de   in the midst of
le **séjour**   stay, residence; **permis de ___** residence permit
selon   according to; **___ que** depending on whether
la **semaine**   week
semblable   similar
semblant: faire ___ (de)   to pretend (to)
sembler   to seem, to appear
le **sens**   sense, direction, meaning; **le bon ___** common sense
sensé   sensible
la **sensibilisation**   sensitivity

sensible   sensitive
le **sentiment**   feeling, sensation
sentir   to feel, to experience, to smell; **se ___ bien** to feel good
séparer   to separate
la **série**   series, succession
serrer   to clench; to tighten
le **serveur**   provider of services (on the Minitel)
le, la **serveur (serveuse)**   waiter, waitress
le **service**   service, agency, division (in a bureaucracy); **chef de ___** division chief
servir   to serve; **ne ___ à rien** to be of no use; **se ___ de** to use
le **seuil**   threshold
seul   lonely, single, alone, only
seulement   only, except
sévère   strict, rigid
si   if, while, though; *adv* so, so much, such, as
le **siècle**   century
siffler   to whistle
signaler   to make conspicuous, to point out, to signal
signer   to sign
significatif (significative)   significant
la **signification**   meaning, significance
signifier   to mean, to signify
silencieux (silencieuse)   silent
singulier (singulière)   singular, peculiar, odd
sinistré   wrecked
sinon   if not, unless, or else
le **site**   site, spot
la **situation**   position, job
situer   to place, to locate; **se ___** to be located, to stand
le **smicard**   person earning the SMIC (minimum wage)
la **société**   company, firm; society, community
le **socle**   base, foundation
soi   oneself, himself, herself, itself
soigné   refined, polished, well-kept

soigner   to nurse, to take care of
soigneusement   carefully
le **soin**   care
le **soir**   evening, nightfall, night
la **soirée**   evening, evening party, night out
soit... soit either . . . or
le **sol**   ground, floor
les **soldes** *m*   sale(s)
le **soleil**   sun
solide   robust
solliciter   to invite, to stimulate
la **somme**   sum, whole; **en ___** in sum
le **sommeil**   sleep
le **sommelier**   wine waiter
le **sommet**   summit, peak
le **son**   sound
le **sondage**   gallup poll, public opinion survey
sonder   to probe
songer   to think, to consider, to dream
sonner   to ring the bell
sonore   high-sounding; **la bande ___** sound track
le **sort**   destiny, fate
la **sorte**   kind, species; **de toutes ___s** of all kinds; **faire en ___ que** to see to it that
la **sortie**   coming out, going out, outing, night out; exit; **priver un enfant de ___s** to ground a child
sortir   to go out; **___ un livre** to publish; **___ avec** to date, to go out with
le **sou**   penny; **sans le ___** penniless; **des ___s** *fam* money
le **souci**   concern, worry; **sans ___** carefree
le **souffleur**   prompter
souffrir   to suffer, to endure (*pp* **souffert**)
le **souhait**   wish
souhaitable   desirable
souhaiter   to wish
soulager   to soothe

se **soûler**   to get drunk
soulever   to lift (up), to raise (a problem)
soumettre   to submit, to subdue (*pp* **soumis**)
la **soumission**   subordination
soupçonner   to suspect
souple   flexible
sourd   deaf
le **sourire**   smile
la **souris**   mouse
sous   under
le, la **souscripteur (souscriptrice)** subscriber
le **sous-sol**   basement
le **sous-titre**   subtitle
soustraire   to hide, to screen
soutenir   to support
le **souvenir**   souvenir, memory
se **souvenir de**   to remember
souvent   often
se **spécialiser en**   to major in
le **spectacle**   show; **le monde du ___** show business circles
le, la **spectateur (spectatrice)**   spectator, member of the audience
spontané   spontaneous
sportif (sportive)   athletic
le **spot publicitaire**   commercial
le **stage**   internship
stagner   to stagnate
la **station-service**   gas station
le **statut**   status
stimulant   stimulating
stocker   to stock, to store
le **stress**   stress, fatigue
stressant   tiring, causing stress
stupéfait   astonished
subsister   to last
la **subvention**   subsidy, funding
subventionner   to subsidize
succéder à   to succeed, to come after; **se ___** to follow (one another) in succession

le **sucre** sugar

le **sud** south

suer to sweat

suffire à to suffice, to be sufficient; **ça suffit** that's enough

suffisant pretentious

le **suffrage** vote

suggérer to suggest

se **suicider** to commit suicide

la **suite** continuation, follow-up, series; **de ___** consecutively; **tout de ___** immediately

suivant according to

suivant next, following

suivre to follow, to attend (a course) (**je suis, nous suivons;** *pp* **suivi**)

superbe superb, haughty

supérieur higher, upper-ranking, superior

superposé superimposed; **lits ___s** bunk beds

supplémentaire additional

supplier to beg

supporter to sustain, to endure, to withstand, to tolerate

supposer to assume

supprimer to suppress, to cancel, to eliminate

sur on; **___ soixante** out of sixty

sûr secure, safe

un **surcroît de** addition, increase; **de ___** in addition

les **surgelés** *m* frozen food

surgir to spring forth, to dash, to emerge

surmonter to overcome

surprenant surprising

surtout above all, especially

survivre to survive

susciter to arouse

suspect suspicious, fishy

sympa *fam* (**sympathique**) nice, pleasant, congenial

sympathiser to sympathize

le **syndicat** labor union

T

la **table** table; **___ ronde** panel; **se tenir bien à ___** to have good table manners

le **tableau** board, blackboard

le **tablier** apron

la **tache** spot, stain

la **tâche** task

la **taille** height, size; **de ___ à** capable of

tailler to prune, to cut

se **taire** to be silent (**je me tais, nous nous taisons;** *pp* **tu**)

le **tamarinier** tamarind tree

tandis que while, whereas

tant de so much, so many; **Tant mieux!** So much the better! **Tant pis!** Too bad! **tant que** as much as, as long as

taper (à la machine) to type

tard late

tarder to delay, to be long in

le **tas** heap; **des ___ de** *fam* lots of

le **taux** rate

la **taverne** bar, tavern

tel (telle) such, like

la **télécommande** remote control

télégénique who looks good on TV, telegenic

téléphobe hostile to television

le, la **téléspectateur (téléspectatrice)** television viewer

le **téléviseur** television set

la **télévision** television

tellement so (to such a degree)

le **témoignage** testimony

le **témoin** witness

le **tempérament** character

le **temps** time, weather; **au ___ de** in the days of; **de ___ en ___** from time to time; **tout le ___** all the time; **à**

plein ___ full-time; **à mi-**___ part-time; **en même** ___ at the same time

la **tendance** tendency

tenir to hold, to keep (**je tiens, nous tenons, ils tiennent;** *pp* **tenu**); ___ **à** to value, to insist on; to be due to; ___**de** to take after

la **tentation** temptation

la **tentative** attempt, experiment

tenter to try, to attempt

la **tenue** attire; **en** ___ in uniform

tergiverser to hesitate

le **terme** word, expression

terminer to finish, to complete

le **terrain** a piece of land, field; **sur le** ___ at the grassroots level

la **terre** soil, earth; **par** ___ on the floor, ground; ___ **à** ___ down to earth; **un lopin de** ___ plot of land

terrible awful, dreadful

le **territoire** territory

le **terroir** country, soil

la **tête** head; **avoir en** ___ to have in mind; **n'en faire qu'à sa** ___ to sow one's wild oats

le **théâtre** theater

tiers third

timide shy

tirer to throw, to draw, to shoot; ___ **profit de** to benefit from

le **tiroir** drawer

le **tissu** material, fabric

le **titre** title; **au même** ___ **que** at the same level as; **les gros** ___**s** big headlines

la **toile** canvas

le **toit** roof

tolérer to tolerate

tomber to fall

le **ton** tone; **sur ce** ___ in this tone of voice

tondre (la pelouse) to mow (the lawn)

tôt early; **le plus** ___ **possible** as soon as possible

la **touche** key

toujours always, ever, still

la **tour** tower

le **tour** turn, spin, round; **faire un** ___ to go for a ride

le **tournage** shooting (of a film)

le **tournebroche** roasting jack

la **tournée** (theatrical) tour

tourner to turn, to mill around, to circumvent, to shoot (a film); **se** ___ to turn back

la **tournure** turn

la **Toussaint** All Saints' Day

tousser to cough

tout(e), tous, toutes *adj* any, every, all, whole; **tout** *adv* all; **tout, tous, toute(s)** *pron* all; **en** ___ **et pour** ___ all in all

le **trac** stage fright

tracé marked out

traduire to translate, to express

le **trafic ferroviaire** railway traffic

le **trafiquant de drogue** drug dealer

le **train** train; pace, mood; **être en** ___ **de** to be in the process of (doing something); ___ **de vie** way of life

traîner to hang around

le **trait** feature

la **traite** installment

le **traité** treatise

le **traitement de texte** word processing

traiter to treat, to handle, to deal with

le **traiteur** caterer

le **trajet** journey, ride, route

la **tranche d'âge** age group

trancher to slice, to decide abruptly, to cut in bluntly

tranquille quiet, still

les **transports** *m* **en commun** public transportation

traumatiser to traumatize

le **travail** work, labor; **les travaux** construction work, chores; **les travaux ménagers** household chores

travailler to work, to labor

le **travailleur** working man; **les ___ s** workers, the working class

travailleur (travailleuse) hardworking

travers: à ___ , au ___ de through

traverser to cross

très very

la **tribu** tribe

tricher to cheat

le **tricot** sweater

trimer *fam* to work hard

le **trimestre** term

tripoter to finger, to handle

triste sad, deplorable, unsavory

la **tristesse** sadness

le **troc** barter

trois three

troisième third

tromper to fool, to betray, to cheat; **se ___** to make a mistake

la **tronçonneuse** chain saw

le **trône** throne

trôner to sit proudly

trop too, too much, too many; **de ___** in excess, superfluous

le **trottoir** sidewalk; **faire le ___** to be a streetwalker

le **trou** hole; **___ de mémoire** memory lapse

troubler to disturb

la **troupe** group, body, theater company

le **troupeau** herd

la **trouvaille** find, discovery

trouver to find; **se ___** to be located; to find oneself (condition), to feel; **se ___ d'accord** to find oneself in agreement

le **truc** *fam* thing

la **truffe** truffle

le **tube** *fam* song on the hit parade

tuer to kill

tutoyer to address someone as "tu" (showing either familiarity or lack of respect)

le **type** *fam* guy

U

s' **unifier** to become unified

uniforme solid, lacking in variety

unique only; **enfant ___** only child

s' **unir** to unite, to join forces

les **uns** *m* some (people)

Untel: Monsieur, Madame ___ Mr., Mrs. So-and-So

l' **urbaniste** *m, f* city planner

l' **usage** *m* use (of something), usage, custom

l' **usager** *m* user (of a public utility)

user to wear out, to wear down; **___ de** to make use of

l' **usine** *f* factory, industrial plant

usité in use

utile useful

l' **utilisateur (utilisatrice)** *m, f* user

utiliser to use, to utilize

V

les **vacances** *f* holidays, vacation

le **vacancier** vacationer

la **vache** cow

la **vague** wave

vaillamment valiantly

vaincre to overcome, to conquer, to defeat (**je vaincs, il vainc, nous vainquons;** *pp* **vaincu**)

le **vaisseau** vessel, ship

la **vaisselle** dishes, crockery, dishwashing; **faire la ___** to do the dishes

valable valid, sound

la **valeur** value, asset

valoir to be worth, to deserve (**je vaux, il vaut, nous valons, ils valent;** *pp* **valu**); **il (ça) vaut mieux** it is better; **faire ___** to point out; **___ la peine** to be worthwhile

varié diverse, varied

les **variétés** *f* variety shows

le **veau** calf

vécu (*pp* **vivre**) lived

la **vedette** star

la **veille** the day before, the eve

la **veine** luck

le **vélo** bicycle

le **velours** velvet, corduroy

le, la **vendeur (vendeuse)** salesperson

vendre to sell

venir to come (**je viens, nous venons, ils viennent;** *pp* **venu**); ___ **de faire quelque chose** to have just done something

le **vent** wind; **Du** ___ **!** Beat it!

la **vente** sale; ___ **en gros** wholesale trade

le **ventre** belly, stomach

la **verdure** greenery

véritable real, genuine

véritablement truly

la **vérité** truth

vermoulu decayed

vernir to varnish

le **verre** glass; **prendre un** ___ to have a drink

vers toward

vert green

la **verve** animation; good spirits

la **veste** jacket

le **vestiaire** cloakroom

les **vêtements** *m* clothes

vêtir to clothe (*pp* **vêtu**)

le, la **veuf (veuve)** widower, widow

la **viande** meat

le **vide** void, lack

vider to empty

la **vie** life; ___ **active** real world, working population; **à** ___ for life; **le train de** ___ standard of living; **le mode de** ___ way of life

le **vieillard** old man

vieillir to grow old

vieux (vieil, vieille) old

vif (vive) alive, vivid, sharp; **sur le** ___ live, candid, from life

la **vigne** vineyard, grape vine

le **vigneron** winegrower

le, la **villageois(e)** villager, village resident

la **ville** city, town

le **vin** wine

une **vingtaine** approximately twenty

le **violon** violin, fiddle

le **virement** transfer of funds

la **virulence** aggressiveness

le **visage** face

viser to aim, to take aim

vite quickly

la **vitrine** store window

vivre to live (**je vis, nous vivons;** *pp* **vécu**); **faire** ___ to support

le **vœu** wish

voguer to sail

la **voie** way, track

voilé veiled

voir to see (**je vois, nous voyons;** *pp* **vu**)

voire even

voisin neighboring, next door

le **voisinage** neighborhood

la **voiture** car, carriage

la **voix** voice, vote; **à haute** ___ aloud

le **vol** theft

la **volaille** poultry, fowl

voler to fly; to steal; ___ **de ses propres ailes** to stand on one's own two feet

le, la **volontaire** volunteer; *adj* deliberate

la **volonté** will

volontiers willingly, readily

volubile talkative

voué à devoted to

vouloir to want, to wish (for) (**je veux, nous voulons, ils veulent;** *pp* **voulu**); **en** ___ **à quelqu'un** to have a grudge against someone

le **voyage** trip, journey

voyager to travel

voyant garish

vrai real, true

vraiment really

la **vue** view; **en** ___ in the public eye

W

wallon (wallonne)   Walloon
la **Wallonie**   the French-speaking part of
   Belgium
le **w.c. (water closet)**   toilet

X

xénophobe   xenophobic

Y

y *pron*   to it, of it, to them, in it, etc.;
   j'___ pense I'm thinking of it; *adv*

there; **vous ___ êtes** you've got it
   (*lit.* you are there)
les **yeux** *m*   eyes (*pl* of **œil**)

Z

le **zapping**   the act of changing TV
   channels rapidly
la **zone** *fam*   ghetto
Zut!   Darn it!

Literary Credits

Martine Valo, "Enquête sur les lycéens" from *Le Monde de l'Education.*
François Dubet, "Les lycéens" from *Les lycéens.*
Gérard Courtois, "La crainte du chômage" + Tableau following the text "Avec laquelle de ces opinions... d'accord?" from *Le Monde, Dossiers et documents.*
Gilbert Tarrab, Jacques Salzer, "Interview avec Hélène Strohl" from *Voix de femmes.*
Martine Turenne, "Pitié pour les garçons" from *L'Actualité.*
Oliver Galland, Tableau, "Pourcentage de jeunes vivant chez leurs parents" from *Les jeunes.*
Raymonde Carroll, "Parents/Enfants" from *Evidences invisibles.*
Claire Bretécher, "Corinne" from *Les Frustrés.*
Robert Solé, "La ville et ses banlieues" from *Le Monde, Dossiers et documents.*
Frédéric Gaussen, "Les jeunes de la galère" from *Le Monde, Dossiers et documents.*
Alain Kimmel, "Tendances de la société française" from *Le Français dans le Monde.*
Tableau, "Durée du mandat présidentiel" from *Le Monde.*
Michèle Dannus, "Entretien avec Elisabeth Guigou" from *Okapi.*
Jean Cottereau, "Jean-Pierre Xiradakis, l'homme qui a réinventé la saveur" from *L'Evénement du Jeudi.*
Yves Beauchemin, "Comment mon âme canadienne est morte" from *L'Actualité.*

Photo Credits

Page **3,** © Beryl Goldberg. Page **5,** Phillipe Gontier. Page **9,** Peter Menzel. Page **18,** Hugh Rogers/Monkmeyer Press. Page **25,** © Durand Florence/Sipa Press. Page **28,** Peter Menzel/Stock, Boston. Page **34,** Mark Antman/The Image Works. Page **44,** © David Frazier. Page **51,** Peter Menzel. Page **58,** Thierry Prat/Sygma. Page **67,** Le Segretain/Sipa Press. Page **67,** © Thomas Hurst. Page **68,** Arthur Hustwitt/Leo de Wys. Page **71,** Beryl Goldberg. Page **72,** J. Pavlovsky/Sygma. Page **77,** Mike Busselle/Leo de Wys. Page **85,** Lauren Greenfield/Sygma. Page **85,** Martine Frank/Magnum. Page **87,** Michael Bry/Monkmeyer Press. Page **97,** Peter Menzel. Page **105,** Beryl Goldberg. Page **113,** © Hillary Kavanaugh/Tony Stone. Page **116,** © Laurent Maous/Gamma Liaison. Page **132,** © Thomas Hurst. Page **138,** © Stuart Cohen/Comstock. Page **138,** © Peter Menzel. Page **140,** Courtesy Air France. Page **142,** Historical Pictures/Stock Montage. Page **147,** Bettmann/Hulton. Page **151,** © Hugh Rogers/Monkmeyer Press. Page **159,** © Beryl Goldberg. Page **167,** © Hugh Rogers/Monkmeyer Press. Page **171,** © Peter Menzel. Page **181,** Stuart Cohen/Comstock. Page **183,** © Peter Menzel. Page **195,** Monkmeyer Press. Page **200,** Tirage Archive/Magnum. Page **204,** © Hugh Rogers/Monkmeyer Press. Page **212,** © Florence Durand/Sipa Press. Page **216,** French Film Office. Page **223,** French Film Office.